SAME
The Same Planet
同一颗星球
PLANET

刘 东 主编

环境、权力与不公

ENVIRONMENT, POWER, AND INJUSTICE

〔美〕南希·J. 雅各布斯 著

王富银 译

Nancy J. Jacobs

一部
南部非洲的
历史

江苏人民出版社

图书在版编目（CIP）数据

环境、权力与不公：一部南部非洲的历史/（美）南希·J. 雅各布斯著；王富银译. —南京：江苏人民出版社，2020.11

（"同一颗星球"丛书）

书名原文：Environment，Power，and Injustice：A South African History

ISBN 978－7－214－24850－3

Ⅰ. ①环… Ⅱ. ①南… ②王… Ⅲ. ①南非—历史 Ⅳ. ①K47

中国版本图书馆 CIP 数据核字（2020）第 081569 号

书　　　　名	环境、权力与不公：一部南部非洲的历史
著　　　　者	[美]南希·J. 雅各布斯
译　　　　者	王富银
责 任 编 辑	龚　权
特 约 编 辑	孟　璐
装 帧 设 计	宋　涛
出 版 发 行	江苏人民出版社
出版社地址	南京市湖南路 1 号 A 楼，邮编：210009
出版社网址	http://www.jspph.com
照　　　　排	江苏凤凰制版有限公司
印　　　　刷	江苏凤凰盐城印刷有限公司
开　　　　本	652 毫米×960 毫米　1/16
印　　　　张	21.5　插页 6
字　　　　数	270千字
版　　　　次	2020 年 11 月第 1 版　2020 年 11 月第 1 次印刷
标 准 书 号	ISBN 978－7－214－24850－3
定　　　　价	78.00 元

（江苏人民出版社图书凡印装错误可向承印厂调换）

献给我的父亲弗雷德·雅各布斯，
以及我记忆中的母亲艾琳·雅各布斯

总　序

　　这套书的选题，我已经默默准备很多年了，就连眼下的这篇总序，也是早在六年前就已起草了。

　　无论从什么角度讲，当代中国遭遇的环境危机，都绝对是最让自己长期忧心的问题，甚至可以说，这种人与自然的尖锐矛盾，由于更涉及长时段的阴影，就比任何单纯人世的腐恶，更让自己愁肠百结、夜不成寐，因为它注定会带来更为深重的，甚至根本无法再挽回的影响。换句话说，如果政治哲学所能关心的，还只是在一代人中间的公平问题，那么生态哲学所要关切的，则属于更加长远的代际公平问题。从这个角度看，如果偏是在我们这一代手中，只因为日益膨胀的消费物欲，就把原应递相授受、永续共享的家园，糟蹋成了永远无法修复的、连物种也已大都灭绝的环境，那么，我们还有何脸面去见列祖列宗？我们又让子孙后代去哪里安身？

　　正因为这样，早在尚且不管不顾的20世纪末，我就大声疾呼这方面的"观念转变"了："……作为一个鲜明而典型的案例，剥夺了起码生趣的大气污染，挥之不去地刺痛着我们：其实现代性的种种负面效应，并不是离我们还远，而是构成了身边的基本事实——不管我们是否承认，它都早已被大多数国民所体认，被陡然上升的死亡率所证实。准此，它就不可能再被轻轻放过，而必须被投以全力的警觉,就像当年全力捍卫'改革'时一样。"①

的确,面对这铺天盖地的有毒雾霾,乃至危如累卵的整个生态,作为长期惯于书斋生活的学者,除了去束手或搓手之外,要是觉得还能做点什么的话,也无非是去推动新一轮的阅读,以增强全体国民,首先是知识群体的环境意识,唤醒他们对于自身行为的责任伦理,激活他们对于文明规则的从头反思。无论如何,正是中外心智的下述反差,增强了这种阅读的紧迫性:几乎全世界的环境主义者,都属于人文类型的学者,而唯独中国本身的环保专家,却基本都属于科学主义者。正由于这样,这些人总是误以为,只要能用上更先进的科技手段,就准能改变当前的被动局面,殊不知这种局面本身就是由科技"进步"造成的。而问题的真正解决,却要从生活方式的改变入手,可那方面又谈不上什么"进步",只有思想观念的幡然改变。

幸而,在熙熙攘攘、利来利往的红尘中,还总有几位谈得来的出版家,能跟自己结成良好的工作关系,而且我们借助于这样的合作,也已经打造过不少的丛书品牌,包括那套同样由江苏人民出版社出版的、卷帙浩繁的"海外中国研究丛书";事实上,也正是在那套丛书中,我们已经推出了聚焦中国环境的子系列,包括那本触目惊心的《一江黑水》,也包括那本广受好评的《大象的退却》……不过,我和出版社的同事都觉得,光是这样还远远不够,必须另做一套更加专门的丛书,来译介国际上研究环境历史与生态危机的主流著作。也就是说,正是迫在眉睫的环境与生态问题,促使我们更要去超越民族国家的疆域,以便从"全球史"的宏大视野,来看待当代中国由发展所带来的问题。

这种高瞻远瞩的"全球史"立场,足以提升我们自己的眼光,去把地表上的每个典型的环境案例都看成整个地球家园的有机脉

① 刘东:《别以为那离我们还远》,载《理论与心智》,浙江大学出版社 2015 年版,第 89 页。

动。那不单意味着，我们可以从其他国家的环境案例中找到一些珍贵的教训与手段，更意味着，我们与生活在那些国家的人们，根本就是在共享着"同一个"家园，从而也就必须共担起沉重的责任。从这个角度讲，当代中国的尖锐环境危机，就远不止是严重的中国问题，还属于更加深远的世界性难题。一方面，正如我曾经指出过的："那些非西方社会其实只是在受到西方冲击并且纷纷效法西方以后，其生存环境才变得如此恶劣。因此，在迄今为止的文明进程中，最不公正的历史事实之一是，原本产自某一文明内部的恶果，竟要由所有其他文明来痛苦地承受……"①而另一方面，也同样无可讳言的是，当代中国所造成的严重生态失衡，转而又加剧了世界性的环境危机。甚至，从任何有限国度来认定的高速发展，只要再换从全球史的视野来观察，就有可能意味着整个世界的生态灾难。

正因为这样，只去强调"全球意识"都还嫌不够，因为那样的地球表象跟我们太过贴近，使人们往往会鼠目寸光地看到，那个球体不过就是更加新颖的商机，或者更加开阔的商战市场。所以，必须更上一层地去提倡"星球意识"，让全人类都能从更高的视点上看到，我们都是居住在"同一颗星球"上的。由此一来，我们就热切地期盼着，被选择到这套译丛里的著作，不光能增进有关自然史的丰富知识，更能唤起对于大自然的责任感，以及拯救这个唯一家园的危机感。的确，思想意识的改变是再重要不过了，否则即使耳边充满了危急的报道，人们也仍然有可能对之充耳不闻。甚至，还有人专门喜欢到电影院里，去欣赏刻意编造这些祸殃的灾难片，而且其中的毁灭场面越是惨不忍睹，他们就越是愿意乐呵呵地为之掏钱。这到底是麻木还是疯狂呢？抑或是两者兼而有之？

不管怎么说，从更加开阔的"星球意识"出发，我们还是要借这套书去尖锐地提醒，整个人类正搭乘着这颗星球，或曰正驾驶着这

① 刘东：《别以为那离我们还远》，载《理论与心智》，第85页。

颗星球,来到了那个至关重要的,或已是最后的"十字路口"!我们当然也有可能由于心念一转而做出生活方式的转变,那或许就将是最后的转机与生机了。不过,我们同样也有可能——依我看恐怕是更有可能——不管不顾地懵懵懂懂下去,沿着心理的惯性而"一条道走到黑",一直走到人类自身的万劫不复。而无论选择了什么,我们都必须在事先就意识到,在我们将要做出的历史性选择中,总是凝聚着对于后世的重大责任,也就是说,只要我们继续像"击鼓传花"一般地,把手中的危机像烫手山芋一样传递下去,那么,我们的子孙后代就有可能再无容身之地了。而在这样的意义上,在我们将要做出的历史性选择中,也同样凝聚着对于整个人类的重大责任,也就是说,只要我们继续执迷与沉湎其中,现代智人(homo sapiens)这个曾因智能而骄傲的物种,到了归零之后的、重新开始的地质年代中,就完全有可能因为自身的缺乏远见,而沦为一种遥远和虚缈的传说,就像如今流传的恐龙灭绝的故事一样……

2004 年,正是怀着这种挥之不去的忧患,我在受命为《世界文化报告》之"中国部分"所写的提纲中,强烈发出了"重估发展蓝图"的呼吁——"现在,面对由于短视的和缺乏社会蓝图的发展所带来的、同样是积重难返的问题,中国肯定已经走到了这样一个关口:必须以当年讨论'真理标准'的热情和规模,在全体公民中间展开一场有关'发展模式'的民主讨论。这场讨论理应关照到存在于人口与资源、眼前与未来、保护与发展等一系列尖锐矛盾。从而,这场讨论也理应为今后的国策制订和资源配置,提供更多的合理性与合法性支持"[1]。2014 年,还是沿着这样的问题意识,我又在清华园里特别开设的课堂上,继续提出了"寻找发展模式"的呼吁:"如果我们不能寻找到适合自己独特国情的'发展模式',而只是在

①刘东:《中国文化与全球化》,载《中国学术》,第 19—20 期合辑。

盲目追随当今这种传自西方的、对于大自然的掠夺式开发,那么,人们也许会在很近的将来就发现,这种有史以来最大规模的超高速发展,终将演变成一次波及全世界的灾难性盲动。"①

所以我们无论如何,都要在对于这颗"星球"的自觉意识中,首先把胸次和襟抱高高地提升起来。正像面对一幅需要凝神观赏的画作那样,我们在当下这个很可能会迷失的瞬间,也必须从忙忙碌碌、浑浑噩噩的日常营生中,大大地后退一步,并默默地驻足一刻,以便用更富距离感和更加陌生化的眼光来重新回顾人类与自然的共生历史,也从头来检讨已把我们带到了"此时此地"的文明规则。而这样的一种眼光,也就迥然不同于以往匍匐于地面的观看,它很有可能会把我们的眼界带往太空,像那些有幸腾空而起的宇航员一样,惊喜地回望这颗被蔚蓝大海所覆盖的美丽星球,从而对我们的家园产生新颖的宇宙意识,并且从这种宽阔的宇宙意识中,油然地升腾起对于环境的珍惜与挚爱。是啊,正因为这种由后退一步所看到的壮阔景观,对于全体人类来说,甚至对于世上的所有物种来说,都必须更加学会分享与共享、珍惜与挚爱、高远与开阔,而且,不管未来文明的规则将是怎样的,它都首先必须是这样的。

我们就只有这样一个家园,让我们救救这颗"唯一的星球"吧!

刘东
2018 年 3 月 15 日改定

---

① 刘东:《再造传统:带着警觉加入全球》,上海人民出版社 2014 年版,第 237 页。

目　录

前　言

　　本研究的成书得益于几次慷慨赠予。我曾经获得如下支持：1991 年的富布赖特海斯奖学金；1994 年第二学期印第安纳大学艺术与科学学院研究基金；1997—1998 年度美国社会科学理事会/社会科学研究理事会国际项目博士后奖学金（美国国家人文基金会资助）；1998 年美国历史协会的伯纳多特·E. 施密特奖学金。感谢 1997 年布朗大学师资处的初级休假制度以及对本书出版承销的补助金。感谢南非普查和地图理事会总局许可在本书中使用他们拥有版权的地图材料、航拍照片。还要感谢金伯利的麦格雷戈博物馆授权使用库鲁曼地区受版权保护的历史照片。

　　在我所有要致谢的帮助和支持中，我要从我的老师们开始。首先，我要感谢我在凯尔文学院的教授们，是他们让我思考正义问题，鼓励我从事学术研究。特别要感谢华莱士·布拉特和芭芭拉·卡维尔。凯尔文学院的艾伦·博萨克教了我一个学期，对我影响重大。我在加州大学洛杉矶分校做非洲研究并获得硕士学位，在此期间，理查德·斯卡拉和约瑟夫·劳尔给我提供了慷慨帮助。我学术生涯中做出的最重大的决定应该就是到印第安纳大学历史系攻读博士学位。在那里我得到了启发与不懈支持。特别感谢我的博士生导师菲利斯·马丁。在共同审阅和探讨学术研究时，她总是那么和蔼可亲、循循善诱。她让我自行决定从事环境史研究。同样，在印第安纳大学，我从同事那里受益匪浅，其中有兰德尔·贝克、乔治·布鲁克斯、威廉·科恩、保拉·格尔希克、约翰·汉森、C.
R. D. 哈里斯,以及帕特里克·欧米拉。

接下来我要感谢我的同事们。特别荣幸成为印第安纳大学
"克里斯托弗·格雷"中的一员,从而得以认识并向埃里森·舒特
学习。在布卢明顿期间,莫伊拉·维德金德、汉克·霍夫曼让我前
所未有地认识到了环境的重要性。此书的成书期间,我因为访谈
了很多人而学到了研究非洲问题和环境问题的新方法。我要感谢
长期支持我的如下人员:凯文·希林顿、彼得·斯奈曼、尼尔·帕
森斯、查尔斯·范·昂赛雷恩、扬-巴特·格瓦尔德、约翰·莱特、
罗伯特·哈姆斯、吉姆·吉布林、吉姆·麦卡恩、琼·卡拉瑟斯,后
来的罗斯·埃奇库姆、格雷格·马多克斯、特蕾莎·巴恩斯、杰
米·曼森、汤姆·约翰逊、克里斯·康德、以马内利·克里克、拉
维·拉严、劳拉·米歇尔、德瑞克·费伊、乔舒亚·佛利斯特、罗伯
特·戈登、乔克·麦卡洛克、大卫·沃德、苏珊·维特尔、理查德·
麦德森、金·尤斯敦-布朗、基斯·布茨曼、安迪·曼森、詹姆斯·
德拉蒙德、勒瑞特·塔赫姆以及大卫·法拉特。他们以各种方式
帮助我:问我关键问题、回答我的提问,还阅读我的初稿。在这所
有的同事中,罗斯·埃奇库姆、安迪·曼森、尼尔·帕森斯,还有詹
姆斯·德拉蒙德还慷慨地邀请我到家中做客。

作为一个进行非洲研究的美国人,我面临很多后勤问题。多
年来,莫法特项目人员给我提供了慷慨、热情的协助,艾伦和希尔
德·巴特勒,还有后来的约瑟夫和玛乔丽·温、史蒂夫·德·格鲁
希、玛莉安·洛芙迪,以及索菲·里特斯。除了给我提供住宿,莫
法特项目人员还帮助我设计了网上研究计划。在开普敦和约翰内
斯堡,我要感谢尼科·拜恩戴尔、罗伯和苏·史特尔茨纳,以及让
尼娜·詹宁斯、还有彼得·伊博森,他们给我提供了延伸研究时期
的住所。

做有价值的采访绝非易事,有人帮我找到了门道。感谢我的

老朋友史蒂夫·米默惠曾向我介绍了"快速农村评估"（RRA）。特别感谢我的两名学生加入到我在库鲁曼进行的快速农村评估采访工作。以自愿者身份，梅根·韦普尔斯和克里斯汀·罗素想出了快速农村评估的具体办法，在库鲁曼山村附近探路、烹饪、清洗、维护机车，使每个人都很开心。班吉·莫萨拉和克格莫索·舍特作为翻译人员加入我们，还以合适的身份参与了采访。还有和我短暂合作从事翻译工作的人员：理查德·墨纪拉、康斯坦斯·保罗、罗塞·莫勒肯、波比·阿福克纳、班吉·莫萨拉、特索洛·斯廷坎普、维多利亚·萨斯姆，以及考潘诺·奇尔瓦。对于朱丽叶斯·莫戈迪、本杰明·巴纳特、高甘伟·莫察梅、彼得·莫科梅勒，特别是斯蒂芬·科特罗恩，我的感激之情更是不胜言表。有时候他们是翻译，但是他们所帮的忙远不止于此，他们对项目感兴趣，把我介绍给当地人并鼓励他们信任我，还给我了不少建议。很显然，本书中的采访得以完成是多方努力的结果，特别感谢那些帮助过我的人。

我必须要感谢那些给我采访机会的人。我的研究对于库鲁曼人没有直接的好处，但是他们对于我的提问总是认真对待，这很让我感动。约翰·莫莱玛告诉邻居说："虽然南希不是到这里帮助我们的，但是我们应该帮帮她。"像他这样的人使我受教良多。我要感谢所有在参考文献中提到的接受调查的人。因为我的很多采访是成组进行的，所以要感谢那些我以村名标注的人们。我和我的助手们在以下村落受到了特别热情的接待：波切切莱萨、曼尼汀、耐克文、盖-莫比迪、巴塔拉洛斯、索丁、卡贡、瑟迪邦、盖-西博罗、盖-洛特哈尔、迈菲尼奇、盖-迪博、罗格贝特、丘吉尔，以及莫替彼斯达特和库鲁曼镇上的一些人。

找到合适文献是我研究面临的另外一大挑战，一名档案管理员同时又是图书管理员的朋友帮我完成了这项工作。我要特别感谢比勒陀利亚国家档案馆和开普敦开普档案馆的工作人员。他们的帮助耐心又尽责。另外，我关于保留地搬迁部分的研究要特别感谢库鲁曼社区与农村发展协会的人员协助,以及比勒陀利亚土地事物局的人员。这两个组织慷慨地与我分享了他们的资料。

在布朗大学,我要特别感谢非洲文献研究院历史系的成员,特别是那些对我的研究给予认真对待的人:约翰·托马斯、吉姆·坎贝尔、瑞特·琼斯、莫德·曼德尔、迈克尔·范登堡、凯利·史密斯、卡尔·雅各比,以及诶米·雷门斯奈德。与谢泼德·克里奇、彼得·欧文、布兰达·费米尼尔斯的交谈也对改进我的研究设想不无裨益。技术上我还依靠林·卡尔森制作地图,依靠杰斯·洛佩兹制作图表。我要感谢南希·绍库普的支持和校读。在布朗大学的乐事之一就是与学生一起开展工作。以下这些学生曾经阅读和评论了我的部分手稿:马修·兰格、凯瑟琳·拜耳和亚当·舒派克。感谢布朗大学的本科生教学研究协助项目,这使我能够有机会与伊丽莎·马戈利斯一起学习牛疫史,并与乔·温特一起学习制图。

感谢我在库鲁曼进行石棉个案项目研究中的合作人员。感谢我的同事索菲亚·吉斯汀、伦迪·布劳恩、约翰·特林伯、西姆维·姆布利,以及学生斯科特·布卡奥、克里斯汀·埃里克森、爱丽丝·基德、西奥·利布基、马克·曼素、姆福·马刺帕、阿尔米·马特洛克、卡吉索·莫其姆、凡诺姆冉素·恩多·拉卡托、凯西·罗伯茨、凯特·萨克斯顿,和露西亚·特林伯。感谢莫法特项目新来的主任理查德·艾特肯,他和简·阿高尔一道支持了本项目并成为有益的合作者。布朗大学的理查德·B.萨洛蒙教师研究奖以及师资主任的额外资助使得我得以重返南非开展石棉研究。和我的团队重返库鲁曼使我对其历史以及当前的环境问题有了更深入的了解。感谢他们对工作和国际合作的付出。

按照惯例,致谢的最后一段是要表达我对家庭的感激。在密歇根州荷兰市的父母弗雷德·雅各布斯和已故的艾琳·雅各布斯一直鼓励我学习、看世界。他们的支持对我的研究至关重要。我的兄弟姐妹及其爱人们,不厌其烦地听我描述自己的研究,即使不感兴趣的部分也以幽默回应。特别要感谢我家族中从事历史研究的亲人,克莉丝和德克·毛夫妇阅读了我的部分手稿。最后,我的爱人彼得·海伍德,一位生物学家,为我和库鲁曼的莫法特教堂做出了贡献,他的慷慨、远见、诚实和天分都让我吃惊。他以各种方式帮助我的研究工作以及本研究的成书。除了幕后工作以外,他最为直观的贡献是提供了当代库鲁曼的图片以及教我图像合成技术。作为一个知心伴侣,他尤其注重思考如何以平衡的方式利用和保护环境,维护生存。

南希·雅各布斯
2002

走近库鲁曼

库鲁曼(Kuruman)①,位于喀拉哈里(Karahari)沙漠高原上的一片开阔地域,那里金合欢丛生,对外界而言这里曾经是一个趣味横生的地方,而如今其魅力已不在。在19世纪早期,这片位于奥兰治河(Orange River)(见图1.1)北部地区,是来自开普敦游客的遥远而充满异国情调的目的地。如今这里遍布灰尘、美景褪色,已经无法使人侧目。茨瓦纳(Tswana)南部地区的发展进程曾经引不少的历史学家注目——在《昔日非洲之路》上②,它已如被遗弃的葡萄藤,等着枯萎。19世纪的帝国吞并进程——他们对包括库鲁曼在内的这一地区进行了描述和记录。但是,最终历史学家的兴趣从帝国吞并转向了殖民抗争与谈判。20世纪的南非充斥着各种政治角力与文化革新,动力十足,而库鲁曼这一区域所在却被观察者描述为人口稀少,如一潭死水。简而言之,早期的时候,游人与历

---

① 库鲁曼,南非北部城市。既是一个城镇名称也是一个行政区域。本书中的"库鲁曼"一般是指1949年之前的行政区域,但偶尔也指城镇。本研究聚焦于该地区的黑人人口。

② Dan Jacobson, *Electronic Elephant : A Southern African Journey*(London : Hamish Hamilton, 1994), 125. "昔日非洲之路"是 P. H. R. Snyman, *Kuruman : Vervloë Pad na Afrika*(Pretoria : Human Sciences Research Council, 1992)书名译文。

史学者均认为此地韵味十足,而最近却很少有人愿意生活在此处。

本书在于构建库鲁曼地区的社会环境历史。我的研究在于梳理人们与环境的多重关系,并借由环境所产生的相互影响结果分析。通过审视不同群体与其周边非人类环境的关系,我把19世纪与20世纪的情况一并叙述,并找寻这片寂静背后的历史发展动因。本书主要关注权力、社会差别及生态环境,主要阐述人们如何通过与环境的关系相互影响。

图1.1　南非,基于公共领域的信息

最近发生的事件就能很好地说明这种相互影响。驴,通常被视为一种负重的滑稽动物,触动了贫困人群、环境与殖民经济之间的联动关系。驴并非南非的本地物种,库鲁曼地区只是在20世纪以后才引入这种动物。相较于牛,驴特别能够适应这里的半干燥气候、疾病多发的自然环境,对当地手头缺钱的人们特别重要。20世纪的种族隔离政策把当地的黑人排除在现代国家的公民身份之外,这即使是在国家允许他们参与粮食生产和定居以后也没有什么改观。在官方的规划中,驴成了一种对环境不利的动物,到20世纪中期的时候,在政府的干预下,驴的数量大减。另外,驴不同于牛，它们没有什么市场价值，因此也被负责制定经济计划的人认定为是没有什么发展前景的物种。20世纪六七十年代南非臭名昭著的种族隔离背景下的"隔离发展"政策，对库鲁曼地区的驴数量产生了重要影响。"隔离发展"的政策旨在最终建立一个独立的"茨瓦纳"，并美其名曰"博普塔茨瓦纳"（Bophuthatswana）。在博普塔茨瓦纳，居于主导地位的农业治理联盟的企业与精英阶层的牛场受到了国家支持。随着1983年大旱的出现，一场危机悄然来临。由于牛的死亡率远高于驴，博普塔茨瓦纳政府怪罪驴消耗了本来应该留给牛的牧草。警员和部队突然进入村落，在一片混乱声中，他们野蛮射杀了超过10 000头驴，也就是本地区接近半数驴的数量。这些驴的所有者没有得到任何事前协商，一旦有抗拒，就会受到威胁和恫吓。对很多人来说，开枪射杀、遭受的损失以及受到的惊吓成了种族隔离期间最为痛苦的经历；时至今日，他们中仍然有很多人痛恨政府的压迫，以及富人对他们卑微生活中仅有财产的剥夺。

　　对驴的屠杀是这一历史中最为戏剧性的情节，印象深刻、历历在目。权力对环境的影响在种族隔离之前同样明显。在早期，那些有权力的人霸占对自己最为有利的环境资源，通常情况下，权力以种族等级分配。在种族隔离制度下，20世纪中期，很多黑人被迫从长期实际生活的河谷地区搬迁到喀拉哈里沙漠南部地区。白人强占了更多的河谷地区，黑人在干旱的不长树木的草原地区再也无法像以前一样从事耕作。从那个时期向前追溯，我们可以发现，19世纪初的库鲁曼，新建的白人城镇沿库鲁曼河一路向上游发展，从库鲁曼河攫取最为宝贵的水资源，迫使黑人社区一路向下，居住地区越来越干旱。失去水源，再加上19世纪后期殖民所造成的土地剥离，茨瓦纳地区的人们失去了他们的存在之地，再也不能像白人那样拥有自己的土地，从而陷入了贫困。但是这种环境压迫在种族隔离之前和殖民统治时期就存在。19世纪初，茨瓦纳的首领们霸占牛群，拥有牛群的富人成为上层，而普通人就只能受他们雇用,他们被禁止拥有牛群,女性和穷人就只能干些饲养的苦活。

在每一项的资源分配中,人群都被通过种族、阶级和性别加以分划,不同的人群被赋予不同的权力和环境关系。强势群体总是以特别的方式攫取优势并通过操控他人的利益实现对自身优势地位的保存。在这些事件中,强势群体充分利用自身的环境优势,而那些被剥削者也总能找到方式缓和不利环境对自身的冲击。看似平和的人们,总能创造性地以自己的努力达成与环境的妥协。

在这些斗争中,环境已经超越了单纯的自然背景意义。它影响着最终的结果,既是奖品又是参与者。人们以特定的生活和耕作方式适应环境,新的社会关系从而得以形成。资本主义、基督教、殖民主义和种族隔离制度以各自的方式对锄作、犁耕、动物驯养、石棉矿上的工作产生影响。实际上,与环境的相互关系过滤了南非历史上的主要社会力量的影响。半干旱地区的金合欢草原及河谷地带成了库鲁曼人最直接相关的环境,他们的关切不论是什么:降雨、庄稼、家畜、土地权、生存成本和产量,粮食生产权利始终位居首位。

因此,环境的视角会对我们理解这里人们曾经的生活提供权威解读,并揭示以前没有注意到的社会变化力量。社会—环境视角提供了新的权力研究视域,它可以追溯其根源及动机。本质上说,这一命题属于环境正义的范畴,环境正义已经成为当代社会活动家为边缘人群争取清洁、健康环境的主要内容。而环境不公——人们与其生物物理环境关系的结构上的不平等——存在于非工业化社会以及更早的时期。从这个角度看,库鲁曼过去的社会环境从来都不是平静的,库鲁曼今天的社会环境关系同样是令人担心的。

今日喀拉哈里金合欢丛生的草原:一次旅行

喀拉哈里沙漠的边缘地带是一片热带草原——金合欢丛生的草原,它是到达库鲁曼地区的必经之地。金合欢丛生的草原之名得自当地的主要野生植物刺槐。在库鲁曼的一些地区生长着高高的刺槐和草皮,然而实际上这种典型的景观要比非洲自然摄影师所拍摄的稀疏得多。这里的土壤含石量高、稀薄、干结,不时可以看到裸露的岩石。没有什么大型的树木和较高的草类。相反,中层的灌木丛是主要植被,它们细小而坚硬的叶子表明这里的降雨并不充沛。在喀拉哈里的边缘地带,你千万不要认为降雨是理所当然的事。茨瓦纳语中表示雨水的词是"普拉",意思是公众聚会。博茨瓦纳(Botswana)还把普拉作为自己的基本货币单位。但是,普拉太飘忽不定,干旱则是常有的事。H. C. 博斯曼(H. C. Bosman)在他的短篇小说《返家》中就选择库鲁曼地区对小城流言进行讽刺描写——一个被抛弃的妇女面对丈夫的断绝信掩面而泣,而对外却说是:"她在库鲁曼的姐妹在写信讲述那里的干旱情况……' 干旱很严重,从来信的页数可以得知。'"①

　　那里的干旱确实持久又频繁。金合欢丛生的这片草原地处亚热带地区,因此它的降雨主要集中在从十月份到次年三月份期间的南北回归线之间的热带辐合带(ITCZ)的季节性移动时段,属于低气压热带气候(见图 1.2)。但是因为其位于回归线南侧,又靠近纳米布沙漠(Namib)和喀拉哈里沙漠的高气压地带,南北回归线之间的热带辐合带会带给这一地区少量降雨。1932—1992 年间气象站测得的库鲁曼地带年平均降水量是 416 毫米。这么低的降水量对当地土地的利用有重大影响。在干旱的年份,高粱的栽种也会变少,虽然间或有年份雨水充足、收成好,甚至使当地农户觉得种植玉米也是可以的。问题的关键是:好年份和差年份的出现有周期性吗? 或者说是否存在长期干燥的趋势? 对历史学家来说,这是关键问题,因为人们可以接受煎熬、设法度过差年景,但是如果存在持续干燥的气候趋势,除去人为的因素,仅仅这一项就足以破坏一个社会。正如本书第九章将要讨论的,人们倾向于后者。长

---

① Herman Charles Bosman, "The Homecoming," in *Selected Stories* (Pretoria: Human and Rousseau, 1980) ,38.

久以来的警告是:降雨比过去有所减少。这种理论可以追溯到 19 世纪早期——并不仅仅在库鲁曼地区,整个国家都是这样。然而, 如果说近 200 年的时间降水真的在持续减少,而今天竟然还有降雨,真是难以想象。

图 1.2　库鲁曼地区月平均雨量(1931—1997)

自 20 世纪早期,南非一直通过全国的站点记录降水量。气候学家对这些数据进行了分析,P. D. 泰森(P. D. Tyson)对传统的智慧进行了决定性的反驳:"长久以来关于南非经历持续干燥的假设最终是站不住脚的。"相反,泰森提出了一个循环变化的理论模型,最有可能的是一个 18 年到 22 年的循环变化过程。[1] 南非气象局保留有库鲁曼地区自 1932 年以来的月降水统计数据。我以合约的形式,请一位气象学家,马克·马乔迪纳(Mark Majodina),分析这些降雨变化数据,他对降雨最多的月份(自 1932 年至 1992 年的一月、二月和三月)[2]进行了回归分析。包括 20 世纪七八十年代的

---

[1] P. D. Tyson, *Climate Change and Variability in Southern Africa* (Cape Town: Oxford University Press, 1987) 68. 另参见 Coleen Vogel, "160 Years of Rainfall of the Cape—Has There Been a Change?" *South African Journal of Science* 84(1988):724 – 726。

[2] Mark Majodina, "Report on Rainfall Variability Over Kuruman, May 1998." 报告可以在库鲁曼的罗伯特·莫法特图书馆找到。

降水量的最大波动值在内,他没有发现有数据支撑的降雨趋势,虽然在后半程研究中发现降雨变化幅度有所提升。发现的确实是循环现象,主要是 20 年一个循环,这契合了泰森的理论内容。偶然性降雨波动还表现为对全球天气现象的反应——厄尔尼诺现象和南方涛动现象[①]对热带、亚热带地区的天气和降水量的影响。如果最近的厄尔尼诺现象对全球气候造成变化,也将对未来的农业和畜牧业造成后续影响。但是,就有记录的库鲁曼地区历史来看,气候变化不足以对当地的环境改变和经济变化做出解释。因此,接下来只能把干燥作为一个偶然事件看待,而不是一种趋势。缺乏降雨是个严重问题,但是长期的变化是在干旱造成的后果上,而不在降雨量本身的多寡。

　　图 1.3 和图 1.4[②] 显示的是 1932 年到 1997 年间年降水量,并以季节区分。这两幅图表明了年份和季节降水的不可预测性,也让我们感同身受地体会到这些年份生活在这样的环境中的处境。想象一下你是一个农民,想要种植高粱和玉米,每年的十月份你会遥望天空,推算什么时间播种恰到好处。想象一下你因无法预测今年的降水不足是否会足以毁掉一季庄稼的那种焦虑心情。想象一下 1943 年经历的失望:春季雨水充足,到了夏季却少得可怜;或者像 1991 年所经历的意外惊喜:春季雨水不足而夏季降水却远超预期。想象一下在经历过 1973 年的干旱之后,遭遇 1974 年特大洪水以及此后几年丰沛降雨所带给你的震惊。感受一下经历 20 世纪 80 年代旷日持久的干旱诅咒时,眼睁睁看着自己的家畜被饿死的那份无助与沮丧。

---

① 南方涛动现象主要是指太平洋东南部和印度尼西亚上空的气压变化。厄尔尼诺现象主要是指秘鲁海岸的太平洋暖化现象。
② 图 1.3 和图 1.4 显示的降雨量是根据气象年份而不是自然年。因此 1932 年的降水量代表的是 1931 年十月份开始的雨季。数据为库鲁曼城镇附近的气象站所收集。

图 1.3　库鲁曼降雨量（1932—1965）

图 1.4　库鲁曼降雨量（1966—1997）

　　库鲁曼地区最可靠的水源不在天空，而在陆地。驱车从阿平顿（Upington）、金伯利（Kimberley）或者弗雷堡（Vryburg）经由高速公路而来的旅行者会一路经过广阔的金合欢灌木丛地带。而一旦他们进入城镇，看到大片的草地，就说明他们已经到达了绿洲地带（见图1.5）。如茵绿草、奇特的棕榈树、在草坪上寻觅昆虫的白鹭，这与你在历史课上所习截然不同：那里严重缺水。水量充足是一种假象，因为草坪的主人掌控水源。地下水是上天对盖普高原（Ghaap）的恩赐。盖普高原从东部的哈茨河谷（Harts River Valley）一路向西延展到150公里外的西部库鲁曼群山。它的表层是钙质结砾岩，一种白色粉性多空岩石，由冲击沉降形成。其下是白云石岩床，或者是钙质碳酸锰。和其他的白云石区域一样，这里属于喀斯特地形，也就是说，此地遍布岩洞、沉降坑以及地下水系。间或有玄武岩隔断岩洞，阻断地下暗河的水道，并迫使水流涌出地表形成泉源，在南非被称为"喷泉"或者"眼睛"[1]。遗憾的是，从来没有关于这一区域泉眼总体数量的全面统计，盖普高原有数十个泉眼，小到涓涓溪流大到"库鲁曼之睛"，每天流出大量泉水。有些泉源是季节性的；有些比较大的有集水区，他们不受降雨的影响；有些已经永久性干涸了[2]。泉源本身就是很重要的资源，而周遭干旱的环境使其重要性显得比实际上更为突出。[3]

---

[1] "眼睛"一词的使用源于荷兰旧约，例如，Deuteronomy 33：28. Personal communication, Alan Butler, January 18, 1994。

[2] Town Council of Kuruman Information Office brochure, "Kuruman," n. d. ［1994—7］. 有关此册网页版本，可参见 http://www.epages.net/kuruman. 关于库鲁曼南部和东南部的泉水，包括曼尼汀（Manyeding）和科农（Konong）的泉水，可参见 J. Smit, "Groundwater Recharge in the Dolomite of the Ghaap Plateau near Kuruman in the Northern Cape, Republic of South Africa," *Water South Africa* 4（April 1978）：81—92. Interview with Eddie van Wyk, Assistant Director of Water Affairs, Kuruman。

[3] 为了方便比较，请注意，库鲁曼眼泉的出水量远不及很多在佛罗里达、密苏里和印第安纳喀斯特地区的泉眼，因为那些泉会有很多雨水注入。Richard L. Powell, "A Guide to the Selection of Limestone Caverns and Springs in the United States as National Landmarks," unpublished document, Indiana Geological Survey, 1970. （感谢汉克·胡夫曼所提供的参考）

图 1.5 今天的库鲁曼地区

南非最为著名的涌泉是"库鲁曼之睛",它是镇上最大的看点，通常对外宣称是南非最大的泉眼。它的茨瓦纳名是"盖斯葛尼恩"（Gasegonyane）或"小葫芦"（little calabash），取自涌出水流的洞穴名。这充满魅力的名字现在已经名不符实了，因为 20 世纪 70 年代时规划人员通过封合洞穴对它们进行了改造，以便更多的水被抽到镇上使用。今天，这里的部分水被抽吸到一块岩石的顶部，然后流洒到岩石下方的一个水塘里，美是美了，只是有了太明显的人工雕琢痕迹。涌泉的周边是一个悉心养护的小公园，遍植棕榈树，使得这片绿洲愈发显得愈发神秘，但是涌泉确实是在当代南非，而非想象中的异域沙漠。泉水流过公园周围高高的铁栅栏，你就可以看到当地种族歧视的现实了。涌泉是库鲁曼河的源头，库鲁曼河一路流向西北方向，首先滋养白人家庭的花园区。这些区域的设置和水源供应正是库鲁曼地区最初实行种族隔离的目的所在。之后剩余的水流才会流到黑人聚居区。

库鲁曼这个城镇围绕涌泉分布。时至今日，库鲁曼已经成了一个不起眼的南非"多普"（dorp）[①]。公路两旁、沿主要街道分布的是和南非其他地方一样的银行、零售店、加油站。[②] 1994 年之前这些地方只允许白人居住，今天也只是少数几个黑人家庭在这里安家落户。只有在城镇的北侧，旅行者才可以看到为黑人服务的片区。这里商店的名字很独特："不开玩笑蔬果店""塔拉洛—塔拉坪肉铺"。靠近公交车站和计程车候车处的多是小商小贩和很多的黑人行人。走过这里，公路向北延伸，两边是一小片平房，还有一片草坪。从居民花园到金合欢丛生的草原的过渡非常短。河道和灌溉区域很容易分辨，在公路的东侧有一排排与道路平行的树木。

库鲁曼河下游五公里就是莫法特布道中心，它是伦敦布道会在世界各地设立的分支机构，最早可以追溯到 1816 年在茨瓦纳人中进行福音传道的不信仰基督者。这个中心也使库鲁曼成为人们一路向北行进的一个中间站，早期也促使英国当局在此设立行政管理中心。

今天，它是游人驻足库鲁曼的理由。把布道中心放在这里是因为这儿方便灌溉。以前建立的果园里还有微量的水果产出，但当年布道会的花园和麦地已经成了放牧场。布道会的家园自 19 世纪 20 代就有人照顾，1838 年建立的石质教堂可以容纳 800 人，风姿依旧。但它周末时常是空荡荡的。由于 1950 年群区法案的实施，黑人教区居民不允许参与布道会活动，这里成了白人活动区。20 世纪 80 年代以后，将此处建成为教堂静修中心、进行文物保护和开始国家记忆的努力逐步展开。今天，教堂主要用来举办婚礼（当地村民和外来的研究人员均在这里宣誓），偶尔也举行宗教仪式。

从布道中心往下，河流已然成了一条沟渠，在浅谷部分的中心位置，最窄的地方甚至可以一跃而过，过去就是黑人居住的地方。在历史上，河谷地区是当地部族的居住地。殖民统治时期，低处的河谷成了黑人居留地，种族隔离时期，它是博普塔茨瓦纳的一部

---

① "多普"是南非公用荷兰语和英语对小镇的称呼。
② "前往库鲁曼的最近旅行印象"，参见 Jacobson, *Electronic Elephant* (1994) , 112—147。

分。自 1994 年始,这里成为北开普省和西北省的分界线。沿库鲁曼河还有更多的不同大小和流程的小泉源。巴塔拉洛斯(Bathlharos)是这里最大的村庄,这里有一处沼泽地,夏日午后动物们会在这里啃啃草,当地人会在这里乘乘凉。盖-莫比迪(Ga-Mopedi)的另一处泉眼在冬天里能够形成水塘(见图 1.6)。沿途泉眼汇入的水并不足以形成持续水流,大多数时间,河床上只是一汪汪水塘和沼泽而已,水流在下游不远处就消失了,水流流程长短因季节而不同。这里的夏季通常都是雨季,而冬季因为蒸散率低,天气变冷的时候河水也比较充分。这些水塘和沼泽维系着水禽的生命:紫胸佛法僧、小蜂虎、锈色黑鸟,时不时地落在暗色的背景中,平添了一些亮丽。奎利亚雀——"有羽毛的蝗虫"也聚集在河谷地区。奎利亚雀是种植者的噩梦,但是它们在这里找不到太多的粮食。尽管河谷地区的土壤最为温润,也设有栅栏围起园地,但是这里大部分地区都被遗弃了。

尽管库鲁曼河谷的大部分地区是干涸的,偶尔也会有泉水汇入。盖-莫比迪的羊群、驴只和其他动物正在水边小憩。注意背景中的改造农村栅栏和箱式房屋。[照片由彼得·海伍德(Peter Heywood)提供]

图 1.6 2001 年盖-莫比迪的"库鲁曼之睛"

及至库鲁曼河与马拉沃昂河（Matlhwareng River）交汇之地时，两条河均已干涸，偶尔才会有水流。河床由盖普高原弯向喀拉哈里沙漠，再也没有泉源注入。即使有水勉强流到这里，也会很快渗入沙漠，或者蒸发到干燥的空气中。在过去的 100 年中，库鲁曼河只有四到五次流进过莫洛波河（Molopo River），通常情况下这条位于南非和博茨瓦纳边界的河谷都是干涸的。[1]

库鲁曼河西侧的库鲁曼山既不高耸也不陡峭，山脊线却非常明显，因为盖-莫嘎纳（Ga-Mogana）的圆锥形高地达 1 614 米之高。这些连绵的小山是石棉山的主体，自奥兰治河的普里斯卡一路向南分布。这里蕴藏着铁矿石、出产青石棉，还是近似宝石的虎睛石产地，石英和石棉也分布广泛。自 20 世纪 70 年代，人们已经认识到石棉对健康的危害，青石棉在世界范围内的使用也受到了极大影响。在需求萎缩之前，青石棉是南非最为值钱的矿产，其主要就来自北开普和西部省份。青石棉的毒害在石棉中居首。没错，它创造过辉煌，但也使很多人死于肺病。它危害的不仅仅是矿区，还包括周边地区，单是呼吸飘有石棉的空气就足以致病。库鲁曼最后的石棉矿于 1997 年关闭，经济也因此下滑、环境逐渐恶化。村庄周边的库鲁曼小山，有些地面因青石棉污染而变蓝，它们裸露着任由风、雨、畜类搅动，将矿山的粉尘带到山下的平原和村落。1997 年的时候，一位到访的美国记者大胆地提出要在美国设立超级基金。[2] 废除种族隔离制度后的南非政府也做出了承诺，要确保石棉产区的呼吸安全，但是由于资源有限，很多公用土地上的矿区在近期依然无法重新使用。尽管存在健康安全威胁，但是当地人

---

[1] Reuters Library Report, March 10, 1988; Snyman, *Kuruman* (1992), 5.

[2] Carol Morello, "South Africa's Blacks Never Knew that Asbestos was Killing Them," *USA Today*, February 10, 1999, 8A – 9A. 同样关于库鲁曼与石棉有关的疾病，参见 Lundy Braun et al., "Asbestos-Related Disease in South Africa: Opportunities and Challenges Remaining Since the 1998 Asbestos Summit," report presented to the South African Parliament Portfolio Committee on Environmental Affairs and Tourism, October 12, 2001. http://www. brown. edu/Departments/ African _American_Studies/Asbestos/。

告诉我说，他们依旧希望矿场重开并获得一份工作。

　　库鲁曼小山和河流的东侧是盖普高原，位于海拔1 341米的库鲁曼镇。北面是斜坡，河流由此向北。这里是名副其实的热带草原，扁平、无趣，分布着草地、林地、灌木丛，偶尔有些农舍和村庄。最为显眼的地理特征是凸起的粗粒玄武岩，稍有一些灌木生长其上，地表略微隆起的地方特别适合钻井取水。20世纪五六十年代奉行种族隔离的政府在盖普高原上的公共土地设置村庄驻地。新的社区以扁平的网格状分布，并设有人工引水点。除了莫替彼斯达特（Mothibistad）最大的定居点，这些村落几乎千篇一律。满是尘土，交通闭塞，主路边才有计程车和公交车停靠站；村民们来来往往，凌乱不堪。这些村庄的道路上垫了些石头，车辙使得路面坑坑洼洼。大部分的房舍是简陋的土砖结构，偶尔有一两栋建造精良。很多房屋尚未完工，有的只差房顶了，有的还少窗棂，只等有了钱再继续。除去房屋，村里还有学校、教堂、小卖部、小酒馆以及诊所之类的，只是巴塔拉洛斯只有一所医院。公共土地无人耕作，山羊和驴沿着道路吃草（也不怕来往车辆）。篱笆上、线缆上、金合欢灌木丛上到处散落着街上扔的塑料袋垃圾。篱笆墙内有树荫、果木、园地和耙过的土壤。村庄的布局也是统一设置的，没有什么可值得驻足的。土壤干旱，居民贫困，但是一旦到夏季，下了雨，这里很快就会漂亮起来了。有一次我曾经看到了完整的双彩虹，两个完美的弧形桥接使得天际和地平线美不胜收。消退的积雨云笼罩在青色金合欢丛上，真是美极了。

　　盖普高原上的畜牧种类要比河谷地带丰富，它们验证了这里的人们对环境不可思议的利用。因为这里土地干旱难有高产的粮食生产，所以放牧成了主流生产方式，最初是为生计牧养，现在则是商业生产。如果草源再充足些畜类和牧主都会更开心的，实在没有办法，就只有在大片区域少养些牲畜，以便他们能够依靠仅有的牧草存活。当然，旱季时动物们消瘦些，雨季时稍有恢复。

村与村之间是开阔的土地,盖普高原上部分地区生长着牧草,而更多的地方则是灌木类。1953 年 J. P. H. 埃考克斯(J. P. H. Acocks)在他的《南非的草原地貌类型》一文中把库鲁曼周边地区归为喀拉哈里金合欢丛生的草原。[①] 1996 年的一份调查报告,《南非植被,莱索托和斯威士兰》,把这一地区归为热带草原生物群系。热带草原极不稳定,处于草地和林地的过渡区域。1996 年的研究把热带草原归为中间形式,灌木丛因为所处地段的降水、土质和周边植被而分为三种。[②] 灌木、树木和草类的适当比例是牧主和生态学家的主要关切对象。19 世纪 80 年代以后向金伯利进行的木材贸易要求大型树木。小型刺槐和其他灌木在此期间就增多了。以往的解释是出于放牧需要,灌木多了起来;因为草是更好的饲料,灌木多了就意味着能养的畜类要减少。但是,对于这种说法我们完全可以提出疑问,和本书第六章讨论的一样,除了放牧,导致灌木增长的因素还有很多。

自 1994 年以来,黑人地区的基础设施已有所改善。其中广受期待和大加庆祝的是南非半国营性质的电力公司艾斯康电力扩展服务。但是电网扩展一直进展缓慢,有些人只待新的千年到来之际能够看到自己家接上新电线。另外一家半国营的南非电信局正在增加在农村地区的服务业务,此外还有一家无线通信公司在索丁(Seodin)开展公共服务。1997 至 1998 年期间,我在附近地区能够看到的改变是仿造圆形茅屋所建造的一处市场,但是很

[①] J. P. H. Acocks, *Veld Types of Southern Africa*, 3rd ed., Memoirs of the Botanical Survey of South Africa No. 57 (Pretoria: Botanical Research Institute, 1988) : 44 - 49. 在埃考克斯的分类中,喀拉哈里草原的金合欢是第 16 种类型。该区域发现的子类型为 16. a. 4(喀拉哈里金合欢特有品种,西北支)和 16. b. (弗雷堡灌木丛林子类型,蔷薇科分支)。

[②] 新的调查确定了这一地区的四种草原类型:喀拉哈里平原荆棘灌丛草原(30);喀拉哈里山灌木草原(31);金伯利荆棘灌丛草原(32);喀拉哈里高原灌木草原(33)。Noel Rooyen and George Bredenkamp, *Vegetation of South Africa, Lesotho and Swaziland: A Companion to the Vegetation Map of South Africa, Lesotho and Swaziland*, 2nd ed., A. Barrie Low and A. G. Rebelo, eds. (Pretoria: Department of Environmental Affairs and Tourism, 1998), 35 - 37. 有关环境的总体描述,也可参见 Snyman, *Kuruman* (1992), 8 - 10。

遗憾,一直没有投入使用。盖-莫比迪附近的便利设施也就是预付式插卡电话。公路两侧隔一段会有树立起来的大型重建开发项目公司的宣传标志,但是 1996 年独立发展性质的重建开发项目公司停开以后,政府对农村地区的持续投资开发规划一直不明朗。

河谷地区在过去的位置就是保留地和盖普高原上的信托土地,殖民统治时期归白人拥有。这些地块包括喀拉哈里南部,盖普山谷和朗厄(Langeberg)山脉地区。今天的黑人在这些外人控制的土地上从事采矿和农耕生产。虽然不如盖普高原适合耕作,但是盖-莫比迪山谷拥有库鲁曼地区最大的矿产:金属。这里是世界上最为富足的锰矿产地之一。喀拉哈里南部边缘地带,因为缺水和沙色的地表企业生活区,很应景地得名"豪烫滋"(Hotazel),意思是"热如炼狱",当然冬天也是冷如地狱。安静的草原上,耸立而起的采矿工厂是南非重工业的前哨。盖-莫嘎拉(Ga-Mogara)山谷的东侧是石英岩质的朗厄山脉,自奥兰治河一路向北延伸接近 200公里,最高处海拔达 1 836 米。喀拉哈里沙漠,主要生长硬质草丛和灌木,在朗厄山脉西侧与盖普高原北部形成一个半环形。喀拉哈里没有常流河,地质条件上也没有什么泉水,年降水量不足125 毫米。干燥使这里的人口规模较小,唯一的农业就是家畜养殖。喀拉哈里地区人口水平一直不高,因此这方面不是本书关注的重点。

在结束对库鲁曼地理风貌的描绘时,我要提一下,这里特别具有环境优势的一项运动,即滑翔伞运动。从 11 月到次年 1 月份,来自全世界的滑翔伞运动爱好者在此汇聚,这里的自然环境特别适合这项运动:夏天的热气流可以推升滑翔运动爱好者到达 4 000 米的高空,并可运送超过 300 公里的距离。在这样的高度,特别适合欣赏当地风貌。地理风貌,作为一种外部起因可以作为历史研究的源泉,然而并不足以回答关于当地人群与周边环境相互影响的方式问题。要回答这些问题,需要到更为传统的历史研究源头上找答案。那位以"库鲁曼:适合飞翔、不宜耕作"①为标题的滑翔爱好者只说对了这里关于适合飞翔的部分,至于耕作问题,远非那么简单。即使在这么严峻的自然环境里,人们在养活自己方面遭遇到的困难更多的是与人类世界的不公有关,而非与人类世界的地理环境缺陷有关。

两部历史:社会—环境路径

历史叙事,如同旅行一般,有自己的视角。社会历史和环境历史的研究者均声称采用"自下而上"的路径,②有趣的是这两种研究并不殊途同归。很显然,其下之始并不固定。对南非的社会历史研究者来说,最为下层的构成人群主要是黑人工人和农民。对环境历史研究者来说,土地和其周遭生态区域才构成最为基础的研究层级。两个学派皆旨在揭示说底层生活的历史被掩盖了,他们的声音被忽视了,没有人替他们代言。鉴于二者出发点不同、处理方式类似的实际情况,不妨将这两种研究方法理解为对历史的平行研究。事实上,两个学派的大部分研究成果没有显示出这两种研究的交叉性。但是,出于对双方的促进,二者要结合起来看。

关于南非乡村历史中环境因素的不可分割性在现有研究中鲜有体现。确切地说,历史学者 C. W. 德·基维特(C. W. De Kiewiet)、威廉·贝纳特(William Beinart)、琼·卡拉瑟斯(Jane Carruthers),和查尔斯·范·昂赛雷恩(Charles van Onselen)的关

---

① Andrew Smith, "Kuruman: Bad for Farming, Good for Flying," in *Cross Country*, n. d., 41. 我在 http://www.paragliding.co.za. 发现这篇文章的副本。

② Belinda Bozzoli and Peter Delius, "Radical History and South African Society," in *History from South Africa*, Joshua Brown et al., eds. (Philadelphia: Temple University Press, 1991), 17 – 20; Michael Williams, "The Relations of Environmental History and Historical Geography," *Journal of Historical Geography* 20(1994): 3.

注点是人类历史对生态环境的影响。① 然而南非激进历史学者的
研究工作更多的是马克思的环境批评视角：忽视环境因素就不是
一个真正的唯物主义者。② 20 世纪七八十年代，南非历史学家的研
究集中在对政治经济议题的研究，尤其是非洲无产阶级化的问题。
他们的贡献不可否认，但是他们对非洲农村地区一些重要的议题
没有给予足够的关注，比如说生产方式、环境因素、技术因素。③ 虽
然结构性不公是南非历史研究的重要议题，但是环境压制却总是
在主流叙事中缺席。环境因素已经越发成为关于南非历史保存方
面的话题。这些研究通常讨论的是环境退化问题、国家叫停破坏
土壤以及狩猎的努力。他们也承认社会和环境的关联问题，但是
他们的研究中只是把环境视作需要保护的对象，而非生产要素。④

　　对于环境历史的宣传主要是分析其在历史进程中的生态作用。
这就意味着在一定生物实体和物理力量关系中人的反应——植物、
动物、病菌、海洋、湖泊、河流、火、天气、土壤，以及岩床。引进非人类
世界可以使得环境历史编纂学对人类的研究不太敏感。威廉·克罗
农（William Cronon）评论说："环境史没有能够通过研究群体以下的

---

① C. W. De Kiewiet, *A History of South Africa*: *Social and Economic* (London: Oxford, 1941); William
Beinart, *The Political Economy of Pondoland*, *1860 to 1930* (Cambridge: Cambridge University Press,
1982); Jane Carruthers, *The Kruger National Park*: *A Social and Political History* (Pietermaritzburg:
University of Natal Press, 1995); and Charles van Onselen, *The Seed Is Mine*: *The Life of Kas Maine*, *a
South African Sharecropper*, *1894—1985* (New York: Hill and Wang,1996).

② Madhav Gadgil and Ramachjandra Guha, *This Fissured Land*: *An Ecological History of India* (Delhi:
Oxford University Press, 1993), 12.

③ 这些开创性的社会史著作包括 Robin Palmer and Neil Parsons, eds., *The Roots of Rural Poverty in
Central and Southern Africa* (Berkeley: University of California Press, 1977); Colin Bundy, *The Rise
and Fall of the South African Peasantry* (Berkeley: University of California Press, 1979); Timothy
Keegan, *Rural Transformations in Industrializing South Africa*: *The Southern Highveld to 1910*
(Johannesburg: Raven, 1986); and William Beinart, Peter Delius, and Stanley Trapido, eds., *Putting
a Plough to the Ground*: *Accumulation and Dispossession in Rural South Africa*, *1850—1930*
(Johannesburg: Raven, 1986)，该书很少讨论耕田情况，与其标题不符。关于南非历史学的自由
主义与修正主义流派，参见 Christopher Saunders, *The Making of the South African Past*: *Major
Historians on Race and Class* (Cape Town: David Philip, 1988), 143 - 197。有关环境的新经典经济
史，可参见 William Duggan, *An Economic Analysis of Southern African Agriculture*(New York: Praeger,
1986)。

④ 参见 Special Issue on Politics of Conservation in Southern Africa, William Beinart, ed., *Journal of
Southern African Studies* 15(January 1989)。

单位来探究一个分支的社会意义……面对社会历史的分类研究:性别、人种、阶级和民族,环境历史没有给予应有的凸显。"[1]虽然不足,但是这种分析在环境历史编纂学研究中还是有的,并且这种研究坚持认为这种分析会强化所有地区的这类研究。非常有必要了解的是社会差别塑造人与环境的关系。

认为不同的人导致不同的经历的思想与环境历史研究中主流的"衰退"叙事、生态退化、社会崩塌相矛盾。类似理查德·怀特(Richard White)的《根之所依》(*Roots of Dependency*)之类的作品,在揭示社会和经济兴衰中的环境构成因素功不可没。[2] 然而,用怀特的话说,历史学家在误导大家,如果他们说"地球上保存了生命是个奇迹",同样地,约翰·M.麦肯齐(John M. Mackenzie)警告人们不要将环境史视为"长期自由落体,以帝国主义为全球加速器"。[3] 在非洲,退化和衰落的叙述支持不同的政治倾向。殖民官员污蔑非洲人对土地的使用具有破坏性,而后来的一派历史学家把帝国主义的土地兼并描述为一场破坏前殖民地可持续利用的灾难。詹姆斯·费尔海德(James Fairhead)、莫莉萨·利奇(Melissa Leach),以及包括詹姆斯·麦卡恩(James McCann)[4]在内,他们的历史作品揭示,关于非洲环境的殖民地退化主义叙事往往是基于

[1] William Cronon, "Modes of Prophecy and Production: Placing Nature in History," *The Journal of American History* 76(1990): 1129. 有关北美社会与环境历史,可参见 Alan Taylor, "Unnatural Inequalities: Social and Environmental Histories," *Environmental History* 1, 4(1996): 6 - 19。关于美国环境保护与土地使用的基于阶层的环境史,可参见 Karl Jacoby, *Crimes against Nature: Squatters, Poachers, Thieves, and the Hidden History of American Conservation* (Berkeley: University of California Press,2001)。

[2] Richard White, *Roots of Dependency: Subsistence, Environment and Social Change among the Choctaws, Pawnees and Navajos* (Lincoln: University of Nebraska Press,1983)。

[3] White, "Environmental History, Ecology, and Meaning," *The Journal of American History* 76(1990): 1115; John M. MacKenzie, "Empire and the Ecological Apocalypse: The Historiography of the Imperial Environment," in *Ecology and Empire: Environmental History of Settler Societies*, Tom Griffith and Libby Robin, eds. (Edinburgh: Keele University Press, 1997), 220.

[4] James Fairhead and Melissa Leach, *Misreading the African Landscape: Society and Ecology in a Forest-Savanna Mosaic* (Cambridge: Cambridge University Press,1996). See also essays in Melissa Leach and Robin Mearns, eds., *The Lie of the Land: Challenging the Received Wisdom on the African Environment* (Portsmouth: Heinemann, 1996). 关于这一点,请参阅一个综合性的撒哈拉以南非洲环境史, James McCann, *Green Land, Brown Land, Black Land* (Portsmouth: Heinemann, 1999)。

未经证实的假设。① 而把帝国主义的土地兼并视为一种天灾人祸的观点也有问题，因其对殖民前环境关系过于浪漫的描述而受到批评。非洲人民在被殖民前与环境的关系既非和谐亦非控制。② 实际上只是他们有自己与环境相处的独特方式，而这种方式受到了帝国主义土地兼并政策的影响和改变。

与帝国主义的土地兼并政策相关的另外一个问题是这种兼并终结了本地的环境管理方式：它破坏了"那里的生命形式和文化的自我恢复力"③。环境衰退和历史延续之间的紧张关系与非洲历史学中的人们在被压迫和压榨环境下的生存方式有交叉点。比如，关于非洲代理人向南部非洲矿区提供移民劳力的不同解释就是一个很好的例子。早期的结构主义者强调国家和资本在财富积累和社会控制方面的作用。社会历史学家通过给予代理人一个更加重要的分析主场对此观点进行了挑战。他们的结论是非洲的工人阶级在创造移民劳工方面发挥了作用，并在工作场所创造了自己的文化。④ 环境和非洲社会历史的研究均认为帝国主义的土地兼并制造了伤痛和损失。然而，如果（环境的，或者别的什么）自我恢复力明显，那么殖民统治前领土损失的状况就不能用退化来解释了。⑤

不用退化来描述并不是对变化的美化。只是承认每一代都有

① 此类作品，参见 Helge Kjekshus, *Ecology Control and Economic Development in East African History: The Case of Tanganyika, 1850—1950*, 2d ed. (London: Heinemann, 1977; Athens: Ohio University Press, 1996); Leroy Vail, "Ecology and History: The Example of Eastern Zambia," *Journal of Southern African Studies* 3(1977): 129–155. 有关这一趋势的评判，参见 Julian Koponen, *People and Production in Late Precolonial Tanzania: History and Structures* (Upsala: Scandinavian Institute of African Studies, 1988), 367。
② Robert Harms, *Games Against Nature: An Eco-Cultural History of the Nunu of Equatorial Africa* (Cambridge: Cambridge University Press, 1987).
③ White, "Environmental History, Ecology, and Meaning," *The Journal of American History* 76(1990): 1116.
④ Bozzoli and Delius, "Radical History and South African Society," in *History from South Africa* (1991), 21. 强调建构主义分析的，参见 Patrick Harries, *Work, Culture and Identity: Migrant Laborers in Mozambique and South Africa, c. 1860—1910* (Portsmouth: Heinemann, 1994)。
⑤ Cronon, "A Place for Stories: Nature, History and Narrative," *The Journal of American History* 78 (1992): 1347–76.

变化,总有胜利者和失败者,发展变化再大,社会还是会存在,在谴责生态变化之前必须先进行分析。我并不是要否认环境创伤或者美化非洲的代理人。我的观点是克罗农曾经指出过的关于环境历史的观点:对衰退的强调或者持续代理是叙事角度的问题。关于衰退的描述阻碍了我们的理解。绘出紧张关系结构和总体衰退的图画可以产生高峰和谷底的"剖面图"。而我遵循自上而下的叙述方式,研究感兴趣的一些具体环境,并确定它们对人类产生的力量以及人们所做出的决定。我的目标是评估不同时期的契合点,而不只是某一个点的特定历史。[①]

每一代人都会从上一代人那里承继一种对生活方式的理解,每一代人都会面对促使他们创新的新环境。即便有些时代人们要进行大量的创新而回报可怜,也不能视为是一种相较于前辈的退化。他们的存在就是一种对自己周边环境、价值观和毅力的检验。[②]

在当代人的认识中,"自然"已非一种人类历史上的给定力量。让我们直面两种相互制衡的观点:现代主义强调人对自然的控制VS后现代主义强调人对自然的建构。两种立场均有道理,但是在它们的极端形式下,又很难看到生物物理力量对人类历史的作用。现代主义的立场指向了种族隔离状态中的历史结果而已。尽管种族隔离政策发生在生物物理世界,但是它更注重对人的控制而非环境。库鲁曼之前的历史表明,种族隔离状态的简化和加强是以失去本地固有的对环境的顺应能力为代价的。

本研究更为重要的特点是与现代及后现代主义者的观点形成

---

① James C. Scott, *Seeing Like a State: How Certain Schemes to Improve the Human Condition Have Failed* (New Haven: Yale University Press, 1998).

② Phillip Curtin, "Epidemiology and the Slave Trade," *Political Science Quarterly* 83(1968): 190-216, and *Death By Migration: Europe's Encounter with the Tropical World in the Nineteenth Century* (Cambridge: Cambridge University Press, 1989); Jan Vansina, *Paths in the Rainforest: Toward a History of Political Tradition in Equatorial Africa* (Madison: University of Wisconsin Press, 1990).

三角支撑关系。自然当然是人类建构起来的,并具有特定的文化特质。这一术语的第一个问题是生物物理力量是荒蛮的、不受人类影响的制约。这不符合生物物理力量在库鲁曼的历史事实,譬如说,库鲁曼地区对驴的驯化,就改变了沙漠地区的生物样貌。所以说,自然这个"术语"就需要解构,专注于对这一术语的解构有其条件:我们可以忘掉生物物理世界的本在和不受人类意识影响的概念。因此,我不打算物化和建构自然,我要把自然理解为人类"环境"中的生物物理实体。这样的描述强调的是:我关注的主题是人和其周边非人类环境的互动关系,这就可以使我们看到这些生物物理实体、力量之间以及与人类之间的互动关系。这并不是说历史可以在一片无声的、非人类环境中自致,我要做的是削去代表自然的外层,还原有其自身整体性的非人类生物物理世界的真实存在。

读者们可能会注意到,本书相较于最近出版的其他环境历史书籍,不太强调环境的文化性和意识性。原因是这样的:第一,19世纪的文献记录并没有关于当时人们对其周遭生物物理世界的具体认识。最有见地的关于早期茨瓦纳地区对人类和非人类世界构建的是琼(Jean)和约翰·科马洛夫(John Comaroff),他们推断说茨瓦纳地区的人们对于家庭内部空间和荒野持有截然不同的立场,他们强调内部空间。这种分析正是我在第二章中关于生产和权力的讨论。这种对于内部环境的偏向贯穿本书研究始终(对首领墓地和干旱季节祈雨的重视除外)。我没有发现有专门的仪式和标志来强调内部环境,虽然放牧和种庄稼有可能就是一种对内部环境的强调,或者说它们本身就是一种象征。我的采访也几乎没有发现对自然风光的精神追求。除了尊重墓地,人们没有表现出对特定微观环境的精神追求。本书研究不太关注文化方面——只关注贫穷、电力、剥夺,以及非人类环境的代表——来自我的采访总结,包括开放性采访。总的来说,我的经验是这样的：人们对于周遭环境的认识很难描述，更容易的做法是推测他们在特定的社会和生物物理环境下做出相应反应的原因。因为社会和生物物理环境有其文化背景。在本书最后一章我探索了关于环境正义公平的当地理解和看法——它们是我采访过程中调查得来的。

值得注意的是，与北美环境历史学家或者南非社会历史学家相比较，热带非洲的历史学家在强调社会、文化和环境的历史整体性上趋向一致。譬如说，从一开始塑造这一领域的资深历史学家飞利浦·卡廷（Philip Curtin）和简·万思那（Jan Vansina），就特别强调环境力量。[1] 其他虽没有采取明确的环境论方法，但把环境因素引入文化研究和生产研究的主要历史学家有史蒂芬·费尔曼（Steven Feierman）和伊莱亚斯·曼达拉（Elias Mandala）。[2] 另外，约翰·艾利夫（John Iliffe）写了一本非洲历史教科书，描述人们如何适应当地环境，虽然这本书充满敌意。[3] 把东部非洲，特别是中东部非洲的历史学家作为一个学派，他们对于环境的分析有着重要地位。早在 1977 年，东非历史学家就写过帝国主义和环境变化的关系。[4] 最近一代的东非、中非和西非历史学家对生态管理、生产、保护和环境意识的分析更为关键了。这些历史学家是第一批用社会史的分类方法看待人与环境的关系的。[5] 这体现着非洲环

---

[1] Philip Curtin, "Epidemiology and the Slave Trade," *Political Science Quarterly* 83 (1968): 190 - 216, and *Death By Migration: Europe's Encounter with the Tropical world in the Nineteenth Century* (Cambridge: Cambrige University Press, 1989); Jan Vansina, *Paths in the Rainforest. Toward a History of Political Tradition in Equatorial Africa* (Madison: University of Wisconsin Press, 1990).

[2] Steven Feierman, *Peasant Intellectuals: Anthropology and History in Tanzania* (Madison: University of Wisconsin Press, 1990); Elias Mandala, *Work and Control in a Peasant Economy: A History of the Lower Tchiri Valley in Malawi, 1859—1960* (Madison: University of Wisconsin Press, 1990).

[3] John Iliffe, *Africans: The History of a Continent* (Cambridge: Cambridge University Press, 1995). 关于非洲人处于不利环境中的另一种描述，参见 Harries, *Work, Culture, and Identity* (1994), 1 - 17。

[4] Kjekshus, *Ecology Control* (1996); Vail, "Ecology and History: The Example of Eastern Zambia," *Journal of Southern African Studies* 3 (1977): 129 - 155。

[5] James Giblin, *The Politics of Environmental Control in Northeastern Tanzania, 1840—1940* (Philadelphia: University of Pennsylvania Press, 1992). 相关论文也参见 Gregory Maddox, James Giblin, and Isaria Kimambo, eds., *Custodians of the Land: Ecology & Culture in the History of Tanzania* (Athens: Ohio University Press, 1996)。

境历史学的细微差异,对文化和社会议题的敏感性,可以提供给北美和世界其他地方环境历史学家有用的模式。

美国环境历史学家阿尔弗雷德·克罗斯比(Alfred Crosby)、卡罗琳·麦钱特(Carolyn Merchant)、理查德·怀特和唐纳德·沃斯特(Donald Worster)[①]做出了令人鼓舞的工作;南非历史编纂现存的疏漏;克罗农对环境历史学家考虑社会分类的呼吁;以及热带非洲历史学家的表率作用促使我要写一部关于南非社会环境,在喀拉哈里金合欢丛生之地的历史。

在库鲁曼做社会—环境史研究

建构库鲁曼的历史,我主要从环境史入手。环境史需要考虑人与环境相互作用的几个不同层次。根据沃斯特的主张,重建过去环境条件是调查的第一层次;第二,生产对生态的影响,包括技术和社会考量;人类对环境的看法则是第三。商人的调查模式与沃斯特的方法相差无几,只是在生产和意识之间增加了再生产。[②]和这些及其他环境史学家一样,我开始在生物物理世界中进行探索:什么是环境特征,以及它们如何随时间而变化? 了解环境特征对于这种方法是至关重要的,但研究环境历史绝不要涉及环境决定论。在库鲁曼的历史中显而易见的是,环境的特征并不能决定人们的耕作方式。对于一个严酷环境下的自然风貌,金合欢丛生的草原与散布的泉水为人们的生活提供了多种选择。人们经常根据可能的结果和吉凶判断,变换与环境的关系。

---

① Alfred Crosby, *Ecological Imperialism: The Biological Expansion of Europe, 900 – 1900* (Cambridge: Cambridge University Press, 1986); Carolyn Merchant, *Ecological Revolutions: Nature, Gender and Science in New England* (Chapel Hill: University of North Carolina Press, 1989); Donald Worster, *Rivers of Empire: Water, Aridity and the Growth of the American West* (New York: Pantheon, 1985); and White, *Roots of Dependency: Subsistence, Environment and Social Change among the Choctaws, Pawnees and Navajos* (1983).

② 从环境史角度进行分析的,可参见 Worster, "Transformations of the Earth: Toward an Agroecological Perspective in History," *Journal of American History* 76 (1990): 1090 – 1091; Merchant, *Ecological Revolutions* (1989), 5 – 26。

麦钱特和沃斯特在社会生产应遵循环境特征而进行上观点一致,这也是本书的主导。和沃斯特一样,我们寻求从"农业—生态"的历史视角研究社会环境史,我看到的人与环境之间最基本的相互作用就是在生产层面,特别是粮食生产方面。[①] 纵观整个历史,食品生产一直是主要的社会活动,是改变人与环境关系的显性历史力量。我并不是说生产以任何功能主义的方式来决定再生产或对环境的认识;当然,这种关系是互惠的,但生产是农村环境史上更加动态和有影响的分析领域。我坚信要了解农村的历史,了解农村的社会关系,就要分析人们生活中最主要从事的事务。这就要在大的环境背景下审视具体的生产技术和方法。

伊莱亚斯·曼达拉的研究很好地说明了这一点,但是曼达拉注意到,非洲的历史学家对生产关系的兴趣甚于对生产方法。[②] 通过调查生产方式可以揭示经济上的逻辑关系,并使生产关系具体化。正如约翰·萨顿(John Sutton)所说,这是一种"研究社会历史从农耕文化出发的有力尝试"。

> 这不仅仅包括用于耕作的工具和在田间使用的技术,也不仅仅是年度和季节性庄稼种植安排,或者套种与单种,以及如何把农作物的种植与畜禽养殖结合的各种方式。它需要综合考虑整个有机链,除了物理的环境,还有社会的环境,以及逐年农业续种的具体安排和策略。[③]

---

① 关于早期在类似环境下说茨瓦纳语人的农业历史,参见 Duggan, *An Economic Analysis* (1986); Gary Okihiro, "Hunters, Herders, Cultivators, and Traders: Interactions and Change in the Kgalagadi in the Nineteenth Century," Ph. D. dissertation, UCLA, 1976。

② Mandala, *Work and Control* (1990), 8–12.

③ J. E. G. Sutton, "Editor's Introduction: Fields, Farming and History in Africa," Special volume on the History of African Agricultural Technology and Field Systems, *Azania* 24(1989): 7. "Towards a History of Cultivating the Fields," is the title of Sutton's article, pp. 98–112.

我对社会有机组织和生产战略的分析集中在两个问题上：人们对劳动力投资的选择以及他们在实践特定生产方式时彼此互动的方式。

在劳动力的投资决策上，我从埃斯特·博塞拉普（Ester Boserup）的工作中受益匪浅，他们认为人们会强化种植，为应对人口增长而转向永久性种植。不同的休闲期和不同程度的对生态进程的干预标志着强化的不同步骤。[①] 缩短休闲时间和更多的环境改造意味着同一地区要养活更大人口；然而，这需要投入更多的工作。强化种植增加了食物的总量，也增加了相对的劳动量。她认为，在没有人口增长的情况下，人们不愿意强化种植，因为这需要更大的劳动强度。博塞拉普的理论并不能为人类历史上的强化劳动提供一个完整的解释。例如，它只涉及耕作，而不涉及牧作，放牧会体现在更广泛的土地利用上。此外，人口并不是土地使用的唯一决定因素，而博塞拉普并没有解释自然环境、人文环境、历史环境对人类和粮食生产的影响。对于这项研究来说，她认为人口是一个独立变量这个观点，比不上把它解释为人们推迟强化耕作是更大的工作量要求的必然结果更为根本。20 世纪 20 年代苏联经济学家恰亚诺夫（Chayanov）为此发明了一个令人回味的词语："苦涩厌恶"。[②]

博塞拉普对劳动力需求和生产变化的观察可以比较牧作、饲料、种植模式变化和灌溉的优缺点。萨顿和托马斯·斯皮尔（Thomas Spear）在东非对强化生产和泛化生产的历史进行了考虑，

---

① Ester Boserup, *The Conditions of Agricultural Growth: The Economics of Agrarian Change under Population Pressure* (New York: Aldine, 1965). 有关博塞拉普思想的讨论，参见 Randall Baker, *Environmental Management in the Tropics: An Historical Perspective* (Boca Raton: CRC Press, 1993)。

② 引用 Frank Ellis, *Peasant Economies: Farm Households and Agrarian Development* (Cambridge: Cambridge University Press, 1988), 102 – 119。

但据我所知,南非还没有这种研究。[1] 将这些见解应用于研究库鲁曼的历史,我解释了在农牧区和开普前沿,英国殖民主义、隔离政策如何改变了人们固有的对环境的使用方式。半干旱地区的金合欢草原、流动的泉眼,库鲁曼环境为人们提供了各种各样限制的同时也提供了多种发展可能性,这为探索该地区强化和泛化的土地利用历史提供了良好的基础。最大化农业用水的持续努力并不存在。要了解为什么强化土地利用一直保持着一定的程度,需要从历史的脉络考察人类、生物和物理的因素。"泛化"和"强化"的土地利用很难分类,因为这些术语是相对的。19 世纪的传教士和一些现代化的评论家都表示,泛化的生产不是基于技术阻碍的欠发达的土地利用。相反,基本的技术和对生态过程的依赖是它的优势,使得人们以更低的努力和风险获得食物。在库鲁曼,因为泛化生产的劳动强度低,强化生产从而难以深入,19 世纪尤其明显。直到 20 世纪条件才成熟,使得泛化生产几乎不可能扩大。

虽然我对生产问题的研究始于人们如何与生物物理环境互动的思考,但是人们如何互动的社会历史问题贯穿我的分析。人类与环境之间的互动是一个不可分化的整体;在库鲁曼,种族、阶级和性别决定社会划分,进而决定了土地的使用方式和利益如何共享。[2] 在这方面的调查上,热带非洲环境史上的先有研究令人钦佩。詹姆斯·吉布林(James Giblin)和罗伯特·哈姆斯(Robert Harms)的研究表明:赞助是一个环境问题,强大的阶级阻碍他人发展独立的生产活动,而弱势群体选择特定的生产形式来提高自身

---

① Sutton, "Towards a History of Cultivating the Fields," *Azania* 24(1989): 98 - 112; Thomas Spear, *Mountain Farmers: Moral Economies of Land and Agricultural Development in Arusha and Meru* (Berkeley: University of California Press, 1997).

② 民族问题无疑应该是南部非洲和环境史上的重要因素;然而,现时代的民族问题并不是班图—霍桑边界形成的因素,因为在 20 世纪的库鲁曼,塔拉坪人和塔拉洛人还没有形成明显区别性的种族意识。

的利益所得。吉布林探讨了阶级关系如何促进锥虫病管理和粮食安全,但赞助人和被赞助者的获益程度是不平等的。[1] 哈姆斯研究了人们如何在不同的微观环境中采用不同形式的战术性生产决策实现自我生存和成功的社会竞争。[2] 亨利塔·摩尔(Henrietta Moore)和梅根·沃恩(Megan Vaughan)透露,性别是非洲环境史上另一个突出特征。从农业历史和营养构成的角度,他们以柑橘为例,分析了赞比亚的农业转型体系发展,并展示了男女不同的机会和义务,所导致的不同的生产和分配策略。对妇女获得资源的种种制约使她们无法平等地像男子那样从农业中获益。[3] 种族和民族认同也具有环境特征。在一例西非的研究中,詹姆斯·韦伯(James Webb)认为,气候变化在沙漠边界地带造成冲突,并为撒哈拉西南部牧区人民建立了或拜旦(Bidan)或"白"的身份。[4] 在本书中,我将探讨一个社会环境史研究方面欠缺的内容:国家。由于国家以优势社会群体的意志行使权力,其对人类与环境关系的影响需要持续思考。这些社会历史问题将表明,虽然库鲁曼的环境总体上是干旱的、相对贫瘠的、容易出现畜类疫情和灌木丛的过度生长,却是来自人类社会自身的主观因素阻碍了其本可实现的自给自养。而与此同时,部分贫穷和处权力中心外围的人们却可以在这种环境中实现自立和自养。

　　我进行社会和环境史研究的路径是田野调查,搜索文献记录,并搜索包括大气学、气候学、地质学、地貌学和生物学在内的各种研究分析。科学证据可以帮助我辨识影响人类历史发展的生物物理世界特质。这其中包括降雨周期、土壤特征、水下岩溶系统、植

① Giblin, *The Politics of Environmental Control* (1992).

② Harms, *Games Against Nature* (1987).

③ Henrietta L. Moore and Megan Vaughan, *Cutting Down Trees: Gender, Nutrition and Agricultural Change in the Northern Province of Zambia, 1890—1990* (Portsmouth: Heinemann, 1994).

④ James Webb, *Desert Frontier: Ecological and Economic Change along the Western Sahel, 1600—1850* (Madison: University of Wisconsin Press, 1995).

被变化,畜类疫情和饮食结构。在了解这些问题时,我还咨询了有关专家。

文献来源方面,在这项研究中,我从三份已发表的研究中获益良多:凯文·希林顿(Kevin Shillington)关于南部茨瓦纳殖民地历史的研究,P. H. R. 斯奈曼(P. H. R. Snyman)关于库鲁曼人地方史的研究,以及琼和约翰·科马洛夫对南部茨瓦纳的基督教研究。① 这些书对文化、政治和经济过程的深入研究和诠释,为我提供了进行环境史研究的总体框架。这些书对我自己所进行研究的重要性难以估量。

我进行研究所依靠的主要资源是文献记录,在一定的时间跨度内,它们在研究上的数量和质量差异很大。与非洲大部分地区相比,该地区只有在 19 世纪的文献资源特别丰富。前面的章节参考了业已出版的游记和传教档案记录。殖民吞并之后,正式出版和官方档案记录是主要参考来源。然而,通常情况下,这些描述在数量上与非洲人的自身体验无法匹配。问题仍然是,这些带有偏见的外来描述更多地代表了创作者自身的观察,而非当地环境和当地居住人民自身。玛丽·路易斯·普拉特(Mary Louise Pratt)就批评了为这本书提供资料的欧洲游客解释的强加性。然而,这些资料到底还是呈现了当地景观风貌以及人情、植物和动物。② 在英国和开普统治的早期几十年间,官僚们留下了详细的描述性记录,但在 20 世纪 50 年代,信息质量下降了,因为政府官员越来越多地将注意力转移到自己的领域上,而不是非洲当地的环境。我没有

① Kevin Shillington, *The Colonisation of the Southern Tswana, 1870—1900* (Johannesburg: Raven, 1985); Jean Comaroff and John L. Comaroff, *Of Revelation and Revolution*, Vol. 1, *Christianity, Colonialism and Consciousness in South Africa* (Chicago: University of Chicago Press, 1991); and John L. Comaroff and Jean Comaroff, *Of Revelation and Revolution*, Vol. 2, *The Dialectics of Modernity on a South African Frontier* (Chicago: University of Chicago Press, 1997).
② Mary Louise Pratt, "Scratches on the Face of the Country; or what Mr. Barrow Saw in the Land of the Bushmen," *Critical Inquiry* 12(1985): 119 - 143. 就这些旅行者对人物的描述,见贝纳特质疑普拉特关于他们种族中心和男性偏见的论点,参见 Beinart, "Men, Science, Travel and Nature in the Eighteenth and Nineteenth-Century Cape," *Journal of Southern African Studies* 24(1998): 775 - 799。

发现有关茨瓦纳语言的记录,在外界留下的纪录中,非洲人自身的说明少得可怜。但是,我坚持赋予库鲁曼人的文字描述以优先选择权。在阅读这些文献纪录的过程中,我的目标是通过对环境、文化、社会角度的研究来审视生活其中的人们,及其背后的非人类世界。在以下两个层面上阅读外部来源资料很有必要:他们生活的大背景、所持偏见以及特定历史环境中活生生的人的证据。[①] 虽然外来观察者非常简单地代替了土著人的声音,但想要听到当地农民对他们自己的描述还是可以通过其他途径实现的。正如摩尔和沃恩所说,"具体的耕作实践与部门证据和自我呈现一样可以'发声'"。[②] 农业上具体的耕作实践,即使被给予了带有偏见的描述,也可以作为解读当地人评估自身选择的依据和注脚。

对现代当地情况的理解、通过观察当地的耕作实践获得的信息向更早的时期逆推方面,我一直很谨慎。本研究进行期间,粮食生产就发生了根本性的变化,而今天库鲁曼地区的人们,基本就不再进行耕作实践。因此,民族志证据和殖民时期的记录不相兼容,对变化的记忆并不遥远。20 世纪的大部分时间,我们是可以听到农民的声音的。为了挖掘这些记忆和知识,我曾经做过两次田野调查工作。[③] 我的目标是通过居住在这个历史时期人的眼睛来看待环境、生产过程和社会互动。1991 年我进行了自己的博士论文研究——1935 年之前的工资劳动替代生计生产情况。当时,我花了两个月的时间来了解当地人和库鲁曼这个地方。我住在莫法特基督传教驻地,开车穿过边界进入博普塔茨瓦纳进行采访。生活在南非的白人圈并不是理想的选择,但鉴于我的种族和政治现实,只有如此。这个废弃基地提供给我的好处是视野开阔:我可以在距离库鲁曼镇 60 公里半径范围内的许多村庄进行接触,访谈就做

① Moore and Vaughan, *Cutting Down Trees* (1994), xi - v; Fairhead and Leach, *Misreading the African Landscape* (1996), 55 - 70.
② Moore and Vaughan, *Cutting Down Trees* (1994), iii.
③ 这些采访的文字记录存放在莫法特使团信托图书馆。

了 29 次。我的联系人开始时是莫法特基督传教驻地信托机构主管艾伦·巴特勒（Alan Butler），他与黑人教区和领袖进行了接触，后者又把我介绍给了对 1935 年以前那段时期记忆犹新的老年男女，他们又把我介绍给自己的亲戚和邻居。预估到小组访谈可能抑制一些声音，我主要是进行了单独采访。[1] 有些采访是英文的，有些采访是茨瓦纳语的，因为我曾在研究生院学习过茨瓦纳语，但需要翻译协助和来自博普塔茨瓦纳大学（现西北大学）口译员的翻译。随着研究的推进，他们也可以用我设计的调查问卷进行自己的采访。住在莫法特使团的彼得·莫科梅勒（Peter Mokomele）在联系社区和翻译检查方面帮了大忙。为了寻求佐证或反对意见，我们问了很多人同样的问题，发现农业、放牧和生产实践的内容，以及在人们如何合作开展工作方面有很高的一致性。一致性使我对结果有了信心，但也让我想知道，只对老年人提问是否是理想的设计。有几个是对不同寻常的受访人访谈，盖-莫比迪的酋长，艾萨克·席默库（Isaac Seamecho），出生于 1909 年，成为我了解当地历史的重要老师。他特别擅长记日期，记忆力非常棒，并能够把库鲁曼地区的事件放在更大历史背景下理解。与他一起，我有了最好的开放式对话。此外，我发现我的集体访谈也是活力十足、交流充分。

我在 1994 年的选举期间曾经对库鲁曼进行了一次闪电访问，而我在 1997 年进行深入研究时，发现库鲁曼自 1991 年以来发生了很大变化，特别是在发展、恢复和民主方面。有新增加的网络，进一步的开放性，以及其他积极的变化。因为莫法特基督传教驻地是一个理想的中心位置，我再次把它作为我的基地，艾伦和希尔达·巴特勒已经搬回了英国，替换他们的史蒂夫·德·克鲁希（Steve De Gruchy）和玛丽安·洛芙迪（Marian Loveday）也同样助益良多。尤其重要的是，当时负责调查在隔离制度下强制搬迁赔偿

---

[1] David Henige, *Oral Historiography* (New York: Longman, 1982), 49–51.

诉求的研究人员正在进行的工作与我的工作有交叉点。彼得·莫科梅勒已经成为社区与农村发展协会的研究员,该协会是当地一个非政府组织,该组织致力于搬迁区土地索偿。我和彼得以及他在社区和农村发展协会的同事分享了我的档案研究成果,他们允许我引用他们的访谈。此外,我与正在寻求恢复原有村庄土地的索偿委员会之间的接触进展顺利。他们支持我的工作,我与他们分享了我手头的信息。遗憾的是,席默库先生和其他几个年事高的老朋友已经去世了,但很多其他健在的人都非常容易接受我们的工作。

这次,我采用了不同的研究方法,使用快速农村评估(RRA)的研究方法开展田野调查,[①]主要是使用演练和开放式问题来展开讨论和交流。由发展方面的专家设计,代替城市来访专家的耗时费钱的定量调查和超级"发展旅游"项目。它被证明非常适合历史研究。主要原则是避免导向性提问、放松、讨论中较少干扰、鼓励提供资料者直接讨论,采访信息客观,并严格把控过程及其作用。与以前使用的方法相比,快速农村评估的好处是:当地人有外来者想要的信息,外来者可以借此更容易、更深入、更客观地进行研究。在这个项目中,我的研究助手无疑促成了快速农村评估方法的使用。我以前的两位学生,卡尔顿学院毕业生克里斯汀·罗素(Kristin Russell),布朗大学毕业生梅根·韦普尔斯(Megan Waples),自1997年9月至12月自愿帮忙。在库鲁曼,我聘请了说茨瓦纳语的研究助理,他们是波比·阿福克纳(Poppy Afrikaner)、班吉·莫萨拉(Bhangi Mosala)、特索洛·斯廷坎普(Tsolo Steenkamp)、克格莫索·舍特(Kgomotso Tshetlho)和维多利亚·萨斯姆(Victoria Tsatsimpe),他们为美国人提供了采访和翻译服务。以2—4人为一组,我们在耐克文(Ncweng)、盖-莫比迪、巴塔拉洛

---

① 关于快速农村评估的指南,我参考了 Robert Chambers, *Rural Appraisal: Rapid, Relaxed and Participatory* (Brighton: Institute of Development Studies, 1992)。

斯、索丁、卡贡（Kagung）、瑟迪邦（Sedibeng）、盖-西博罗（Ga-Sebolao）、盖-洛特哈尔（Ga-Lotlhare）、迈菲尼奇（Maiphiniki）、盖-迪博（Ga-Diboe）、罗格贝特（Logobate）和丘吉尔（Churchill）等村庄进行了 42 次小组访谈。在彼得·海伍德和斯蒂芬·科特罗恩（Stephen Kotoloane）的协助下，我于 1998 年 3 月和 7 月进行了 12 次半结构式回访。在这期间，我们补充了对 24 个人的个别访谈，记录他们的生活和补采前期不能来参加访谈的人。在个人访谈中，人们有时会将敏感信息纳入其中。

我们的快速农村评估采访通常是在社区成员建议的教堂、诊所或学校邀请一个小组与我们会面。在我们的第一次采访中，我们要求人们使用彩色笔和大纸绘制自他们年轻时候起土地利用的变化图。研究早期使用的另一个技术是实地步行穿越村庄、牧场和耕地。随着时间的推移，我们还经常使用模型。例如，在关于饲料类植被的采访中，我先问"动物吃什么草原植物？"班吉就在纸上写出他们集体讨论的一些最常见的饲料植物。我们在两三组中进行了这项工作，以检查和扩展清单。后来，在一次到草原的旅程中，有人教我辨认了几种最重要的饲料类植物，我们一起借助现场指南来确定植物的科学名称。来自西北大学的植物学家大卫·法拉特（David Phalatse）也帮我辨识。在次一轮采访中，人们根据牛、绵羊、山羊对不同植物的偏好进行了排序。他们还用干豆模拟了不同饲料植物的相对重要性——使豆堆大小与他们对植物重要性的认知成比例。他们还评估了不同饲料植物的价值。最后，人们用豆量来显示随时间推移他们对草木比的记忆变化。毫无疑问，干豆成了我们最重要的研究工具。使用多达四种豆类来表示不同的类别，人们模仿许多不同主题的时间变化——社会分野、降雨量、畜群构成、获得生计的策略、家畜疾病、饮食结构和贫困水平。这些模拟中的视觉呈现迅速传达了很多信息，但最有价值的信息交流来源于倾听他们的讨论，并向他们追问原理。我们通常的做法是先录制讨论过程,然后写下讨论笔记,根据我们对信息质量的评估,对讨论或记录或进行解释,或记下他们的原话。在这些采访中,人们讲英语和茨瓦纳语。引文要么是原始英文、要么由我的研究助理翻译而成。

这些方法特别适用于近期农村社会环境史研究。快速农村评估所采用的工具揭示世俗日常的逻辑和动力,引发对经济活动的结构性分析和对环境条件的评论。与我以前的研究不同,对这个时期有记忆的中年人,可以请他们到一个中间位置参加集体碰面。诸如民族生物学、耕作方法、家庭经济情况和泛泛的历史概述等主题在社区政治中并不是有争议的问题,因此不太可能因是群体访谈而有所偏离。我们见证通过快速农村评估方法进行调查工作的人,见证他们参与主题讨论、补充和反驳彼此的发言。我们在几次不同的访谈中重复重要的问题来交叉验证。这种方法对于人们通过抽象地建模来讨论敏感主题,如社区财富分配,也是有价值的。然而,我们确实发现,群体访谈不利于诸如驴屠杀这类敏感话题的异议的产生。快速农村评估的优点在于它确保采访对于受访者的参与和指导是开放的,与问答格式相比,其较少受采访人员意图和需求的左右。

综述:边境地区、殖民主义、种族隔离

在这本书中,我围绕非洲史和环境史中三个连续而又相互交错的方面组织了章节:边境开拓时期,殖民统治时期和种族隔离主义时期。我将借鉴两个领域的历史书写展开我对这些主题的理解,并探讨人与环境之间的关系如何通过政治、文化和经济的力量影响而变化。

边境前沿地带是不同社会之间的接触区,为不同文化、经济和政治制度的交汇场。边境地区对于历史学家来说是最有趣的,动力十足、一方侵入另一方的领土、人们通过混合或征服而加入。

1700 年至 1820 年间,两个不同的边境遭遇激活了库鲁曼的历史。两者都带来了人与环境和人与人相互关系的转变。在南非历史上,边境地区经常与 17 世纪以后的好望角联系在一起。然而,欧洲影响力的引入带来了早期非洲的内部前沿,传播新的文化、语言、人类的物质形态和生产方法。[①] 班图(Bantu)和科伊桑(Khoisan)文化群落之间的前沿地带就属于这一类,农牧民族和班图语言,首先是通过班图农牧民的移民传播。此后,他们的出现以及其他激励措施使得许多本土的霍桑人参与创造茨瓦纳酋长政权——塔拉坪(Tlhaping)和塔拉洛(Tlharo)。我在讨论农牧业生产时,认为这是一个非常广泛的土地利用。与通常描绘说班图语的酋长相反,在塔拉坪和塔拉洛有一个专门从事采食的阶层。全职采集食物者通常是赤贫群体,但有些人似乎更倾向于作为富人的雇佣。最有权力的人——酋长,掌控牛群和其他男性渴望获得的畜群。妇女被排除在畜群所有权之外,所以她们只有耕作,但我把农业看作是独立于男性畜群权力之外的女性自治领域,而不是男性剥削女性劳动力的一种情况。男女在生产中互惠互利,虽然对男性有所倾斜。在这个社会以及随后的所有这些社会中,社会分化决定了谁有权力实践他们对环境的优先使用,尽管那些力量较小的人在自己生活的微观环境领域中可以苟活。

19 世纪见证了开普敦殖民地和内陆社会之间的第二个对抗前沿开幕。前沿地带在南非定居的白人历史学家眼中是一个有用的概念。特别有价值的是马丁·莱格斯克(Martin Legassick)关于开普前沿地带格里夸(Griqua)、塔拉坪和塔拉洛的研究成果。[②] 讽刺

[①] Martin Hall, *Farmers, Kings and Traders: The People of Southern Africa, 200–1860*(Chicago: University of Chicago Press, 1990), 32–45.

[②] 参见 Martin Legassick, "The Griqua, the Sotho-Tswana and the Missionaries, 1700—1840: The Polities of a Frontier Zone," Ph. D. dissertation, UCLA, 1969. See also, Leonard Thompson and Howard Lamar, eds., *The Frontier in History: North America and Southern Africa Compared* (New Haven: Yale University Press, 1981)。

的是,正是莱格斯克对前沿地带是南非种族冲突的熔炉这一传统研究的驳斥,使 20 世纪七八十年代的南非历史研究远离前沿地带。[1] 当然,即使前沿地带不是现代南非种族分裂的起源,这仍然值得研究,历史学家已经重新回到把开普敦前沿地带作为一个相互交流和变化区域来思考的阶段。[2] 开普敦前沿地带出现了新的环境关系。不仅仅是因为养牛,灌溉和商业狩猎对普通人和精英都是开放的。事实上,这些做法分散了农牧等级权力,这可能有助于它们的普及。然而我认为,人们应该将灌溉和商业狩猎改成覆盖广泛的土地使用制度。开普敦前沿地带虽然为男性带来了创新,但妇女和最贫困人口的环境活动却变化不大。

见于第四章、第五章和第六章的讨论是这本书的第二部分:殖民主义。南非的殖民主义和环境史概念有一个尴尬的局面:殖民主义和帝国主义的环境历史聚焦于白人定居者。[3] 当然,南非有大批白人定居者,但与其他定居者社会不同,本土人数量并没有下降。我的目标是研究本土人口稳定地区的殖民地环境史。当然,虽然非洲人占多数,但他们经历了殖民化。因此,非洲殖民时期的环境史研究必须探索国家行政权力如何塑造人与非人世界的关系。虽然涉及南非环境史的大多数比较是关于温带地区的定居者社会,但重点放在国家造成南非与非洲大陆之间环境史的相似之处上。在殖民地时期的非洲,国家不是司法、环境或其他方面的分配者。尽管如此,库鲁曼地区最早的殖民地国家由一个家长制政权通过直接统治来管理,因此,比南非或其他地方的后来殖民国家的干预少。

使南非历史学家最感兴趣的殖民主义方面是社会和经济的资

---

① Legassick, "The Frontier Tradition in South African Historiography," in *Economy and Society in Pre-Industrial South Africa*, Shula Marks and Anthony Atmore, eds. (London: Longman, 1980), 44 – 79.

② Nigel Penn, "The Orange River Frontier Zone, c. 1700—1805," in *Einiqualand: Studies of the Orange River Frontier*, Andrew B. Smith, ed. (Cape Town: University of Cape Town Press, 1995).

③ Crosby, *Ecological Imperialism* (1986); Griffith and Robin, eds., *Ecology and Empire* (1997).

本主义转型。在南非黑人中,这个过程是通过建立流动工资劳动来实现的。库鲁曼的历史表明,生物物理力量对这一进程做出了广泛意义上的贡献。面对殖民统治者和现金经济,非洲农村社会丧失了政治和经济自主权,流动工资不足以支持家庭。这个研究历史的环境方法表明,赚取工资的人不会停止与生物物理世界的相互作用。因此,我分析了依靠劳动获取工资者的生产方式变化,以及他们随时间推移变化的方式。到 20 世纪 50 年代,人们减少了补贴生计生产,变得更加依赖现金。我还考察了补贴生计生产的社会关系,发现逃避社会不平等互惠关系的希冀是耕作减少的原因之一。

本书的最后一部分,第六章和第七章,考察了隔离主义政策进一步改变人与非人世界关系的时期。种族不是环境史上的突出话题。[①] 着重探讨种族问题工作的是安德鲁·赫利(Andrew Hurley)的一本书,其中记录了印第安纳州加里地区不平等的污染风险。然而,赫利在加里的研究和我在库鲁曼地区研究之间的相似之处是有限的。他的发现是阶层比种族更具有决定性,他和美国的其他种族环境史都是基于城市地区的。[②] 不幸的是,环境史学没有在农业、殖民地环境中研究种族隔离制度的范本。种族隔离在有白人定居的社会中充分发展,但其实施需要借助于类似非洲其他各地的国家殖民政策。我对南非种族隔离的理解得益于马哈茂德·马姆达尼(Mahmood Mamdani)的作品——《公民和主体:当代非洲和后殖民时代遗产》。马姆达尼说,在殖民地时期的非洲间接统治下,包括种族隔离主义下的南非,国家"不是通过剥夺城市主体的权利被组织起来的一种种族权力,而是作为种族权力强制部族人

---

① 有一个例外,参阅 Martin Melosi, "Equity, Eco-Racism and Environmental History," *Environmental History Review* 19, 3(1995): 1 - 16。

② Andrew Hurley, *Environmental Inequalities: Class, Race, and Industrial Pollution in Gary, Indiana, 1945—1980* (Chapel Hill: University of North Carolina Press, 1995). 另参见特刊"Environmental Justice in the City," *Environmental History* 5(2000)中的所有文章。

民执行某种习俗"。① 这一主体地位使得非洲人拥有更少的权利和更少的使用自己土地的能力。利用这些限制性权利,国家通过限制黑人居住地和他们使用土地的方式将隔离政策扩大到环境领域。通过强制清除和强制性保护行为——最为臭名昭著的是驴的屠杀,国家成为人们与环境关系中频现且不受欢迎的角色。

事实上,C. S. 刘易斯(C. S. Lewis)的说法在历史上的许多事件中可以得以印证:"我们所宣称的人类对自然的权力结果变成了一些人以自然为手段赋予自身高于其他人的权力。"②在本书中,我谴责强权者借由环境获取最大财富并摧毁弱者与环境关系的方式。我也同样要说明,弱者已经找到了他们自己与环境互动的方式以缓解生存窘境。我希望这种对权力的批判,有助于改革和发展这个地区的黑人公共权属区域。我也希望那些有专业知识、资源和责任的人努力鼓励和改善贫困人口的环境创新,以避免他们为少数商业生产所取代。最后,我希望我对这一历史的诠释,将为居住在公共区域的人们提供新的见解,使他们了解生活在这样的环境中有许多可能的方式,并帮助他们规划更为公正的分配方案。与同胞的相互关系形塑人们对使用环境方式的选择,虽然并不是每个人都有同等的选择自由,但至少在"自然"所构成的挑战方面,人们面临着如何在环境中相互依存的挑战。

---

① Mahmood Mamdani, *Citizen and Subject: Contemporary Africa and the Legacy of Late Colonialism* (Princeton: Princeton University Press, 1996), 21.

② C. S. Lewis, *The Abolition of Man: Reflections on Education with Special Reference to the Teaching of English in the Upper Forms of Schools* (London: Geoffrey Bles, 1943; 2nd ed. 1946), 40. 其他环境史学家的引用,参见 Taylor, "Unnatural Inequalities Social and Environmental Histories," *Environmental History* 1,4(1996): 16。

生活在农—牧边远之地的"羊族"和"鱼族",约 1750—1830

> 人们被告知,奶牛、公牛、羊群和其他动物都是为了某些目的而被创造出来的,比如果腹和御寒,当问及人类因何而生时。回答说,要对别人进行掠夺。[①]

不同群体在边境地区相遇时,他们必须就许多问题进行谈判,包括使用环境的方式。因为这些遭遇引入和建立了新的环境关系,所以他们特别能吸引环境史学家的兴趣。在早期的库鲁曼地区,和其他地方一样,边境遭遇各方的角力为变化所需的动力提供了燃料。事实上,这本书的两个主要关切——环境关系中的社会差异和强化过程——首先出现在 18 世纪的农—牧区边境。因此,我们环境史的出发点是采食行为向牧作和种植的转变,以及农牧新环境下的相关政治、社会变化。

一般而言,南部非洲边界涉及对应于其语言群体归属的三重经济团体。第一类居民是采食阶段的"丛林人"或"圣",他们讲科

---

① John Campbell, *Travels in South Africa Undertaken at the Request of the Missionary Society* (London: Black, Perry, 1815; reprint ed., Cape Town: C. Struik, 1974), 186.

伊桑族的内爆破语言。第二类是科伊科伊族(Khoikhoi),也是讲一种科伊桑族语言,他们也养畜禽,但是他们不耕作。第三类也是最后出现的是农牧民,他们中,男人养奶牛、绵羊和山羊,而妇女用铁器耕作。在夏季降雨区,农牧业养育着南部非洲最密集的人口,尽管干旱地区人口减少,人们更依赖于放牧而不是种植。过去农牧民使用的班图语现在已经发展成为祖鲁语、科萨语、索托语、希纳语、茨瓦纳语、赫里罗语等。①

在共同时代(CE)的第二个千年,农牧区边界从森林覆盖的印度洋海岸退缩到草原遍布的内部高原。② 数百年后,库鲁曼地区成为其最后的领土之一。事实上,直到 1800 年,当殖民地延伸到这个地区的时候,其农牧业的转型并不像毗邻地区那么彻底,土地利用仍然比较粗放。因此,从开普敦殖民区到库鲁曼的游客记录了一个仍在转型的社会,他们的记录使我们能够以非常深入的方式探索农牧转变过程。本章旨在探讨库鲁曼地区两个新近建立起来的茨瓦纳酋邦农牧区,塔拉坪和塔拉洛。它讨论了即使采食行为持续的情况下养殖和种植的基础。它还评估了粗放生产的社会组织结构。粮食生产活动与社会权力相对应,这种社会权力与阶级和社会性别相违背。采食有其优势,因为它为获取食物所消耗的劳动力较少,但全职采食者易受更强大的邻居剥削。具有权力的男性垄断牧作,土地利用最为有利。耕作,最具困苦的生产形式被降级为妇女的权利。与生产形式相对应的社会分工是由以下因素综合作用的结果:生产的风险和收益,对男性、牛群的尊崇以及对女性、荒野的支配心理文化,以及男权过于集中的文化。

---

① 更详细了解科伊桑和班图人在南部非洲定居的历史,参见 Leonard Thompson, *A History of South Africa* (New Haven:Yale, 1990), 1 - 30。

② Hall, *Farmers, Kings and Traders* (1990), 47.

"羊族"和"鱼族"成为塔拉坪人

伴随着采食为生向农牧文化的转变,文化、语言和政治的转变同时发生,这符合大部分非洲的变化现实,比如"班图扩张"。①② 班图语言的传播曾被认为是人口流动的结果,但人口扩张模式无法给予充分解释。简·万思那认为,不是通过连续的领土延伸而进行的语言替换,有限的移民足以为现有人口提供新的语言。③ 在有限的移民和语言转移过程中,"最大的存续人群是本地人的后代"。④ 应用于南部非洲,这一模式表明,说班图语的农牧民不一定取代科伊桑农民和牧民,但是操班图语的农牧社会以一种流动的异质文化崛起于边疆区。关于奥兰治河以北的科伊桑人/班图人边界的考古证据支持这一假设。⑤ 北开普省最早确定的居民是采食者。考古学家们假设,牧民大概是科伊科伊族,他们在公元前800年左右加入。农牧民,大概是来自东北部的班图人,首先出现在当地的库鲁曼地区和弗雷堡周围的地区是在17世纪或更早,但

---

① 尼日尔—刚果族群的班图语族亚科有450种密切相关的语言。它们在中部、东部和南部非洲广泛使用,但起源于尼日利亚和喀麦隆。长期以来,非洲历史学家一直以来的主要任务就是:解释这些语言以及其操持者何以在这么大面积上广泛传播及分布。

② 关于这一议题的介绍,参见 John Lamphear and Toyin Falola, "Aspects of Early African History," in *Africa*, 3rd ed., Phyllis Martin and Patrick O'Meara, eds. (Boulder: Westview, 1994), 86–94。

③ Vansina, "New Linguistic Evidence and 'The Bantu Expansion,'" *Journal of African History* 36 (1995): 173–195.

④ Vansina, "New Linguistic Evidence and 'The Bantu Expansion,'" *Journal of African History* 36 (1995): 193.

⑤ Tim Maggs and Gavin Whitelaw, "A Review of Recent Archaeological Research on Food-Producing Communities in Southern Africa," *Journal of African History* 32(1991): 3–24. 这种流动性是该地区考古发现的一个重要主题。James Denbow, "A New Look at the Later Prehistory of the Kalahari," *Journal of African History* 27(1986): 3–28; John Parkington and Martin Hall, "Patterning in Recent Radiocarbon Dates from Southern Africa as a Reflection of Prehistoric Settlement and Interaction," *Journal of African History* 28(1987): 1–25; and Alan G. Morris, *The Skeletons of Contact: A Study of Prehistoric Burials from the Lower Orange River Valley, South Africa* (Johannesburg: University of the Witwatersrand Press, 1992).

并没有立即取代或主宰以前的居民。[①]

　　塔拉坪酋长的口头语言传统也支持万思那的文化转变模式，而不是人口流动。在18世纪中叶之前，库鲁曼—弗雷堡地区的人们是农民，小畜产牧民和农牧民。当地的茨瓦纳酋长缺位，但是东部的一个茨瓦纳酋长区罗龙对居住在那里的人有一定的权威。我们不知道他们说什么语言，但我们知道他们与科伊科伊人以及茨瓦纳有亲属关系和贸易关系。在后来的几年里，人们的印象中他们为穷人和山羊饲养者。到18世纪末，这些人通过交易和掠夺，获得了财富，并形成了茨瓦纳序列的酋长。流动性让位于本地性，许多人从采食为生向当地茨瓦纳酋长管理下的农牧业过渡。在这个过程中，科伊桑文化倾向让位于茨瓦纳的模式，但仍然存在与科伊桑的联系和标记。南部非洲的几位早期历史学家乔治·斯托（George Stow），乔治·西尔（George Theal）和西拉·莫莱玛（Silas Molema）都认为，塔拉坪是索托-茨瓦纳（Sotho-Tswana）移民的先锋，其使用的班图语经与科伊桑语混合而退化。这些历史学家认为他们因为语言，经济和体质的影响力不及科族而降格。[②] 相比之下，我使用相同的证据来证明：这是一个年轻的酋长部落，且仍然符合索托-茨瓦纳的模式特征。

　　19世纪之前，对于塔拉坪酋长区的起源，在学界存在着两个独立的历史传统归依。这些传统是基于前沿区域动力源的不完全简化分析，仅提供了有限的历史证据，但认真阅读资料可以看到塔拉

① 关于库鲁曼附近农牧遗址的考古研究，参见 Maggs, *Bilobial Dwellings: A Persistent Feature of Southern Tswana Settlements*, South African Archaeological Society, Goodwin Series (1972), 54 - 64; A. J. B. Humphreys, "Note on the Southern Limits of Iron Age Settlement in the Northern Cape," *South African Archaeological Bulletin* 31(1976): 54 - 57; and Anne Thackeray, J. F. Thackeray, and P. Beaumont, "Excavations at the Blinkklipkop Specularite Mine Near Postmasburg, Northern Cape," *South African Archaeological Bulletin* 38(1983): 17 - 25。

② George Stow, *The Native Races of South Africa* (London: Swan Sonnenschein, 1905; reprint ed., Cape Town: C. Struik, 1964), 432 - 459; George Theal, *The Yellow and Dark-Skinned People of Africa South of the Zambezi* (London: Swan Sonnenschein, 1910; reprint ed., New York: Negro Universities, 1969), 152 - 153; and Simon Molema, *The Bantu Past and Present: An Ethnographical and Historical Study of the Native Race of South Africa* (Edinburgh: W. Green and Son, 1920), 38 - 40。

坪并没有作为农牧民迁移到库鲁曼地区,而是由科伊桑和班图采食者、受雇茨瓦纳农牧民构成主要人口。第一个传统认为塔拉坪人口由"布里克"(Briqua)或"羊族"(Goat People)与在朗厄山脉以西的索托-茨瓦纳和科伊科伊族混构而成(见图1.5)。第二个传统认为"塔拉坪",就是茨瓦纳的"鱼族"(Fish People)。(这些塔拉坪人不一定是同名的19世纪酋长区的唯一先祖。)鱼族传统认为他们原来是罗龙人,但是在塔昂(Taung)附近受瓦尔—哈茨影响而定居(见图1.1),他们与当地的科伊科伊族群体科拉纳人(Korana)通婚。事实上,早期的塔拉坪人被一群邻居称为山羊牧民,被另一组邻居称为食鱼者,证明他们不是索托-茨瓦纳类型的农牧民。

开普地区的殖民者在边境地区接触了科伊科伊的羊族。[①]1778年和1779年,两位独立旅行者 H. J. 维卡(H. J. Wikar)和 R. J. 戈登(R. J. Gordon)在当地奥兰治河中部的阿平顿和奥赫拉比斯瀑布(见图1.1)相遇。[②]他们记录了与"Blicquoas"(Wikar)或 Briqua(Gordon)有密切联系的"Gyzikoa"(Wikar)或"Geissiqua"(Gordon),有可能泛指索托-茨瓦纳人,或者更具体地指涉塔拉坪人。维卡记录说 Gyzikoa 分居两处,一半生活在 Blicquoa,一半生活在奥兰治河上;因此,他称他们为"双子民人"。他将 Gyzikoa 的几个特点归结于受 Blicquoa 的影响:他们的身材、头发质地、语言、无袖坎肩(皮革毯子状)和金属饰品。从他们得知,沿着河流向北三日可达 Blicquoa;他们耕种,他们在山区养牛,他们用珍贵的手工艺品、镜铁矿(用作闪亮的装饰品)、工具和武器可换取小母牛。Gyzikoa 提出将旅行者带到 Blicquoa,但是道路和河流都没有水,维卡的同伴拒绝了。[③]戈登指出 Geissiqua 展示了 Briqua 的文化和地貌,但他记录了几个茨瓦纳词语,特别提到 Briqua 最近遭受了天

[①] Saunders, "Early Knowledge of the Sotho: Seventeenth and Eighteenth Century Accounts of the Tswana," *Quarterly Bulletin of the South African Library* 20(1966): 60 – 70.
[②] 莫里斯对这些描述进行了比较。Morris, *The Skeletons of Contact* (1992), 47 – 54.
[③] Hendrick Jacob Wikar, *The Journal of Hendrick Jacob Wikar* (1779), A. W. van der Horst, trans., E. E. Mossop, ed. (Cape Town: Van Riebeeck Society, 1935), 143 – 171.

花,以及他们的名字更适合叫"Bitjoana",这是"Tswana"之名有记录的第一次使用。像维卡一样,他写下了到"Moetjoanaas"的路线,但没有到达那里。①② 在羊族传统的学术阐述中,L. F. 梅因加德(L. F. Maingard)推断说混合的 Gyzikoa/Geissiqua 是最初的塔拉坪人。作为塔拉坪人中强大的科拉纳证据,他指出,塔拉坪之名对于科拉纳就是有亲戚的人。③ 他证实了 Gyzikoa/Geissiqua 的说法,根据 19 世纪的证词 Blicquoa/Briqua 来自曾经同住在库鲁曼地区西南部诺克昂(Nokaneng)④的塔拉坪人和科拉纳人。⑤ 他把这个点定位在一个现代干旱的奥兰治河支流诺坎那,处于现代库鲁曼地区和阿平顿之间的朗厄山以西。虽然 L. F. 梅因加德似乎没有意识到,考古学家 T. 马格斯(T. Maggs)指出,他的假设定居点与城西南三十公里同一个名称的现代农场非常接近。⑥ (对于这些,和本章中提及的其他定居点,见图4.1。)

鱼族的第二个传统更具有影响力,也许是因为塔拉坪他们自己使用了这个名字。1801 年第一批从开普地区到达塔拉坪首府狄

① R. J. Gordon, *Cape Travels 1777 to 1786*, vol. 2, E. Raper and M. Boucher, eds. (Houghton: Brenthurst, 1988) 300–354.
② 在茨瓦纳语言中,用前缀表示单数和复数形式。在指涉熟悉和尊重的人的名词类中,"mo"是单数形式,"ba"是复数形式。操茨瓦纳语者以"ba"指涉自我和他人,如 Ba塔拉坪或 Ba克瓦纳。梅因加德指出,科伊科伊人被称作"Ba浩特"。这个 ba复数前缀形式表示他们是熟人。相比之下,不熟悉的人被赋予了"le"前缀,如科萨人,"Lekhonkhobe"和白种人"Lekhoa"。梅因加德认为,ba/le 区别是识别亲疏的最佳指标。这提供了一个机会来解释我在这本书中使用茨瓦纳名字的考虑。茨瓦纳语言有复数、单数和形容词的形式变格。因为名词前缀变格在英文中是未知的,而且由于这些术语的使用可以使英文定冠词和不定冠词冗余,所以本书中不使用名词前缀。我只使用熟悉的专有名词的词根,例如 Tswana,作为复数和单数名词以及形容词的形式。但是,对于穷人专名,我使用的是"瓦拉拉",因为它在文献中被用作专有名词。
③ L. F. Maingard, "The Beikwa and the Ethnic Origins of the Batlhaping," *South African Journal of Science* 30(1993): 597–602.
④ "诺克昂",意思是"在河边",是一个普通名词。
⑤ 有关塔拉坪和科拉纳早期联系的声明,包括在朗厄的诺克昂定居点,请参见《布卢姆霍夫蓝皮书》中的证明,《蓝皮书》中表明在被任命调查南非共和国索赔的委员会之前,N. 沃特波尔首领,西格里夸兰岛酋长和某些其他土著酋长分配瓦尔河的部分地区,现在被称为钻石田。《布卢姆霍夫蓝皮书》(The Bloemhof Blue Book) (Cape Town: Saul Solomon, 1871), 187, 281, 289, 292。
⑥ 马格斯认为诺卡能可能在南纬28°13′,东经22°13′,在一些现代地图上,这个地点都标有这个名字,参见 T. M. O'C. Maggs, *The Iron Age Communities of the Southern Highveld*, Occasional Publication of the Natal Museum, Number 2 (Pietermaritzburg: Natal Museum, 1976), 277, note 1。在这个地方没有任何著名的石头遗迹。Humphreys, "Note on the Southern Limits of Iron Age Settlements in the Northern Cape," *South African Archaeological Bulletin* 31(1976): 55。

思康(Dithakong)的旅客指出,Briqua 人以"茨瓦纳"语的某种语言的形式指称自己①,在 1805—1806 年访问的利希滕斯坦(Lichtenstein),首先观察到有几个散聚的"比涂瓦那"部落,其中之一是"Maatjaping"(Motlhaping)。因为鱼族吃小鱼,他赋予塔拉坪一些含义:

> 对他们来说没有食物比鱼类更可怕,即使他们很饿。他们的河流鱼产丰富。我尽了最大努力,但是没能找出这个迷信的原因。Maatjaping(Motlhaping)的名字指向那个方向。根据传教士(Jan Mathias)的说法,可以看出这个名字与这种动物的密切关系;tjapi(tlhapi)意思是鱼。②③

事实上,鱼不是图腾,禁止鱼类饮食。这个名字的出现,就像安德鲁·史密斯(Andrew Smith)后来了解到的一样,因为"Baclapins(Batlhaping)过去在穷苦时抓鱼吃"。④

一般来说,旅行者对塔拉坪的历史了解不多。约翰·坎贝尔(John Campbell)研究了五代酋长,塔拉坪曾经抵制了一个部族收编尝试。塔拉坪首领回答说:"我是你的仆人吗?"这导致了一场使

① 巴罗、博尔查德和萨默维尔的特鲁特—萨默维尔探险队记录没有使用"塔垃坪"这个名字。巴罗和特鲁特把狄思康的"布法罗"和更北的"巴罗龙"区分开来。John Barrow, *A Voyage to Cochinchina* (London: Cadell and Davies, 1806; reprint ed., Kuala Lumpur: Oxford University Press, 1975), 387, 403-404. 巴罗编辑了他岳父 J. 特鲁特(J. Truter)的《贝专纳之旅》(An Account of a Journey to the Booshuanas)一文,收录在他关于亚洲之旅的书中。另参见 Petrus Borcherds, *An Autobiographical Memoir* (Cape Town: A. A. Roberts, 1861; reprint ed., Cape Town: Africana Connoisseurs, 1963), 123; and William Somerville, *William Somerville's Narrative of His Journeys to the Eastern Cape Frontier and to Lattakoe 1799-1802*, Frank Bradlow and Edna Bradlow, eds. (Cape Town: Van Riebeeck Society, 1979), 123。
② W. H. C. [Henry] Lichtenstein, *Foundations of the Cape and about the Bechuanas*, O. H. Spohr, ed. and trans. (Cape Town: Balkema, 1973), 63-64, 66.
③ 利希滕斯坦将单数和复数前缀混淆,把塔拉坪酋长区视作"Motlhapin"。罗非鱼,北美杂货店常见淡水鱼,其名有班图语起源,源自"tlhapi"。
④ Andrew Smith, *The Diary of Dr. Andrew Smith, Director of the "Expedition for Exploring Central Africa, 1834-36,"* vol. 1, Percival R. Kirby, ed. (Cape Town: Van Riebeeck Society, 1939), 359.

人们逃散的战争。[1] 20 世纪由传教士汤姆·布朗发表的一个解释非常有影响。故事是这样的,塔拉坪人从罗龙离开了,"搬到了瓦尔河的岸边,并开始把鱼作为饮食构成的一部分,继而他们因此而得名。在河流附近,他们与科拉纳和布什曼人接触,通婚"。[2] 作为一部族史,鱼族的迁移和政治传统与其他几个群体相似,然而,塔拉坪人自己佐证不足。20 世纪 50 年代末期在南部茨瓦纳做田野工作的政府民族学家 P. L. 布鲁兹(P. L. Breutz)指出:

> baRolong 通常说 ba 塔拉坪最初是 Rolong,很可能他们不是……看来,某些罗龙族酋长只是统治了外国的塔拉坪氏族。大的茨瓦纳部落熟知他们最早的迁移,而 ba 塔拉坪不知道。因此,他们是由早期的小型孤立团体组成,没有传统可言……所有这些早期种群或多或少地与当地的原初种群混合,主要是科拉纳·霍屯都人。[3]

马丁·莱格斯克对"塔拉坪"的起源作了深刻的解释。由于对索托-茨瓦纳人来说,鱼是一种不合意的野生食物,塔拉坪这个名字可能意味着非常贫穷的采食者,而且这个词"更有可能适用于指

---

[1] John Campbell, *Travels in South Africa Undertaken at the Request of the Missionary Society* (1974), 206-207. 在塔垃坪传统中经常被引用的另一种谱系是由非洲南部的约翰麦肯齐提出的,John Mackenzie, *Austral Africa: Losing It or Ruling It*, vol. 1 (London: Sampson, Low, Marston, Searle and Rivington, 1887), 43. 另参见 William Burchell, *Travels in the Interior of South Africa*, vol. 2 (London: Longman, Hurst, Rees, Brown and Green, 1822-1824; reprint ed., London: Batchworth, 1953), 374。

[2] J. Tom Brown, *Among the Bantu Nomads* (London: Seeley Service, 1926), 206. 布朗在特垃坪方面经历丰富,但他没有记录他在哪里听到这个故事。这一传统影响了 F. J. 兰桂基,他坚持认为特垃坪是罗隆人的一个分支,罗隆人在一位才华横溢的酋长政治领导下获得了独立。语言也为特垃坪酋长建立和确定族谱。F. J. Language, "Herkoms and Geskiedenis van die Tlhaping," *African Studies* 1(1942): 117。

[3] P. -L. Breutz, *The Tribes of the Districts of Kuruman and Postmasburg, Republic of South Africa*, Department of Bantu Administration and Development Ethnological Publications, no. 49 (Pretoria: Government Printer, 1963), 38, 154。

称一类人,而不是酋长"。① 他认为"他们是一个一群分散的班图—科伊桑受雇者",他们在 1750 年至 1800 年间形成了一个酋长治区。在此之前,有许多不同的团体,后来才被整合为塔拉坪。② 通过证据而非传统,莱格斯克明确了其政治巩固过程。

该地区第二个酋长治区,塔拉洛,其起源传统并不易考,所以没有类似的可行考证方法。根据一条现有记忆信息,认为他们是一个较老的茨瓦纳族群的忽如世分支。他们更确切的名字是"Batho baga Motlhware"或"野生橄榄人"(people of the Wild Olive),因为原初的逗留群体通常选择栖息在树下。尽管有纯粹的茨瓦纳传统,他们也同科拉纳人混居在社区。③

传统习俗揭示文化同化和政治变革。19 世纪初的旅行者没有记录塔拉坪的种族多样性。正如我们将看到的,这个社群里的采食者通常并不被识别为布什曼人,而且由于这些旅行者在其他地区遇到了布什曼人,他们的缺席是值得注意的。科拉纳人就在附近,历经整个世纪。然而,他们与塔拉坪的关系已经改变了。与双子民族的多样性相反,被认为是科拉纳人和茨瓦纳的人们不再住在一起。19 世纪的两条证据表明,在 1800 年之前,诺克昂的混合社区分裂,因为该居住地容易受到袭击。④ 1800 年后,到访的欧洲

① Martin Legassick, "The Griqua, the Sotho-Tswana and the Missionaries," Ph. D. dissertation, UCLA, 1969, 66.

② Legassick, "The Griqua, the Sotho-Tswana and the Missionaries," Ph. D. dissertation, UCLA, 1969, 60 - 71. 他没有提到布里卡传统,但它符合其对多中心起源的解释。

③ 参见 Campbell, *Travels in South Africa Undertaken at the Request of The London Missionary Society*; *Being a Narrative of a Second Journey into the Interior of that Country*, vol. 2 (London: London Missionary Society, 1822; reprint ed. , New York: Johnson Reprints, 1967), 73 -130, pp. 107 - 108; Brown, *Bantu Nomads* (1926), 223 -225; Breutz, *The Tribes of Kuruman* (1963), 38, 92; Burchell, *Travels*, 2(1953), 376. 利希滕斯坦在地图上标出了科拉纳河,《关于贝专纳人的地图》(*About the Bechuanas*,1973),83 页。它称他们为"Matsaroqua"。有趣的是,"ma"是"ba"的误读,"ba"是茨瓦纳复数前缀,而"qua"是科伊桑族名字的后缀。因此,利希滕斯坦将茨瓦纳和科伊桑的命名法结合在一起形成特哈洛。

④ *Evidence Taken at Bloemhof* [The Bloemhof Blue Book] (1871), 187, 281, 289, 292.

人记录了与能够听懂科拉纳语言的"比涂瓦那人"的相遇。① 这正反映了成为茨瓦纳人的文化同化过程。由于这些酋邦稳固并符合茨瓦纳族文化,占主导地位的阶层成为农牧民,其语言和生产方式在全境获得霸权地位。19 世纪初,塔拉坪和科拉纳之间仍然存在通婚,新娘加入丈夫的家族。大概,科拉纳新娘加入狄思康的塔拉坪家族,其向茨瓦纳文化同化的程度超过她的祖辈。库鲁曼和弗雷堡的合并可能削弱了索托-茨瓦纳在西部的存在。事实上,塔拉坪的茨瓦纳文化同质化可以映照科拉纳在奥兰治河上将索托-茨瓦纳受雇者作为科伊科伊人的道理。②

随着塔拉坪和塔拉洛的诞生,整个地区的其他人也在经历着自己的变革。最近的讨论试图将 1820 年之前该地区的冲突和政治变化与那个在之后南部达到高潮的大冲突联系起来,这通常被称为"慕费昆"(mfecane)或"狄非肯"(difiquan)。事实上,帕森斯(Parsons)把 1750 年之后的这个时期描述为"原初狄非肯"。③ 这一时期盛行的地方性掠夺是塔拉坪和塔拉洛之间建立独立农牧主义与各地暴力频发之间最明显的联系。④ 掠夺畜群是战争的"主要目标"。⑤ 通过掠夺袭击,贫穷的人可以建立自己的酋长治区,塔马哈(Thamaga)就是这种情况,一群受雇者成了一个独立酋长治区:

---

① Lichtenstein, *Travels in Southern Africa in the Years 1803, 1804, 1805, and 1806*, vol. 2, A. Pumptre, trans. (London: Henry Colburn 1815; reprint. ed. Cape Town: Van Riebeeck Society, 1930), 371.

② J. Englebrecht, *The Korana: An Account of Their Customs and Their History with Texts* (Cape Town: Maskew Miller, 1936), 76 - 79.

③ Legassick, "The Griqua, the Sotho-Tswana and the Missionaries," Ph. D. dissertation, UCLA, 1969, 48, 将 18 世纪后期描述为一个融合的时期。尼尔·帕森斯在 1770 到 1820 年间写了"茨瓦纳战争", *A New History of Southern Africa* (New York: Holmes and Meier, 1983), 48 - 50。另参见 Neil Parsons, "Prelude to Difiqane in the Interior of Southern Africa c. 1600 - c. 1822," in *The Mfecane Aftermath: Reconstructive DeBates in Southern African History*, Carolyn Hamilton, ed. (Johannesburg: Witwatersrand University Press, 1995), 323 - 49; Andrew Manson, "Conflict in the Western Highveld/Southern Kalahari c. 1750—1820," in Hamilton, ed., 351 - 361。

④ 参阅伯切尔(Burchell):《旅行》(Travel)第 2 期(1953),第 378 页有关塔垃坪附近地区"布什曼人"盗窃的报道。相比之下,博尔切兹报道说从特鲁特—萨默尔之旅来看布什曼人确实最不可能偷窃。Borcherds, *Memoir*(1963), 114.

⑤ Burchell, *Travels*, 2(1953), 377.

> 他们在摩勒巴哥时代形成了一个相当大的区域……
> 他命令捕获那些不愿追随者的牛群，以这种作战方式，他
> 成了勇敢的人物，他们为自己抢得了牲畜，这是摩勒巴哥
> 总体方位使然，使他们成为一个独立的部落。[1][2]

坎贝尔不安地发现对普遍性暴力掠夺权的接纳："一个 Matchappe
（Motlhaping），被告知奶牛、公牛、羊等动物是为了某些目的而生
的，例如果腹和遮体，在被问及人为何而生时，他回答说，去对别人
进行掠夺。"[3]然而，外界的势力也为这场暴力推波助澜。到了18
世纪90年代，开普省的边界已经到达了塔拉坪，并开始将牛和俘
虏的人转移到殖民地。[4] 当时，诺克昂的科拉纳—塔拉坪社区在科
拉纳的攻击下解散，塔拉坪人向东北移动到库鲁曼和马拉沃昂河
谷（见图4.1）[5]。

　　塔拉坪领土所在地在"慕费昆/狄非肯"是一个期间暴力频发
地点。1823年期间，狄思康（不再是塔拉坪的首府）[6]的暴力事件
最为突出。19世纪初期不断出现袭击事件的因素之一被认定为食
物短缺。这是由于18世纪90年代以来的人口增长和干旱。这些
原因不一定是本地形成的，科伊科伊人和格里夸人迁离开普而导

---

① Robert Moffat, *Missionary Labours and Scenes in Southern Africa*（London：Snow, 1842），12. 另参见
　 Robert in Robert and Mary Moffat, *Apprenticeship at Kuruman*：*Journals and Letters of Robert and Mary
　 Moffat, 1820—1828*, I. Schapera, ed.（London：Chatto and Windus, 1951），102, note 81, 126;
　 Burchell, *Travels*, 2(1953), 336, 352 - 353; Campbell, *Travels*（1974），214; Campbell, *Second
　 Journey*, 2(1967)：6 - 8; Stephen Kay, *Travels and Researches in Caffraria*（New York：B. Waugh and
　 T. Mason, 1843），190。

② 参考莫尔霍邦威（Molehabangwe），19世纪之交的塔拉坪酋长。

③ Campbell, *Travels*（1974），186。

④ Elizabeth Eldredge, "Slave Raiding Across the Cape Frontier," in *Slavery in South Africa*：*Captive Labor
　 on the Dutch Frontier*, Elizabeth Eldredge and Frederick Morton, eds.（Boulder：Westview, 1994），
　 101 - 114.

⑤ Maingard, "The Brikwa and the Ethnic Origins of the Balthaping," *South African Journal of Science* 30
　（1933）：599.

⑥ 参与暴力冲突的主要是格里夸人、传教士和塔拉坪作为一方与"曼特提斯"（Mantatees）作为另一
　 方。参见第63页。

致的土地短缺就是一个因素。[1] 与暴力和政治巩固有关的另一个新情况是同开普省的长途贸易的增加和定向。新的贸易机会增加了酋长的财富,然后他们吸引了更多的追随者,从而促使人们建立一些城镇免受劫掠。[2] 因为粮食生产居于中心地位,城镇的增长更加依赖农牧成为可能。城镇的建立使以前没有种植农作物经验或者说班图方言的人们融入了索托-茨瓦纳的地境,由此进一步巩固了新人口中的粮食生产和茨瓦纳认同。

转型是显而易见的。1778 年,维卡接触到他们时,"鱼族"和"羊族"已经成为养牛者和耕作者。[3] 再后来,在有关塔拉坪的记忆中,在 19 世纪转折期莫尔霍邦威的统治下,他们从来没有这么富足,人口也没有那么众多。[4] 但是,记忆中的富裕并不是就所有人而言。有些人仍然靠采食野生食物过活。1801 年以后访问这个地区的旅行者和传教士同意,金合欢丛社会的农牧业生产并没有囊括所有人。

农牧社会的生态循环

粮食生产并没有足够支撑每个人,茨瓦纳采食阶层——巴拉拉(Balala)就是一个明证。但是,巴拉拉作为这个社会真正和重要的一部分,应该要给予其足够的重视。有时,茨瓦纳酋长被描绘成为一小部分人提供安定食品的生产者。[5] 贫穷人口实际引起历史

---

① Parsons, "Prelude to Difiqane," in *The Mfecane Aftermath*: *Reconstructive DeBates in Southern African History* (1995), 338 - 341. 另参见 Eldredge, "Sources of Conflict," in Hamilton, ed. , 157 - 160。

② Legassick, "The Griqua, the Sotho-Tswana and the Missionaries," Ph. D. dissertation, UCLA, 1969, 141, 225 - 241; Parsons; "Prelude to Difiqane," in *The Mfecane Aftermath*: *Reconstructive DeBates in Southern African History* (1995), 336 - 337.

③ Wikar, *The Journal* (1935), 155.

④ School of Oriental and African Studies, London, Council for World Mission Archive, London Missionary Society, Africa South, Incoming Letters [hereafter LMS] 15/2/D, Moffat, November 23, 1836.

⑤ 相关案例,参见 C. Murray and W. Lye, *Transformations on the Highveld*: *the Tswana and Southern Sotho* (Cape Town: David Philip, 1980)。

关注时,它们不被认为是固有的、不可忽略的一部分。[1] 有一种假设是,较低阶级的采食类人群形成于外在因素。对于低级阶层最常见的解释就是他们是外籍人士,比如一个隶属于撒迦纳北部酋长治区的茨瓦纳的萨恩和格拉嘎迪。[2] 而在塔拉坪和塔拉洛之间,贫富差距与种族差异没有相关性。另一种倾向是认为外国市场力量产生分化、分层:上层阶级通过产生贸易增加财富,贸易崩溃,财富丧失则产生下层阶级。[3] 当然,这一时期贸易对社会有影响;它为茨瓦纳酋长的确立做出了贡献。然而,社会分层必须放在这样一种背景下进行考察:粮食生产形式。[4]

约翰·艾利夫认为,穷人是茨瓦纳社会不可分割的一部分:"19世纪茨瓦纳社会的结构性贫困人口是一个复杂的阶层,当是非洲规模非常大的一个",而且是"在茨瓦纳历史的整个发展过程中,不断并入下属阶层,表现为经常性的灾难和赤贫"。[5] 关于"经常性灾难与赤贫"的观察,不禁让人联想到理查德·埃尔菲克(Richard Elphick)的生态循环理论。埃尔菲克设计了这一理论,以描述西开普省科伊桑牧民和采食者之间的阶级动态特征。他认为牧民和牧师之间没有太大的差距。由于科伊科伊人一直寻找新的放牧地,

① Margaret Kinsman, "Notes on the Southern Tswana Social Formation," in *Africa Seminar Collected Papers*, vol. 2, K. Gottschalk and C. Saunders, eds. (Cape Town: Centre for African Studies, University of Cape Town Press, 1981), 189.

② 这种合谋将这一时期的下层阶级描述为"非茨瓦纳瑟夫"。参见 Comaroff and Comaroff, *Of Revelation and Revolution*, 1(1991), 144。埃尔德雷奇看到了继莫奥舒王国模型之后的塔垃坪阶层,这是由外部势力的介入造成的。参见 Eldredge, "Slave Raiding," in *Slavery in South Africa*: *Captive Labor on the Dutch Frontier* (1994), 104。

③ Gary Okihiro, "Precolonial Economic Change Among the Batlhaping, c. 1795 - 1817," *International Journal of African Historical Studies*, 17, 1(1984): 72 - 78; Peter Kallaway, "Tribesman, Trader, Peasant and Proletarian: The Process of Transition from a Pre-Capitalist to a Capitalist Mode of Production in the Immediate Hinterland of the Kimberley Diamond Fields during the Nineteenth Century: A Case Study of the Tlhaping," in *Working Papers in Southern African Studies*, vol. 2, Philip Bonner, ed. (Johannesburg: Raven, 1981), 12 - 13; and Edwin Wilmsen, *A Land Filled With Flies*: *A Political Economy of the Kalahari* (Chicago: University of Chicago Press, 1989), 特别参见 pp. 52 - 53.

④ 关于类似茨瓦纳下层阶级"格拉加迪"的粮食生产,参见 Okihiro, "Hunters, Herders, Cultivators, and Trades," Ph. D. dissertation, UCLA, 1976, 144 - 155。

⑤ Iliffe, *The African Poor* (Cambridge: Cambridge University Press, 1987), 78.

他们将萨恩采食者收为狩猎者、牧民和妻子。然而,并不是所有的科伊科伊牧民都是一样成功的,采食者只能继续作为一个低声望的存在。[1] 生态循环的上升阶段涉及到萨恩采食者通过受雇或袭击来获取家畜库存。相反,生态循环也有一个下降的阶段,科伊科伊人因为团体摒弃、战争或疾病而失去家畜就要承担采食者的角色,成为丛林人。埃尔菲克没有直接将生态循环理论应用于农牧社会。他告诫说:

> 在这里,科伊科伊人的经历与大多数东部和南部非洲人民形成鲜明对比,大部分东部和南部非洲人民将礼仪和情感与牧民结合起来,经济上依赖种植。例如,在南部班图社会,所有人都有权使用一部分部落土地,尽管具体的土地分配由酋长掌握。因此,尽管个人和宗族可能畜产不足,但除非整个社区都饿死,否则他们很少饿死。而科伊科伊人获得财富的方式完全在于个人遭遇,财富极不稳定,贫富差距可能非常明显。[2]

其他历史学家似乎已经被这个警告所说服了,没有尝试将埃尔菲克的分析扩展到农牧社会。这可能是由于对埃尔菲克的理论中显而易见的种植效率和农牧社会的平等主义有误解。[3] 尽管埃尔菲克尚有踌躇,生态循环的概念可以提供一个起点,用于考察同属于一个班图语农牧社区者中,有足够食物者和没有足够食物者,采食者和食物生产者之间的地位关系。

---

[1] Richard Elphick, *Kraal and Castle: Khoikhoi and the Founding of White South Africa* (New Haven: Yale University Press, 1977), 23-42.

[2] Elphick, *Kraal and Castle* (1977), 38-39.

[3] 若要驳斥这些关于不平等粮仓分配错觉的证据,可参见 Eldredge, "Drought, Famine and Disease in Lesotho," *African Economic History* 16(1987): 61-93; Diana Wylie, "The Changing Face of Hunger in Southern African History," *Past and Present* 122(1989): 159-199。

把采食作为巴拉拉的定义性特征是有问题的,因为这里所有的人都吃野生食物。野生植物性食物由块茎根和水果组成,特别是来自葡萄干树(Grewia flava)的枳椇。羚羊树、羊馆树或白干树的根部在煮沸时产生一种甜咖啡般的饮料,而荞麦豆的煮沸根,是一年中某些时期的主食。此外,大量的蚱蜢被煮沸并捣成粉末后也可以提供食物。[①] 这个地区很早以前就是一些没有具体说明过的野生植物性食物的原生地:一个当代的研究列出了超过50种根茎、块茎、种子、花果、水果、浆果和叶子,它们有许多用途,如作为主食、临时充饥食物、调味品和饮料。[②] 虽然塔拉坪人只在危机期间食鱼,但是猎获很受欢迎,可以提供比禽类和牛群更多的肉。猎获包括大型和小型羚羊、开普水牛、野鸟、野兔、长颈鹿和斑马。有数百名参与者进行的大规模狩猎中,猎手们配备圆头棒和长矛,并布下陷阱。[③]

家禽和田地与veldkos(南非荷兰语和南非英语中的"大草原食物")、猎获一起组成了他们的饮食结构,但是当代观察家描述了一个底层阶级,巴拉拉,他们无法为自己生产足够的食物。这个词最有可能来自"趴下"的茨瓦纳动词,意思是"底层者"或"被归为底层者"。[④] 我们关于巴拉拉的证据来自外来观察家,他们可能夸大了巴拉拉的困难。尽管如此,他们在作品中一再指出,巴拉拉是种

---

① 关于野生食物,参见 Burchell, *Travels*, 2(1953), 415; Campbell, *Second Journey*, 2(1967), 217; and Gustav Fritsch, *Drei Jahre Süd-Afrika: Reiseskizzen nach Notizen des Tagebuchs Zusammengestellt* (Breslau: Ferdinand Hirt, 1868), 254。

② Tania Anderson, "Edible Veld Plants: A Food Source for the Future?" *MacGregor Miscellany* 3(1991). 要全面了解整个南部非洲的野生食物,可参见 F. W. Fox and M. E. Norwood Young, *Food from the Veld: Edible Wild Plants of Southern Africa* (Johannesburg: Delta, 1982)。

③ Burchell, *Travels* 2(1953), 298; Borcherds, *Memoir* (1963), 125; Barrow, *Voyage* (1975), 386; R. Gordon Cumming, *A Hunter's Life in South Africa*, vol. 1, (London: 1857; reprint ed., Bulawayo: Books of Zimbabwe, 1980), 295. 另参见 Okihiro, "Hunters, Herders, Cultivators, and Traders," Ph. D. dissertation, UCLA, 1976, 66 - 67, 149 - 152。

④ E. Solomon, *Two Lectures on the Native Tribes of the Interior* (Cape Town: Saul Solomon, 1855), 51; Comaroff and Comaroff, *Of Revelation and Revolution*, 1(1991), 153. 这些人也被称为"可怜的贝专纳人",参见 Campbell, *Travels* (1974), 218。

族上的茨瓦纳完全采食阶层,与其他人不同,缺乏生产食物的能力。[①] 罗伯特·莫法特(Robert Moffat)称巴拉拉"生活在饥饿的生活中,依靠追击、野生根、浆果、蝗虫,实际上是可以接触到的任何可食用之物存活"。[②] 将他们降低到这些境况的过程类似于埃尔菲克生态循环的下降阶段。我们可以引用农牧民沦为狩猎者和采集者的例子来加以说明:一个人因为"麻疹"或天花而贫困。他失去了"许多牛……成了一个穷人,这使他有一段时间生活在野生丛林之中,以获得生计"。[③] 另外一个人在科拉纳袭击塔拉坪牧群时陷入此境遇。他回忆当时,全体人口从城镇逃散出来,为了生存而采食。[④] 有一个女孩"几乎是瘦得只剩下一副骨架",本来从事家庭生产,现在她和她的母亲陷入贫困。她的父亲与另外一个女人走了,使其母亲采食为生。[⑤] 还有一个女人和她的两个同样被遗弃的孩子,也靠乞讨为生。[⑥] 失去与雇主的雇佣关系使那些不能自养的人进一步陷入贫困,有个例子就是关于两名贫穷和沮丧的男性失去了作为酋长牧民的情况。他们被迫采食为生,"在这种就业选择中,毋庸言说,他们最近不怎么成功"。[⑦] 传教士认识到与生态循环有关的联系,解释说,巴拉拉曾经住在城镇,但现在"与布什曼先前曾经出现在科伊科伊人群中的情况有相同的性质"[⑧],或使用他们的说法,"贝专纳族布什曼人"[⑨]。

巴拉拉与"附庸人"类别不同,巴特兰卡(batlhanka)通常被

---

① 关于"lala"在恩古鲁(Nguni)语言中的使用及其民族意义,参见 Hamilton and John Wright, "The Making of the amaLala: Ethnicity, Ideology and Relations of Subordination in a Precolonial Context," *South African Historical Journal* 22(1990): 3 – 23。

② Moffat, *Missionary Labours* (1842), 9. 穷人"几乎素食"的餐饮,参见 Lichtenstein, *About the Bechuanas* (1973), 66。

③ Campbell, *Second Journey*, 2(1967), 186. 有关天花流行的证据,参见 Gordon, *Cape Travels*, 2 (1988), 338, 350, 354; Smith, *Diary of Dr. Andrew Smith*, 1(1939), 390 – 391。

④ Campbell, *Second Journey*, 2(1967), 189.

⑤ Campbell, *Travels* (1974), 194.

⑥ Burchell, *Travels*, 2(1953), 249.

⑦ Burchell, *Travels*, 2(1953), 216.

⑧ Moffat, *Missionary Labours* (1842), 8.

⑨ 例如,参见 Campbell, *Second Journey*, 1(1967), 288 – 289。

视为劫掠犯罪嫌疑人,并过着农奴生活。巴拉拉和巴特兰卡之间有不明确的区别性特征,但显然巴特兰卡生活得更像是农奴或奴隶,绝不只是陷入贫穷的巴拉拉。[①] 巴特兰卡原本是不可销售的财产,但随着开普省边境奴隶市场的发展,他们被推向市场交易了。[②]

这两个下层阶级相比整个社区更容易受到饥饿的困扰。传教士菲利普的描述可能是极端的,但他的总观点是确实存在饥饿:

> 麦特贝(Mateebe)的许多人陷入了这种悲惨状态,格莱格先生说:尽管他在印度看到了许多饥荒,但他从未见过他在拉塔古[狄思康]目睹的饥荒影响程度。许多人都是真正的行走的骷髅;有些人曾经拥有牛,后来和他们的邻居一样消失在丛林中,以树叶为食,冷漠得就好像他们本就是狗群一样。[③]

乞讨是司空见惯的,但往往得不到足够的食物。[④] 一些主人分出"少量食物或牛奶,以弥补通过狩猎或挖掘野生根茎所获食物的不足"。[⑤] 采食所得不能提供足量食物,但它是穷人生存所必需的。

采食可以成为维持生计的理想方式:将野生植物和动物转化成食物所需的时间少于管理驯化植物和动物,减少了劳动时间,减少了苦难。但是,没有什么盈余,有饥饿的风险。此外,采食可能

---

① 利希滕斯坦第一次使用"巴特兰卡(Batlhanka)"这个词,但他没有提到巴拉拉。*About the Bechuanas* (1973), 76, and *Travels*, 2(1930), 416; Burchell, *Travels*, 2(1953), 267, 248.

② Lichtenstein, *Travels*, 2(1930), 396 - 397, and *About the Bechuanas* (1973), 75; Burchell, *Travels*, 2 (1953), 334, 377 - 378.

③ John Philip, *Researches in South Africa*, vol. 2 (London: James Duncan, 1828), 141.

④ Lichtenstein, *Travels*, 2(1930), 365; David Livingstone, *Family Letters*, 1841 - 1856, vol. 1, I. Schapera, ed. (London: Chatto and Windus, 1959), 39; Fritsch, *Drei Jahre* (1868), 262 - 263; Campbell, *Second Journey*, 1(1967), 101, 194 - 195, and 2(1967), 136; Zimbabwe National Archives [hereafter ZNA], Frederick Courtenay Selous Journal [Hereafter SE], November 2, 1871.

⑤ Burchell, *Travels*, 2(1953), 383.

不足以为全部人口提供食物。因此,大多数家庭养殖和放牧,只是把采食作为补充。最贫穷的人只有采食。我对采食和下层阶级的强调并不表明巴拉拉一定占很大比例的人口。至关重要的问题不在于他们的数量,而是他们真正是金合欢丛生草原社会的一部分,完全采食是最贫穷者的救命稻草。

田园主义:适合的食物源

在这样的生存压力下,管理牧群是人类与金合欢丛生之地互动的最好方式。放牧比采食更有效,但它仍然是相对粗放型生产模式的土地利用。放牧要求比种植少的劳动力,但是可以在使用比采食更小的土地基础上提供相同数量人的食物所需。草食动物可以借助低降雨量下自然生长的草和灌木,将植被转化为相对可靠的食物来源。它们的价值得到提升,因为它们在干旱、疾病或袭击期间可以流动。它们不需要援助繁衍,只需要人类进行放牧。此外,牧业是与人口规模相适应的一种强化生产:相对较少的人可以依赖广泛的畜群放牧。畜牧业非常适合金合欢丛生之地,但它并不是人们获得食物的唯一途径。饮食结构中畜牧业提供的卡路里热量比例很难说明,只有通过询问谁在吃饭,才能回答这个问题:富人、其家庭成员或巴拉拉。然而,家畜没有提供多少肉类,许多旅客证明"主要食物"是牛奶。人们通常喝凝乳或用煮熟的高粱和豆类来制作粥品。[1]

然而,畜牧业的重要性超过了饮食供应范畴。尽管牛的生殖力低于其他驯养动物,但是它们的文化和政治意义最大。塔拉坪人(毕竟是羊族)有更多的山羊,并且为羊付出高昂的代价。[2] 尽管

---

[1] Borcherds, *Memoir* (1963), 125, 130; Somerville, *Narrative* (1979), 127; Barrow, *A Voyage* (1975), 393; Lichtenstein, *Travels*, 2 (1930), 410; Burchell, *Travels*, 2 (1953), 413; and Campbell, *Second Journey*, 2(1967), 218. 19 世纪的放牧技术,参见 Okihiro, "Hunters, Herders, Cultivators, and Trades," Ph. D. dissertation, UCLA, 1976, 169–171。

[2] 关于羊,参见 Burchell, *Travels* 2(1953), 368; Lichtenstein, *About the Bechuanas* (1973), 81。

如此,拥有家畜的塔拉坪男人最珍视的是牛。1801 年特鲁特—萨默维尔(Truter-Somerville)考察队的记录强调了这一点。一则说明描述了晚上家畜返回牛栏的场景,"牛,尤其受到业主的欢迎和关爱,以及享有最受欢迎的口头谚语运用",据说有一个人用接近一个小时赞美他的牛。[①] 另外一次旅行纪录表明,在一首关于牛的歌曲中,拿"拥有这样宝藏的人的财富与那些贫穷的人的痛苦相比"。[②] 牛群的积累,超过农业实践效果,标志着鱼族和羊族转变为索托-茨瓦纳酋长制类型,从而允许个人权力和影响力发展。牛是茨瓦纳社会的中心,具有作为社会化生活的本质象征和意识形态价值。[③] 只有男性才有拥有牛产的权利。

　　牧业是一种有利且优先选择的环境利用方式,使得对可用土地劳动力投放要求有限。畜群所有者将他们的动物分散在广大的地区,设置许多岗站,通过岗站用皮质包袋向城里人送牛奶。[④] 这些地点可能会距离城里有几天的路程。[⑤] 畜群所有者的儿子和受雇牧民住在岗站上看护牛群。[⑥] 个人经过酋长批准才能获得使用泉眼和牧场的权利。此后,他似乎就可以优先使用他们。[⑦] 看护牧群不是什么艰巨的工作,一个牧民可以成功照顾好许多动物。如果动物游离出群,寻找它们非常耗时,但有些动物会被训练应呼而回。[⑧] 然而,这种放牧制度有困难和风险。主要是因为生产的剩余价值不大。在特鲁特,萨默维尔考察队曾经与塔拉坪人联系,希望

---

① Borcherds, *Memoir* (1963), 126 - 127. 另参见 Somerville, *Narrative* (1979), 125,134。

② Somerville, *Narrative* (1979), 112.

③ Comaroff and Comaroff, *Of Revelation and Revolution*, 1 (1991), 145 - 146; Jean Comaroff, *Body of Power*, *Spirit of Resistance*: *The Culture and History of a South African People* (Chicago: University of Chicago Press, 1985), 67 - 74.

④ Somerville, *Narrative* (1979), 110; Lichtenstein, *About the Bechuanas* (1973), 66; Campbell, *Travels* (1974), 202.

⑤ Burchell, *Travels*, 2(1953), 358.

⑥ Burchell, *Travels*, 2 (1953), 368; Campbell, *Second Journey*, 1 (1967), 63 - 64; Lichtenstein, *Travels*, 2(1930), 365.

⑦ Burchell, *Travels*, 2(1953), 362.

⑧ Somerville, *Narrative* (1979), 125.

能做牛买卖,但失望而返。正如萨默维尔所说:

> 没有成功地采购到一头奶牛……但是,酋长宣布,真的没有足够的奶牛给他的人民提供足够的牛奶,的确从他每天给我们的几夸脱就可以感觉得到分量不够,要知道大约七到八千人主要靠牛奶维持生活。[1]

供应紧张可能是每头母牛产量低下导致的。[2] 另外也可能是畜群不大导致的,这是萨默维尔的理解:"利塔根(Litakone)(狄思康)居民拥有的畜牛数量与其所有者相比远远不够——事实上,我相信,他们知道珍惜自己的牛群,看得远比珠子、刀子或任何可被他们用来交换的其他小玩意儿重要。"[3]牛群数量增长缓慢,因为牛比小型畜类繁殖得更慢,受到更多疾病的伤害。事实上,炭疽病和牛肉毒杆菌病是该地区特有的两种环境病害疾病,随着群体的增长而增加。这些疾病中的一种或两种曾经对塔拉坪牧民构成了挑战。塔拉坪地区的诺克昂牧场和朗厄山脉的塔拉洛牧场环境条件不容易发生疾病,但到1801年,塔拉坪已经在盖普高原发现了病害,报告说,库鲁曼的牧场比狄思康的健康。库鲁曼没有长久免于疾病的侵害,因为,疾病正是导致1828年塔拉坪迁往东部地区的一个因素。[4]

广泛的生产创造了一个有利于暴力和盗窃的情况,因为分散的牧场易受袭掠者攻击。莫尔霍邦威首领向来访者解释:

---

① Somerville, *Narrative* (1979), 141.

② Campbell, *Travels* (1974), 203.

③ Somerville, *Narrative* (1979), 149.

④ 要了解更多关于疾病的信息,请参阅第三章。我感谢彼得·斯奈曼首先提醒我有关这些疾病的历史重要性,并与我分享有关它们的信息。参见 Snyman, "Die Bydrae van Droogtes and Veesiektes to die Verarming van die Landboubevolking in Noord-Kaapland, 1880 – 1920," *Tydskrif vir Geesteswetenskappe* 29(1989): 32 – 49。

我们发现这些牛都很瘦,国王说是因为马克拉卡
(Makkraki)(罗龙首领)的奸诈行径,他只是把他们留在
附近,以免全部被偷走。结果是,附近的所有场地都啃光
了,现在对于牛群,几乎没有任何可食用的了。[1]

但集中动物以保护它们免受侵袭对草地压力加大,并提高了动物
死亡率,降低了牛奶产量。此外,草量供应、畜群养殖还受干旱的
影响。[2] 因此,牧民之间存在关于草和水的竞争。简而言之,家畜
和牛群具有很大的实用价值和象征价值;但牧民面临着受制约的
局面,这种压力构成畜群养殖的竞争政治。[3]

社会权力与生态循环

尽管茨瓦纳人依赖于广泛的土地使用,但他们生活在人口集
中的定居地。这些地方可能非常大:游客在19世纪早期拿塔拉坪
首府的大小与开普敦相比。[4] 茨瓦纳小镇,根据琼和约翰·科马洛
夫的描述,"有一个明显的权力集中政体,不平等的阶级分布,他们
对生产方式和再分配享有不同的权利"。[5] 首领对市民拥有特权:
可以要求以劳动纳贡;组织对牛群劫掠、大型狩猎并声索猎获;声
索其他狩猎活动中的象牙、皮张、革类;得到猎获的胸脯肉
("sehuba",茨瓦纳语中的胸脯);拥有征收罚款的权力。通过牛群
上的财力,首领可以娶很多妻子为他在田间劳作、生儿育女,从而
获得更多劳力,女儿结婚时可以帮他带来更多牛群。他还可以通
过吸引更多受雇者,提升自己的特权和财富。首领制可以为业已
富裕者带来更多的财富。事实上,如果首领不是本社区最为富裕

---

① Lichtenstein, *Travels*, 2(1930), 394.

② Somerville, *Narrative* (1979), 142.

③ 关于早期在贝专纳兰保留地放牧的描述,参见 Duggan, *An Economic Analysis* (1986), 74–79。

④ Borcherds, *Memoir* (1963), 130; Barrow, *A Voyage*(1975), 390.

⑤ Comaroff and Comaroff, *Of Revelation and Revolution*, 1(1991), 151.

的人，就会为他的地位带来危机。①

首领在粮食生产上发挥了不成比例的作用，特别是种植。妇女们等待首领宣布开放农季。② 她们把第一批收获带到他的庭院，为了开启收获季节的第一个水果仪式。此外，他还负责为作物提供雨量。不仅是活着的酋长，酋长祖先也保护着雨水、家畜的生育力和繁殖力以及狩猎成功的机会。③ 首富居于农牧业社会的中心，首领绝不会陷入采食阶层，他和他的祖先象征了作为牧民和耕作者取得成功的能力。

在整个茨瓦纳地区，酋长被理解为莫迪沙（Modisa），字面意思为"牧羊人"。彼得斯（Peters）指出，"受托人"对于这个词来说不不足以翻译其全部含义，酋长有更多特权："莫迪沙是茨瓦纳的权威角色，包含对一个群体负责范围广泛的多重角色标签，类似在公司中对财产享有拨款特权的概念。"④尽管如此，公民党或社区委员会还是削弱了酋长的权力。

> 在一个被认为是协商性质的治理制度中，在重大问题上需要动员对酋长的支持，它关涉对酋长的牛产、仆人和其他特权的处置。长期以来，茨瓦纳统治者很难成为一个独裁者，更不会是一个暴君；但他同样也不是人民的小兵。⑤

---

① 在此期间，并非所有这些权利都记录在塔垃坪中。比如 Burchell, *Travels*, 2(1953), 377, 384; Lichtenstein, *Travels*, 2(1930), 413-414; Moffat, *Apprenticeship* (1951), 125-126; Smith, *Diary of Dr. Andrew Smith*, 1(1939), 296. 有关这个和其他南部茨瓦纳部落首领的位置，参见 Comaroff and Comaroff, *Of Revelation and Revolution*, 1(1991), 146-152; Kinsman, "Social Formation," in *Africa Seminar Collected Papers*, 2(1981):181-186; Okihiro, "Hunters, Herders, Cultivators, and Traders," Ph. D. dissertation, UCLA, 1976, 91-95。
② Campbell, *Second Journey*, 2(1967), 154.
③ William C. Willoughby, *Soul of the Bantu* (Garden City, New York: Doubleday, Doran, 1928), 179, 204, 224, 258-259; Jean Comaroff, *Body of Power* (1985), 66-67; Comaroff and Comaroff, *Of Revelation and Revolution*, 1(1991), 158, 202-203, 206-213; Paul Landau, *The Realm of the Word: Language, Gender and Christianity in a Southern African Kingdom* (Portsmouth: Heinemann, 1995), 14, 25.
④ Pauline Peters, *Dividing the Commons: Politics, Policy and Culture in Botswana* (Charlottesville: University of Virginia Press, 1994), 30.
⑤ Peters, *Dividing the Commons* (1994), 34-35.

城镇家庭在行政、空间和社会单位层面进行互动交流。一个成功人士巩固了他的职位，围居的创世纪可能就已经开始。"每个酋长或者科西（kgosi，'首席'之意）在一个孤立的地方建造自己的房屋，而他的所有亲戚，朋友或家属则在他周围建立他们各自的房子。"① 这些分立的围居很坚强，富有的人可以挑战最高酋长，选择带着他们的追随者离开。② 几乎没有个人能够吸引受雇者："所有的人，有足够的牛群来支持家庭者，都是队长，或者是相当阶位者，通常一个地区只有一个人真正可以做到这样。"③1812 年的旅行者威廉·伯切尔（William Burchell）认为所有的家属"事实上，是酋长或各种酋长式首领的无偿仆人"。④ 对居房大小的估计是感性的，但可以粗略地表明一个头领影响力的大小。居房之间有很大差异，但可以粗略估测：平均有 150 人左右围居。⑤ 不是每个追随者都贫穷，但贫富差距很大："一个人有时候会是八个或十个相当数量畜群的主人。"⑥

酋长，头目和他们的受雇者之间的重要互动围绕着照看牛群展开。富人需要有人帮助放牧，因为有时他们的儿子无法给予帮助。此外，它减少了风险和劳动力，以便在不同牧场之间的牧民中分养他们的畜群。另一方面，贫穷但雄心勃勃的男子需要积累畜群。这些不同方面的要求鼓励来自不同家庭的人们共同合作，将一头或两头小母牛从一个富人那里转移到一个较贫穷的小伙子那里："一个可怜的贝专纳人与妻子带着六头牛寻求更富裕者的保护。他把自己的几头牛编入了富人的大群，并作为牧民分享盈

---

① Burchell, *Travels*, 2(1953), 362.
② Smith, *Andrew Smith's Journal*, William Lye, ed. (Cape Town：A. A. Balkema,1975), 173.
③ Campbell, *Second Journey*, 2(1967), 214.
④ Burchell, *Travels*, 2(1953), 383.
⑤ Burchell, *Travels*, 2(1953), 362；Campbell, *Travels*（1974），187, 202；and Campbell, *Second Journey*, 2(1967), 82.
⑥ Lichtenstein, *Travels*, 2(1930), 409.

利。"[1]接管人照顾一头奶牛,养几年,支用其所产的牛奶。在此期间,他有义务协助牛主劳动,虽然他对此奶牛或其后代没有任何权利,但雇主通常允许看守人添加一头牛到自己的畜群中。[2] 共同合作将不同的人带到一起并且各方利益共享,但利润分配有时是不均衡的。

鉴于牛奶生产和家畜繁殖的局限性,即使是富有的业主也关心对牛群生存能力的维持。此外,他们也提防别人积累家畜和权力基础,所以互惠放牧并不总是能让较贫穷的牧民积攒畜群。莫尔霍邦威的儿子莫替彼(Mothibi)首领把这种合作描述为非常不平等的互惠:

> 马蒂维拥有众多的牛群,它们被散放在全国各地进行牧养,为相当数量的穷人阶层提供了就业机会。穷人们为自己的劳动所得到的报酬,只不过是够维持生计,就像看起来一样,几乎没有;只被允许得到一部分牛奶,并通过偶尔的狩猎为自己供应肉食。[3]

牛奶和畜群作为对放牧支付功能的区别是至关重要的。牛奶只能提供热量,但是小母牛可以提供建立畜牧群并实现独立于雇主的手段。

> 这类居民受到非常严重的压迫,不仅是专制者的,而且是为贵族的权力所压迫,因为首领所实施的是对富有

---

① Lichtenstein, *About the Bechuanas* (1973), 78.

② 关于博茨瓦纳的黑手党关系,参见 Schapera, *A Handbook of Tswana Law and Custom*, 2nd ed. (London: Oxford University for the International African Institute, 1955), 246 - 247。另参见 Kinsman, "Social Formation," in *Africa Seminar Collected Papers*, 2(1981): 175 - 176, 179 - 180; Okihiro, "Hunters, Herders, Cultivators, and Traders," Ph. D. dissertation, UCLA, 1976, 89 - 91。

③ Burchell, *Travels*, 2(1953), 248.

秩序的控制权威，对他们的仆人和直系亲属，不公平的程
度可以达到不让他们获得任何财产；任何一个这样阶级
的人，无论如何诚实，如果侥幸获得了财产，而他的主人
没有将其剥夺，将成为一个极其罕见的幸运儿或受青睐
的特例。这种暴虐的行为逻辑使得科西有理由说，一个
愚蠢的人或鼹鼠（贫穷的人或仆人）不需要牛，因为他只
需要考虑他的职责，服务他的上司，他只可能得到足以养
活自己的牛奶和食物。①

　　双方都有好处，但却是不均衡的。伯切尔指出："酋长将永远是最
富有的人；一旦抵达最高权威，他就掌握了获得财产的权力。""穷
人，"他继续道，"会一直让他们贫穷下去。如果我可以通过外表来
判断，有很多那种描述。"②

　　除了积累家畜的困难之外，巴拉拉和巴特兰卡还遇到了其他
困难。贫困阶层的成员可能成为特殊暴力的受害者。③ 追随者可
以离开城镇，但是当他们在丛林中谋生时，他们可能就要上交一些
野生产品，包括浆果、肉和用于制作斗篷的皮类。④ 但是，至少他们
作为一个团体，可以为受雇者挑战统治者，就像鱼族和塔马哈人所
展示的一样。

　　首领和头人为保住权位而使用权力，表明生态循环的理论不
足以描述牛群所有者、受雇牧民和采食者之间的关系。正如埃尔
菲克所发现的那样，个人的敌意和仁慈力量驱动了整个生态循环：
竞争和幸运，胜利或失败，干旱，疾病和家畜生殖能力。在塔拉坪

① Burchell, *Travels*, 2(1953), 248.
② Burchell, *Travels*, 2(1953), 383.
③ Lichtenstein, *About the Bechuanas* (1973), 77; Moffat, *Apprenticeship* (1951), 125; and Campbell, *Second Journey*, 2(1967), 210 - 211.
④ Moffat, *Missionary Labours* (1842), 8; Campbell, *Second Journey*, 2(1967), 167. 另参见 Okihiro, "Hunters, Herders, Cultivators, and Traders," Ph. D. dissertation, UCLA, 1976, 158 - 160.

和塔拉洛,相同的贫困和累积过程是显而易见的。然而,在这种情况下,这些过程并不是一个循环,生态并不是其背后的主要力量。阶层差异不仅源于人与自然的双向互动;相反,成功男性通过权力保护自己免受生态环境变幻莫测的影响,这就意味着对于其下层阶级不利。最大限度地减少风险、获得劳动力的需要以及通过积累动物来得到地位和权力的渴望,激励富人固化剥削关系。没收家畜、降低报酬,索要贡品、诉诸暴力、强迫劳动,是富人和强权者设立的最强有力的自我保护措施。这些干预措施阻止其自身下降或其他人上升,并与个人努力、环境特点和投机相交叠而推动循环往复。

　　对野生动物和勉强度日之人的诋毁以及对生产和养牛的拔高也体现在文化价值观和仪式活动中。如果说这个时期人们对自然的这种态度是当地固有的,我们并没有直接的证据,而把当代思想向前推定是站不住脚的。然而,琼和约翰·科马洛夫从有记录的行为和空间组织关系中推断出了茨瓦纳世界观,人们依据空间等级结构地位关系进行分门别类。野生丛林和住在那里不幸的人们被理解为与城镇、酋长地位、成功人士相对立。他们发现南部茨瓦纳人对"荒野"没有任何的尊敬可言。尽管人类努力向前,自然环境仍然是一种挑战性的力量,最重要的办法就是人类取得成就,执政的牛群主人是最充分的体现,他们远离荒野。[1] 它成为欧洲观察家共同认知到的一个真理:茨瓦纳人对自然不感兴趣。正如坎贝尔所说:"没有任何处于造设状态的东西可以引起他们的注意,除非它可以转化为食物或作为装饰品使用。"[2]表达得更为正面和中立,他们最感兴趣的是把它们的生物物理环境转变为人们赖以生存的物理空间。

　　这里到处是贫穷,层级分化,雇佣剥削和依赖,而不是 19 世纪

① Jean Comaroff, *Body of Power* (1985), 54 – 60, 65, 67 – 70. 另参见 Comaroff and Comaroff, *Of Revelation and Revolution*, 1(1991), 129 – 130, 152 – 160。

② Campbell, *Second Journey*, 2(1967), 59. 另参见 Willoughby, *Soul* (1928), 5。

初男性社会盛行的互惠平等主义。通过最有效地利用半干旱地带的金合欢丛生之地，把财富或贫困系于对牛产的成功管理。积累牛产带来财富和权力，而失去了它们则会滑向巴拉拉采食阶层，成为一名茨瓦纳布什曼人。然而，人、动物和环境之间的这种特殊交互作用仅限于男性。南部非洲农牧社会的妇女被排除在牛产经营的机会之外，只能作为耕作者。需要考虑妇女的这种地位和耕作角色，因为这是金合欢丛生的草原社会中最为密集的粮食生产方式，而她们却被排除在家畜拥有权和政治权力之外。

变耕作为广泛生产

妇女较低的地位与耕作状况相对应，耕作的效用不如家畜蓄养，无法提供财富或影响力。在获得粮食的途径中，耕作是土地使用最为紧密、人力消耗最大的方式，但投入的劳动力却低于设想。根据这样一种说法，条件所迫时，人们就会加剧生产，因为老式的粮食生产、牧作和采食，无法提供足够的食物，所以塔拉坪人和塔拉洛人耕作。然而，妇女的耕作方法并不特别艰难，这种做法增加了卡路里，同时使妇女对食物更有控制力。

转变耕作是在节约劳动而不是土地。部分田地被以火烧和砍伐的方式清理，而不是精心除草。未扰动土壤比常规使用的土地杂草较少，所以只需要轻微的锄作。天然植被可以提供肥力，燃烧它释放矿物质以肥沃土壤，因此避免了施肥的劳动。这种耕作对于制作或购买工具的投资很少，但确实需要大面积的土地，因为当肥力下降和杂草增加时，耕种者移动到新的地块，并沿用相同的办法先做出清除。根据博塞拉普的说法，移动耕作者可能会每年或每十年清除出一片新的地块。这些领域可以休养25年或更长时间，以恢复肥力，在耕种者回归并清理之前，实际上就是一片处女地。博塞拉普认为，大部分时候工作时间都只是几个小时的劳动而已,而且有很多天田里不需要任何劳作。①

　　塔拉坪的耕作当属广泛性的生产活动。② 18 世纪的塔拉坪人定居史表明,耕作是最近的发展,因为诺克昂是非常干燥的。从 18 世纪 90 年代到 1829 年,塔拉坪首府围着库鲁曼和莫莎汶河(Moshaweng River)上游的山谷移动,有些年份降水仍然不明朗,但种植是补充粮食生产做法的一部分。③ 这是移动性种植,休养时期不定,因为塔拉坪人从未回到过以前的耕地。耕种的广泛性在产权安排和土地使用权的获得上也是明显的。酋长负责发放田地,但伯切尔记录到,与牛相反,酋长没有发挥自己的权力来没收土地。土地使用权的性质,是安全的使用权,而不是可销售权,这对于欧洲人来说是不熟悉的,引自伯切尔发表的评论:

　　　　只要占有者选择留种,他的权利会一直存续,他也不会为这个特权征求任何人的许可,直到第一次正式请求离开。然而,我们不能得出这样的结论:这个国家对土地所有权的任何区分都是熟悉的,这类财产将会要么归为"自主地"或"封建领地",要么如我之前说过的,这片土地被认为是财产,不管是属于酋长还是他的臣民。④

伯切尔展开说:"事实上,在领土方面,他们没有一个欧洲人会赞同的想法。土地从来没有被视为财产,也没有人认为有权声索或争议所有权:其上的水和牧场是价值的全部;当这些用尽时,土地被

① Boserup, *Conditions* (1965), 15 - 16, 28 - 31, 44 - 48.
② 1975 年,加里·奥基弘在博茨瓦纳莫利波洛勒(Molepolole)附近的克瓦纳人(Kwena)的野外工作基础上,完成了 19 世纪锄地栽培的一项有价值重建工作。他还认为,人们开始耕种是对放牧和觅食的补充。参见 Okihiro, "Hunters, Herders, Cultivators, and Trades," Ph. D. dissertation, UCLA, 1976, 68 - 84。
③ Somerville, *Narrative* (1979), 142. 19 世纪初的博茨瓦纳,是用木质工具而不是犁耕的沙漠耕作,参见 Okihiro, "Hunters, Herders, Cultivators, and Traders," Ph. D. dissertation, UCLA, 1976, 144 - 146。
④ Burchell, *Travels*, 2(1953), 362.

遗弃,视为无用。"①伯切尔说,水比土地更有价值的认知对于一些
后来的难以获得水源的旅行者来说的确如此。②

正如伯切尔的解释,广泛种植的另一个特点是不产生巨大
盈余。

> 从事农业虽然被认为是高度重要的,但并不能推动
> 国家富足……为了弥补这种缺陷、逃避饥饿,或者至少缓
> 解他们的日常饥饿,他们就要到平原寻找那些自然所提
> 供的野生根类食物。③

事实上,在广泛的粮食生产中,这种关系与伯切尔所描述的情况
正好相反。人们是为了弥补野生食物的不足,而不是为了弥补耕种
的不足而去觅食。许多观察者指出,塔拉坪人饮食结构通常不太丰
富,但有食物时就会吃很多。传教士把这种行为斥为暴食。④ 然而,
只要不威胁到未来的食物供应,狼吞虎咽式狂吃就有意义:"他们已
经习惯了自己的工业和经济环境,并且会在其他人有可能饿死的地
方找到生存的方式。并且我相信他们宁愿饿死也不会吃掉来年用于
播种的谷物留种。"⑤

耕地环布于城镇。萨默维尔(Somerville)估计,耕地大约三至
四英里宽,但并没有考虑到每个家庭的地块很大。他解释说,"只

---

① Burchell, *Travels*, 1(1953), 242. 在这里,他概括了其在旅行中遇到的各种"迁徙型的非洲国家",
包括塔垃坪。关于土地价值低的其他证据,参见 Barrow, *A Voyag e*(1975), 400。关于塔垃坪围
栏田地的矛盾报道,参见 Somerville, *Narrative* (1979), 129 and Lichtenstein *Travels*, 2(1930),
410. 关于女性对田地的所有权,参见 Campbell, *Second Journey*, 2(1967), 148 – 149。

② Fritsch, *Drei Jahre* (1868), 262, 266; Smith, *Journal* (1975), 183 – 184. 并非所有定居点都靠近
水域。Campbell, *Travels* (1974), 203.

③ Burchell, *Travels*, 2(1953), 414. His emphasis. See also James Backhouse and Charles Tyler, *The Life
and Labours of George Washington Walker of Hobart Town*, *Tasmania* (London: A. W. Bennet, 1862),
447.

④ Somerville, *Narrative* (1979), 135 – 136; Campbell, *Second Journey*, 1(1967), 248.

⑤ LMS 14/2/F, Moffat, February 3, 1834. 将格里夸人的"挥霍浪费"与茨瓦纳人的谨慎以及对干燥
环境的成功适应作了对比,格里夸人的传教士也同意这种说法。LMS 14/1/A, Wright at
Griquatown, January 25, 1834, June 19, 1834, September 25, 1835.

有与实施劳动的手段相比时,才知道耕地数量确实很大"。①②清理
和准备田地的主要工具是锄头:"将一块铁片固定在一处,当它的
水平边缘被固定成与手柄成直角时,它被用作锄头;当转过来与手
柄平行时,它就是一个斧头。"③要用到锄头是因为有助于清理土
地,因为火并不能把所有的自然植被清除。耕种者不使用肥料,而
是在使用之前烧掉其上的植被以提供些许营养。④ 灌木和小树减
少了部分地块的粮食产量,但是它们也减少了劳动力。清除树木
是为了耕作,便于围栏和燃料贮存,并且可以去除鸟类栖息所。由
于大草地是一个开放的大草原,清理劳动量并不像森林地区那么
大。几位观察家对城镇附近树木的稀缺性发表了评论。事实上,
莫法特给塔拉坪一个丑名叫做"一个一览无余的国家"。⑤

每个地块只是短期利用,进一步减少了劳动力消耗。杂草和
草地在连续几年的耕种中会有所增加,移动耕作者通过搬到新的
地块来回避这个问题。萨默维尔猜测地块只用一年,但他的访问
时间太短了,无法确定这一点。⑥ 我们的确知道,他们至少和塔拉
坪人首都移动一样频繁地准备新的地块,平均每四年半一次,
1800 年至 1827 年间共计 6 次。⑦ 很可能土地肥力耗尽是造成城
镇频繁移动的主要原因。在选择地块时,他们避开有岩石的地方,
可能会倾向于在不太干燥的地点播种。⑧ 为了准备这些新地块,妇
女们"要挖几英寸深"。⑨ 播种在第一次降雨之后开始,可能最早

① 萨默维尔没有认识到在初级生产技术条件下,种植所要求的劳动小于他所熟知的犁耕。
② Somerville, *Narrative* (1979), 141. 另参见 Somerville, *Narrative* (1979), 139; Campbell, *Second Journey*, 1(1967), 64。
③ Barrow, *A Voyage*(1975), 394; Somerville, *Narrative* (1979), 129.
④ Mary Moffat, *Apprenticeship* (1951), 108; Philip, *Researches*, 2(1828), 117.
⑤ Moffat, *Missionary Labours* (1842), 330 – 331. 另参见 Burchell, *Travels*, 2(1953),218, 361。On Moffat's environmental thought, 参见 Richard Grove, "Scottish Missionaries, Evangelical Discourses and the Origins of Conservation Thinking in Southern Africa 1820 – 1900," *Journal of Southern African Studies* 15(1989):163 – 187。
⑥ Somerville, *Narrative* (1979), 139.
⑦ Shillington, *Colonisation* (1985), 14 – 15.
⑧ Campbell, *Second Journey*, 2(1967), 206 – 207.
⑨ Somerville, *Narrative* (1979), 139.

在 11 月份或者根本就没有。人们在同一个地块播下种子,播种
豆类、南瓜、西葫芦、甜瓜、甜芦苇和高粱。下一步是锄杂草。最
强的劳动是在收获季节前:保护作物,特别是高粱,免受鸟害。甜
瓜和豆子在高粱之前收获。脱粒和簸谷是最后的任务,然后谷物
和豆类就被储存到黏土谷仓里。[1] 在泛化食品生产系统中,耕作
是最劳动密集和土地密集的活动。[2] 在其特定农作方法的背景
下,观察牧民和采食的习俗以及与之相关的社会关系将有助于我
们理解金合欢丛社会中的性别差异和妇女地位。

农作——属于女性的自治区

金合欢丛生之地的社会排除了女性对家畜的所有权属,而赋
予其粮食所有权。在好的年份,至少,酋长和富人会支使穷人到田
里帮农。[3] 杰夫·盖伊(Jeff Guy)说,是否可以说妇女也可能因此
以一种更巧妙的方式被推向为男性谋益的境地?[4] 艾瑞丝·伯杰
(Iris Berger)则警告说不是询问妇女在男性主导的社会中扮演着什
么样的角色,我们应该考虑具有一定权力水平的人的行为方式以
及其与性别对应的方式。在这方面,我认为,粮食生产中的两性关
系不能只是理解为是为了生产而进行的剥削和控制。相反,男女
之间的责任分工是基于性别的基本概念。我绝不是说男女要平
等;妇女被排除了权力和牧作。然而,一旦被排除在牧区之外,她们
种植就不是因为男性牧民要求她们这样做,而是因为她们需要食物。

---

① Barrow, *A Voyage* (1975), 392, 394; Somerville, *Narrative* (1979), 129; Burchell, *Travels*, 2 (1953), 366, 413; Campbell, *Second Journey*, 2 (1967), 215 – 216; Gustav Fritsch, *Die Eingeborenen Süd-Afrikas* (Breslau: Ferdinand Hirt, 1872), 188; Henry Methuen, *Life in the Wilderness; or Wanderings in South Africa* (London: Richard Bentler, 1846), 107; LMS 11/2/B, Moffat, September 12, 1828. 有关保留地早期栽培技术,可参见 Duggan, *An Economic Analysis* (1986), 69 – 74。

② 我指出塔垃坪的粗放型农业与埃尔德雷奇描述的狄思康的精耕细作相比,产量更高,使之成为栽培中心。参见 *Sources of Conflict*, 159 – 160。

③ Moffat, *Missionary Labours* (1842), 8 – 9; Smith, *Diary of Dr. Andrew Smith*, 1 (1939), 296.

④ 参见 Jeff Guy, "Analysing Pre-Capitalist Societies in Southern Africa," *Journal of Southern African Studies* 14 (1987): 18 – 37。

种植不应仅仅是对女性剥削的一个领域,更应是女性自治区。这是在生态循环中对抗性别失利的保值措施。儿童和妇女在艰难时期特别脆弱,种植农作物可以给妇女提供自己的粮食来源。供养家庭可以为妇女提供独立于男性统治的动力。[1]

工作性质及其对应产品将女性生产与男性生产区分开来。与牧民不同,生产者不能通过种植获得持久的财富。没有机会为个人争取利益被引述为女性居于从属地位的一个原因。[2] 然而,种植是建立在相互交换劳动而不是共同分享产品的基础之上的。耕作者中对个人成绩积累的一个抑制是农产品的积累不能改变其真正的地位。因为粮食相较家畜是一种较不耐用、风险较高的商品,需要更多的劳动力来获得这些较小的回报。此外,家庭分担劳动是因为比单独劳动更有效率。因为妇女有自己的优势,除草、锄地或收割都很快,在许多劳动上一起干,可以拉平工作时间。[3] 女人可以利用孩子的劳动,与母亲和姐妹进行统筹,上年纪者靠女儿、街坊邻居,还有条件不好的追随者。大批妇女一起奔向田地,但是工作团体可能很小。[4] 工作团体还可以教授科伊科伊妇女种植技巧。妇女参加农业季的所有阶段,包括清理、锄地、种植、除草和收割。告诉你吧,茨瓦纳语中"收获"这个词的意思就是"一起工作"。

虽然妇女遭受结构性不平等,被排除在生态循环之外,但其生

---

[1] Iris Berger, "'Beasts of Burden' Revisited: Interpretations of Women and Gender in Southern African Societies," in Harms et al., eds., *Paths toward the Past: African Historical Essays in Honor of Jan Vansina* (Atlanta: African Studies Association, 1994), 123 – 141. 伯杰对盖伊论点的强烈批判,参见 pp. 124 – 126。有关我更多的批评,参见 Nancy Jacobs, "Environment, Production and Social Difference in the Kalahari Thornveld, c. 1750 – 1830," *Journal of Southern African Studies* 25(1999): 370 – 371。

[2] Kinsman, "'Beasts of Burden': The Subordination of Southern Tswana Women, ca. 1800 – 1840," *Journal of Southern African Studies* 10(1983): 42. 斯奈曼认为母亲和女儿共同拥有粮食。关于他们对粮仓的控制,参见 Schapera, *Native Land Tenure in the Bechuanaland Protectorate* ([Alice]: Lovedale, 1943), 199。

[3] Okihiro, "Hunters, Herders, Cultivators, and Traders," Ph.D. dissertation, UCLA, 1976, 79 – 80.

[4] Borcherds, *Memoir* (1963), 128.

产方式和所有制模式却与激励男子个人野心并不矛盾。由于她们回应了激励措施并控制了她们的产品,她们的工作并不是一种性别剥削的形式。虽然她们承担的生活负担比男子更重,但她们的工作不是创造男性财富的资源。[①] 这在生产方式和所有权方面是显而易见的。对现有的两个工作方的描述表明,自身利益与互惠活动并存。[②] 观察家指出,最高级别的妇女与平民同工。工作是平等的,但并不是按照各自的能力共同安排。贡献是得到重视的:"她们在工作的时候都唱歌,按照时间挥镐,所以没有人多干;因此她们使劳动成为一种娱乐形式。"[③]另外,除了收获之外,还有其他动机:

> 女性耕种土壤的方式并不引人注目。她们可能是50人一起工作,在同一个地方工作,并且当收到信号时,她们手中拿着自己的十字镐或土耳其铲,准备把它们砸到地上……在工作中,她们重复同一首歌,作为在她们劳作中的调节手段;同时重复她们熟悉的所有动物的名字。这种重复动物名称习俗的起源应该是在以下实践中被发现的:当一个贝专纳人成功获得猎物时,他的妻子会邀请邻居们参加宴乐,条件是当耕作期到来时,那些客人,分享欢乐的人应该要来帮工。[④]

这样,工作双方提供了互惠互利,以劳动换取食物,这些当事人可能包括很多由于身体和社会原因而无法为自己生产的人。虽然家

---

① Eldredge, "Women in Production: The Economic Role of Women in Nineteenth Century Lesotho," *Signs* 16(1991): 707-731.
② Somerville, *Narrative* (1979), 126.
③ Campbell, *Travels* (1974), 201.
④ Anon., "Mission to the Bechuanas," *South African Christian Recorder* (March 1831): 23.

庭分担劳动和饭菜,但他们自己的粮仓却是只属于自己。①

　　妇女被称为"负重的动物"(beasts of burden)②,这需要考虑到她们做了什么。男女有不同的责任:"妇女的责任是建房、挖地、播种和收获;男人挤牛奶、制衣、打仗。"③这不是一个平等的职责分工:"可以看到男人在一天中的任何时候在不同的地方睡觉,但我还没有看到一个女人睡着。"④妇女的工作可比照巴特兰卡:"国家三分之二的人口是妇女,没有任何战争的情况下,她们也不得不劳动。"⑤当然,关于男性和女性劳动的外部证据必须参照对男女适当工作领域——田地和家庭——的思考,还应该考虑妇女的工作环境和动机。⑥ 现在,所有迹象表明,妇女比男子更努力。她们努力工作,因为种植比养畜更难。虽然种植要求花费比养蓄更多的时间和精力,但并不像强化种植那样艰巨。移动耕作者每天可以提供几个小时的劳动,而且我们知道现有的家庭劳动力并不总是充足。低层阶级只是偶尔在田地上劳作,而父母似乎也不怎么要求孩子们多付出劳动。⑦ 通过延长工作时间,可以满足季节性的劳动需求。广泛耕种的事实并不意味着妇女有很多空闲时间。她们还有其他的任务——烹饪、育儿和住房建设。然而,通过广泛地种植,妇女控制了她们花在种植上的时间比例。

　　男性不能控制女性生产的其他证据就是种植者自己选择的粗放生产产量低下。因为牛奶为城镇居民提供了大部分的饮食所需,而且由于人们也通过采食获得食物,所以通过种植解决粮食供应的压力较小。这支持了伯杰的预测:家畜型经济中妇女的劳动

① Borcherds, *Memoir* (1963), 130; Burchell, *Travels*, 2(1953), 366; A. A. Anderson, *Twenty Five Years in a Wagon in the Gold Regions of Africa* (London: Chapman and Hall, 1888), 81.
② Solomon, *Two Lectures* (1855), 44.
③ Campbell, *Travels* (1974), 190.
④ Campbell, *Second Journey*, 2(1967), 63.
⑤ Lichtenstein, *About the Bechuanas* (1973), 77.
⑥ Berger, " 'Beasts of Burden' Revisited," in *Paths toward the Past* (1994), 125 – 126.
⑦ Campbell, *Travels* (1974), 200.

可能不那么剧烈。[1]　实际上,牛产的政治和文化意义使得女性劳动力不那么关键。男性给予牛产很大的关注,着力增加牛的数量和牛奶的产量,这比种植高粱所耗的人力少。家畜的重要性促使男性在粮食生产中投入更多努力,从而减少对妇女通过劳动生产的粮食数量要求。

　　女性比男性工作更努力,被排除在牛产所有权之外,但男性财富是基于养牛的,而不是女性的劳动。劳动力的"收购、创造、控制和占用"[2]并没有比拥有家畜对男性的成功意义重要。聘礼就是明证。在富裕的塔拉坪人中,平均是5—12头牛作为对新娘的聘礼,而下层阶级可能根本没有任何家畜。[3]　此外,新娘的财富并不局限于种植社会:科伊桑人也有送一些牲畜给新娘家人作聘礼的习俗,包括科拉纳人,[4]塔拉坪人和塔拉洛人在聘礼方面的传统并没有与其科拉纳祖辈和亲戚完全剪断。根本上说,聘礼不仅仅是牛产劳动的转移,更是作为把控宝贵资源的手段,更具有象征和政治力量交换的意味。[5]

　　生产方式最能够让妇女限制在种植上。[6]　对妇女从属地位的一个更令人满意的解释在于其文化和宇宙观。茨瓦纳文化看重对应于政治和经济权力分配的环境价值。据琼·科马洛夫介绍,女性生殖能力与野生食物和种植有关,被惧怕拥有影响生产力的力量,特别是牛和男性的社会成就。各种仪式支撑这个世界观,并以

---

[1] Berger, " 'Beasts of Burden' Revisited," in *Paths toward the Past* (1994), 136.

[2] Guy, "Analysing Pre-Capitalist Societies," *Journal of Southern African Studies* 14(1987): 22.

[3] Somerville, *Narrative* (1979), 122; Burchell, *Travels*, 2(1953), 398.

[4] Englebrecht, *The Korana* (1936), 135 – 136; Schapera, *The Khoisan Peoples of South Africa: Bushmen and Hottentots* (London: George Routledge and Sons, 1930),247 – 248. 关于1800年以后科拉纳和塔垃坪继续通婚,请参见 Legassick, "The Griqua, the Sotho-Tswana and the Missionaries," Ph. D. dissertation,UCLA, 1969, 68 – 69。

[5] 关于聘金重要性的不同研究,参见 John Comaroff, "Introduction," in *The Meaning of Marriage Payments*, John Comaroff, ed. (London: Academic, 1980), 1 – 47。

[6] 伊莱亚斯·曼达拉提出用年龄而不是性别来描述从属关系,对19世纪特奇里(Tchiri)山谷对年轻人分配工作的方式提出相同参考。参见 Mandala, *Work and Control* (1990), 30。

此表现社会秩序。[1] 这种关于男性、妇女、非人类环境和生产世界符号排序决定着粮食生产社会的分工差异，即是由谁具体实行哪种形式的生产均与此相对应。然而，这些关于性别、权力和福祉的信仰并不是茨瓦纳人所特有的，对权力和性别的关切非常广泛。尤金妮亚·赫伯特（Eugenia Herbert）研究了性别在整个撒哈拉以南非洲转型过程中的重要性。她探讨了一个更广泛存在的信念，即女性生殖能力可能会危及诸如炼铁、制陶和狩猎等各种行为。她认为，转型过程特点有三：通过性别、年龄和其他社会标准指派工作角色，导致很多人被排除在外；神人同形同性论和生活用具的普遍性别化；仪式和规定的行为。[2] 第一和第三个特征在索托-茨瓦纳农牧民的食物生产活动中是显而易见的，但是神人同形同性论和日常用具的普遍性别化并不明显。将放牧和种植考虑为转型过程时期的典型生产实践，可以使我们在更广泛的地区考查索托-茨瓦纳的性别和粮食生产关系。如果这些关于性别和权力关系的观点成立，他们将更加重视男女关系不能仅仅被理解为男性剥削女性劳工的观点。劳动分工的基础是世界观分歧而不是生产的直接要求。[3] 然而，作为对农业实践的解释，文化价值观不应该忽略环境特征、人口以及对控制劳动力投入的关切。所有这些功能共同作用，但每一项都只具有有限的解释力；然而，关于环境特征和劳动力需求的推算对了解粮食生产至关重要。

环境、生产、阶层以及性别

人们生产的方式，生产功效以及农牧区边界地带这些关系的演变可以揭示，早期的塔拉坪人和塔拉洛酋长们进行广泛的粮食生产。粮食多样化降低风险，但成功生产的风险和收益并非均匀

---

① Jean Comaroff, *Body of Power* (1985), 84 - 120.

② Eugenia Herbert, *Iron, Gender, and Power: Rituals of Transformation in African Societies* (Bloomington: Indiana University Press, 1993), 220.

③ 这一点在关于美鲁山与阿鲁沙种植的比较中最为明显。Thomas Spear, *Mountain Farmers*.

分配。城镇下层阶级和妇女的生产功效不高,不是因为他们的日常活动是由政治上强大的男性决定的,而是因为他们被排除在家畜权之外,只能采食和种植。有些男性掌控畜群,因为他们具有这样做的政治权力和文化权利,而且从放牧中获得的好处有利于强化他们的地位。金合欢丛生之地的人们发展出来一种为自己提供食物的方法,然而这种食物并不充分,通常只是足以满足城镇人口,幸运家庭和强权家族。这种劳动模式的出现是基于当地的环境条件、人口的生活需要、强权者的阴谋以及对男性和女性潜质的理解。虽然都是"与自然的斗争游戏"(games against nature),但是对于富人和穷人以及男人和女人来说,规则是不同的。

开普地区的强化生产和社会革新,19 世纪 20 年代至 1884 年

> 在目前的制度发生彻底的革命之前,这里的人们永远不会享有充足的粮食。[1]

农牧区边界吞噬了金合欢丛生的草原不久之后,开普省开始在南部边缘与其交叠。与其他边界地带一样,南非土著人与欧洲人的遭遇必然涉及重新确定人们与环境的互动方式。[2] 普遍的认知是,开普省将基督教和以现金为基础的商业模式引入到库鲁曼金合欢丛生之地,但对人们与环境关系的影响认识存在着明显的不足。基督教要求灌溉种植,其商业模式依靠开发野生动植物资源,都是对现有土地利用的挑战。灌溉栽培比塔拉坪人和塔拉洛人

---

[1] Campbell, *Second Journey*, 2(1967), 60.

[2] P. J. 范德梅威在对拉农的分析中包括环境因素。英文译本,请参见 *The Migrant Farmer in the History of the Cape Colony, 1657 - 1842*, trans. Roger Beck (Athens: Ohio University Press,1995). 关于科伊科伊河对环境的影响,参见 Leonard Guelke and Robert Shell, "Landscape of Conquest: Frontier Water Alienation and Khoikhoi Strategies of Survival, 1652 - 1780," *Journal of Southern African Studies* 18(1992): 803 - 824。关于另一个前沿领域的环境动力学,参见 Crosby, "The Past and Present of Environmental History," *American Historical Review* 100 (October 1995): 1185; White, "American Environmental History: The Development of a New Field," *Pacific Historical Review* 54 (1985): 297 - 335。

实行的移动栽培更为固化且劳动密集。商业狩猎和砍伐在不需要投资生产的情况下,带来了积累财富的新途径。显然,这些新形式的生产有可能革新社会关系。然而,基督教、商业、灌溉、商业狩猎或伐木绝没有使旧的思想和生产方式从生物物理世界中解脱出来。灌溉和贸易被嫁接到农业牧民的老做法上,他们的革命影响被忽视了。金合欢丛生之地的社会和生产方式的基本形式至少维持到了殖民吞并之前。

灌溉技术作为一种生产和社会中的创新

将水从泉眼引导到耕地对库鲁曼人来说是外来观念。相反,他们寄希望于降雨。很可能因为说茨瓦纳语的人主要生活在半干旱地区,他们笃信普拉或下雨,这个词是问候或祝福。干旱的时候,酋长要亲自负责祈雨。然而,尽管水资源受到高度重视,但对水资源短缺的反应却是保守的,没有通过投入劳动力来增加供水。干旱的时候,社区切断对外界的供水,而塔拉坪人似乎适应了缺水,旅行者对他们饮水之少进行了点评,甚至劳动期间也很少饮水。[1] 而要进行大规模粮食生产,水资源的开发是基础;人们在湿地上清理出田地,干燥的季节就在河床上挖井为人类和牲畜取水。[2] 塔拉坪人选择定居点之初,方便取水不是其主要考虑因素。玛罗彭(Maropeng)的妇女可以走大约一英里的路程取水,塔拉坪人没有选择在库鲁曼河上取一个定居地,因为没有刺树可以用于建筑和设置栅栏蓄畜。[3] 1802—1806 年间,塔拉坪人首都在"库鲁曼之睛",但之后,那个地方只是一个牧牛点。[4] 灌溉只是在来自开普的游客将目光放在泉水和河谷上时才开始。

与开普省的第一次接触是在 18 世纪 70 年代通过袭击茨瓦纳

---

① Campbell, *Second Journey* 1(1967), 113; Lichtenstein, *About the Bechuanas* (1973), 66.

② Smith, *Diary of Dr. Andrew Smith*, 1(1939), 295 – 296.

③ Moffat, *Missionary Labours* (1842), 374; Campbell, *Travels* (1974), 203.

④ Shillington, *Colonisation* (1985), 15; Campbell, *Travels* (1974), 236.

的边防部队开始的。① 1800 年左右,在奥兰治河北部建立起格里夸州以后,双方关系更倾向于稳定和互利。格里夸人,说荷兰语的克里奥耳人,逃离在开普角的种族秩序,成为塔拉坪人、塔拉洛人的贸易伙伴与强大盟友。② 19 世纪以来,开普敦的游客主要是传教士、探险家和贸易商。特别是塔拉坪人酋长,吸引了很多外国人。第一批访客是殖民地政府的使者,他们在 1801 年来到狄思康换取牛。对塔拉坪人来说,由于没有什么比他们的牛更有价值,所以此次行程几乎一无所获。③ 这些识字的观察者留下了关于年轻酋长在现代弗雷堡西北部的狄思康和库鲁曼河谷上游之间迁移的大量记录。

　　两名伦敦宣教会传教士与该考察队一起前往塔拉坪人领土,并停留了 5 年的时间,其象牙获取成就超过了其宗教成果。④ 此后,伦敦宣教会没有再派出传教士,直到 1816 年,詹姆斯·瑞德(James Read),科伊科伊地区的一位非常有经验的传教士才居留了下来。⑤ 伦敦宣教会代表明确指出他们的使命包括改变与环境的关系。对于在该地区旅行两次的伦敦宣教会侦察员约翰·坎贝尔而言,强化——投入更大的劳动来支持更大的人口——是一个明确的目标:

---

① Legassick, "The Griqua, the Sotho-Tswana and the Missionaries," Ph. D. dissertation, UCLA, 1969, 170.

② Legassick, "The Griqua, the Sotho-Tswana and the Missionaries," Ph. D. dissertation, UCLA, 1969, 225 - 254. 另参见 Legassick, "The Northern Frontier to c. 1840," in Richard Elphick and Herman Giliomee, eds., *The Shaping of South African Society, 1652 - 1840*, revised edition (Middletown: Wesleyan University, 1988), 358 - 420。

③ 这是特鲁特—萨默维尔探险队。关于这段旅程的描述,可参见 Borcherds, *Memoir* (1963); Barrow, *A Voyage*(1975); Somerville, *Narrative* (1979)。

④ Roger Beck, "Beads and Bibles: Missionaries as Traders in Southern Africa in the Early Nineteenth Century," *Journal of African History* 39(1989): 211 - 214; J. T. Du Bruyn, "Die Tlhaping en die Eerste Sendelinge, 1801 - 1806," *South African Historical Journal* 14(1982): 8 - 34; and Du Bruyn, "Die Aanvangsjare van die Christelike Sending onder die Tlhaping," *South African Archives Yearbook* 52 (1989)。

⑤ Du Bruyn, "James Read en die Tlhaping, 1816—1820," *Historia* 35(May 1990):23 - 38.

> 在目前的制度发生彻底的革命之前，这里的人口永
> 远不会享有充足的粮食，也不可能进行贸易。每个国家
> 公平地划定土地并耕种土地，这可以养活 20 倍以上的人
> 口，而只需要比较少的劳动力。[1]

　　1821 年抵达的罗伯特和玛丽·莫法特在这方面成效卓著。在接下来的 50 年中，他们对塔拉坪人社会、宗教和经济，以及最确定无疑的环境关系产生了巨大的影响。与邻近地区不同的是，岩溶地质所产生的许多泉水保障了金合欢丛的繁荣。在这种环境下，罗伯特·莫法特和他的同事们通过将土地耕种置于环境管理的顶峰来挑战茨瓦纳人对牛养殖（和社会结构的）热衷。以前的历史学家已经分析了传教士的灌溉倡议对半干旱环境的道德、政治和宗教的影响。环境史学家理查德·格罗夫（Richard Grove）提出，莫法特的环境变化理论促使他灌溉。地貌考量只是开端，他认为长期干燥和干旱更为重要的原因是堕落和砍伐的不可持续性。因此，引进灌溉是试图挽救地貌景观本身。[2] 人类学家琼和约翰·科马洛夫夫妇强调了形而上的风景——农业是文明的比喻，基督教和传教士认为，像他们的传道一样，灌溉可以为荒原带来生命之水。[3]除了这些直接和个人的动机：莫法特在陌生的环境中作为一个饥饿家庭父亲的位置，以及他在英国作为园丁的培训使其倾向于开发河谷。[4] 灌溉是试图扭转干涸的一种尝试，是对布道工作的一个比喻，但从实际的意义上说，它的成就使传教的存在成为可能。

　　实施"灌溉"的多重动机使早期传教士克服了重重困难。传教

---

① Campbell, *Second Journey*, 2(1967), 60.

② Grove, "Scottish Missionaries in Southern Africa, 1820 - 1900," *Journal of Southern African Studies* 15 (1989).

③ Comaroff and Comaroff, *Of Revelation and Revolution*, 2(1997), 174 - 175, 206 - 214.

④ 考虑到莫法特家的食品短缺，灌溉的实际作用不可低估。参见 *Apprenticeship* (1951), 60; Cecil Northcott, *Robert Moffat*, *Pioneer in Africa* (London: Lutterworth, 1961), 114。

士瑞德的第一次尝试灌溉是在距离"库鲁曼之睛"下游约十六公里的玛罗彭——塔拉坪人定居点,因缺水和传教士没有土地和水的使用权利受到阻碍。他们的灌溉沟渠绵延几英里,经过几处雨养园地最终到达目标地块。1821 年,由莫替彼首领老婆玛胡图(Mahutu)领导的妇女将传教士的水沟改道到自己的领域。瑞德的继任者罗伯特·莫法特和他的同事罗伯特·汉密尔顿(Robert Hamilton)进行了抗议,认为他们的劳动赋予他们对水的权利。然而,茨瓦纳的水和土地权利来源于居住和社区成员资格。对莫法特感到愤怒,加之不愿意适应这种集约型农业和私人土地使用权制度,这些妇女用她们的鹤嘴锄摧毁了大坝。[①] 水权斗争、生活挑战和塔拉坪人首都的传福音使命,促使传教士在茨瓦纳镇上游十公里处寻求到一个独立的传教区域。他们向莫替彼提出请愿,并获准使用他们以茨瓦纳条款收到的土地,但他们设法按照欧洲习惯,通过支付 5 英镑价值的珠子获得约 223 公顷的土地权利。[②]莫替彼和莫法特之间的协议意义非凡。对于莫替彼来说,这笔交易是授予下属使用权,而莫法特的礼物是贡物而非付款。但是莫法特清楚地知道,协议永久转让了所有权,而不仅仅是新换了耕作者。1824 年,莫法特和汉密尔顿在"库鲁曼之睛"下面五公里建了一个水坝,并在下游灌溉山谷(见图 3.1)。这条河被称为"索丁",这个名字在茨瓦纳语中意为"肘部",用于为河流弯道命名。

即使在索丁出现之前,非洲人已经有了新的种植方式先例。1820 年在马拉沃昂河上,坎贝尔遇到了一位在沼泽地种植玉米的爵士,他不是受宗教影响。[③] 索丁成为一个集体种植的示范园,展示了耕作、肥料、私有财产、集约劳动,有了新的依据性别所作的劳动分工和新作物。起先,人们对新栽培方法的反应是好奇但保守。

---

① Moffat, *Apprenticeship* (1951), 22 – 23; Moffat, *Missionary Labours* (1842), 285 – 286; LMS 9/1/B, Hamilton, February 17, 1823.

② LMS 9/2/A, Moffat, January 20, 1824; Moffat, *Apprenticeship* (1951), 113.

③ Campbell, *Second Journey*, 2(1967), 85.

照片由在金伯利的麦格雷戈博物馆提供。

图 3.1　19 世纪 80 年代"库鲁曼之睛"的水塘

具体来说,传教士遭遇了对化肥使用的禁止,因为有人认为这会伤害牛。[1][2] 人们对新作物有一些保留,但对于类似当地的物种,如甜瓜类和南瓜,则较少遇到阻力。[3] 虽然不熟悉,玉米和烟草消除了人们的疑虑。种植玉米是省力的创新,因为叶子包裹着它的穗棒,与高粱不同,它不需要在作物成熟期防鸟害。以前,人们从赫鲁日到东方交易烟草,那里声称拥有专有的种植权,但是塔拉坪和塔拉洛耕种者无法抗拒对自己供应的培养。新的收成对所有人都有吸引力。这些作物的问题是,与高粱不同,除了最多雨的年份,它们需要增加供水。它们不能仅仅插入现有的田地,所以接纳它们要求耕作者在河谷开园地。依靠增加供水是向集约化种植迈出的一步。一些种子可以沿着河流的湿地播种,但是如果耕作者想要为更大量的土地提供适量的水,那么他们需要投入劳

---

① Mary Moffat, *Apprenticeship* (1951), 108; Philip, *Researches*, 2(1828), 117.
② 从某种意义上说,这是真的,因为传播粪便也可以传播炭疽。
③ Campbell, *Second Journey* 1(1967), 101, and 2(1967), 215 – 216; Philip, *Researches*, 2(1828), 118; LMS 9/4/2, Moffat and Hamilton, December 1, 1825.

动力来建造给水系统。此外,不同于休养农场的农田,永久性园地需要化肥。冬小麦的引入特别具有革命性。种植越来越有意义,建设和维护灌溉工程需要大量的劳动力,双重耕作能够提高农田的产量,但这反过来又大量消耗土壤的肥力,增加了施肥的需求。

传教士在 1825 年报道了自己的成功。他们首先开始为首领马胡拉(Mahura)耕种土地,他对此表示"欣然接受",尽管他对他们的雇佣剥削制比对表面上明显的耕作改善更为感兴趣。[1] 另外,普通人也开始种植烟草和玉米。[2] 第一次洗礼是在 1828 年进行的。人们成为基督徒,因为教义满足了精神上的需要,但灌溉生产的吸引力也影响了许多人,或至少让他们能够聆听这些教义。此外,由于破坏广泛生产系统的稳定因素的存在,许多人都对传教开放了。暴力、干旱和病虫害都促使他们参加宗教和农场。

19 世纪 20 年代是干旱的十年。干旱是金合欢丛生之地环境史上最重要的主题,也是问题所在。人们普遍认为,1800 年至 19 世纪 20 年代之间的天气变得越来越干燥。[3] 南非与世界其他地区一样,经历了 14—17 世纪初的"小冰河时代",具有更湿润和更凉爽的环境特点。[4] 在此之后的历史记录中,气候变化逐步累积的证据趋弱。没有降水记录,没有树木年代学研究,干涸的记录主要是

---

[1] Philip, *Researches*, 2(1828), 118.

[2] 烟草贸易和生产的史历,参见 Burchell, *Travels*, 2(1953), 230; Barrow, *A Voyage* (1975), 395; Campbell, *Travels* (1974), 241; Mary Moffat, *Apprenticeship* (1951), 224; Robert Moffat, *Missionary Labours* (1951), 558; LMS 9/4/B, Moffat and Hamilton, December 1, 1825; W. C. Harris, *Wild Sports of Southern Africa* (London: Henry G. Bohn, 1852; reprint ed. Cape Town: C. Struik, 1963), 43。

[3] 这一问题,可参见 Grove, "Scottish Missionaries in Southern Africa, 1820 – 1900," *Journal of Southern African Studies* 15(1989)。另参见 A. A. Anderson, *Twenty Five Years* (1888), 74; Fritsch, *Drei Jahre* (1868), 255; Smith, "Report of the Expedition for Exploring Central Africa," *Journal of the Royal Geographic Society* 6(1836):402 – 403; James Fox Wilson, "Water Supply in the Basin of the River Orange, or 'Gariep,' South Africa," *Journal of the Royal Geographical Society* 35(1865):106 – 129; E. H. L. Schwarz, *The Kalahari; or Thirstland Redemption* (Cape Town: T. Maskew Miller, [1920])。

[4] Tyson, *Climatic Change and Variability* (1987), 59.

轶事,例如茨瓦纳的长老们证明,河流在他们年轻时更为壮阔。[①]
例如,有关一群妇女的故事说她们聚集在远处库鲁曼河的一边,水
漫出时被困,迫使她们选择了不同的丈夫,开始了新的生活。[②] 事
实上,这不构成过去更加湿润的证据,塔拉坪人或塔拉洛地区的任
何人都可以在几天内走过这条河的源头"库鲁曼之睛"。这些关于
过去更湿润的记忆是有问题的,因为它们提到的时间更长,理想化
了青春的日子,并加以夸张表达。与民间认识相反,本书第一章讨
论过的气候研究表明存在降雨周期而不是趋向干燥。根据这一研
究,19世纪20年代是降雨周期的低谷,也许只是一个非常深长的
低谷。

肉毒杆菌以其民间名称"lamsiekte"和炭疽病齐名,这是影响家
畜的两种主要疾病,也为人们开放灌溉提供了另一个原因。这些
疾病本身污染环境,在这个地区,环境恶化了它们的作用。[③] 炭疽
芽孢杆菌的致病因子是经由细菌或孢子传播,并在宿主的血液中
繁殖。细菌会产生引起休克和肾衰竭而导致死亡的毒素。孢子在
土壤或组织中多年后仍然具有传染性,动物通过摄取它们而感染
疾病。在有牛肉毒杆菌病的情况下,生活在磷酸盐缺乏草原上的
动物,如在盖普高原的白云岩基岩上的动物,就会染病,因为它们
摄取腐肉的骨骼以缓解其对磷酸盐的渴求。这种行为本身没有什
么不健康的,除了当骨头感染了肉毒菌时。它在感染过程中产生
毒素。动物摄入微量毒素就会因呼吸系统瘫痪和窒息而死亡。[④]
但仅从文献记录区分炭疽和肉毒杆菌是很困难的——最明显的区
别是炭疽会生出疮疖,人畜共患。

---

① 例如参见 Campbell, *Second Journey*, 2(1967), 109, 111-112。

② Campbell, *Second Journey*, 2(1967), 93。

③ Snyman, "Die Bydrae van Droogtes and Veesiektes," *Tydskrif vir Geesteswetenskappe* 29(1989).

④ M. W. Henning, *Animal Diseases in South Africa*, 2nd ed. (Pretoria: Central News Agency, 1949),
炭疽病见 pp. 3-13, 肉毒中毒见 pp. 324-353; H. T. B. Hall, *Diseases and Parasites of Livestock
in the Tropics* (London: Longman, 1977), 炭疽病见 pp. 129-131, 肉毒中毒见 pp. 131-133。

这些疾病的细菌在南部非洲并不是无处不在,而是长期存在于特定地区。确切地确定污染发生时间是不可能的,但很可能发生在塔拉坪人和塔拉洛酋长治区成立后的家畜积累期。治疗、交易、运输皮革等塔拉坪人做法,会传播炭疽。①② 莫法特称炭疽病为"霍屯都人病",暗示着一种科伊科伊起源,可能是通过公牛贸易。污染的进程可能在 19 世纪初仍在进行。1801 年,莫尔霍邦威告诉萨默维尔,"库鲁曼之睛"的牧场比狄思康的牧场"健康"。然而,库鲁曼并没有一直保持健康。炭疽是首领莫替彼的儿子和继承人派特鲁(Petlu)1825 年可能的死因,据说这两种人牛共患类疾病在 19 世纪 20 年代后期导致了塔拉坪人从该地区的迁移。③ 然而问题并没有得到改善。1834 年,访问医生史密斯对"夸茨"进行了描述,该病在食用受污染肉类人的皮肤上留下肿胀的黑点,包括莫法特家人在内。而 1836 年,莫替彼拒绝返回库鲁曼,因为"他的牛产不增加"。④ 该地区的传教士在 19 世纪 40 年代和 60 年代继续报告说,这个地区对于牛来说是不健康的。⑤ 大概是因为病毒,留在库鲁曼的人看到了灌溉的智慧。

暴力是加入教会的另一个动机。库鲁曼人进入"慕费昆"的轨道,一种剥夺和暴力的局面,部分是由扩大的开普边界造成的。库鲁曼附近的暴力事件是臭名昭著的,历史上关于 1823 年格里夸、茨瓦纳和传教士的"军人"事件曾经引起激烈争论,是一种与敌对

① 人类可以通过接触受感染的动物产品而染病,比如肉类、排泄物或者皮革。相反,处理有毒残骸不会传播病菌。
② Burchell, *Travels*, 2(1953), 335, 415-416; Campbell, *Second Journey* 1(1967), 82.
③ Somerville, *Narrative* (1979), 139; Robert Moffat, *Apprenticeship* (1951), 43, 161,211, 212; Testimonies of Masse Mahura, and Jantjie, son of Mothibi, in *Evidence Taken at Bloemhof* [The Bloemhof Blue Book] (1871), 61-62, 91.
④ Smith, *Diary of Dr. Andrew Smith* (1939), 241, 247-248, 390. 相关问题,可参见 Henning, *Animal Diseases* (1949), 284-293. See also Schapera, ed., *Apprenticeship* (1951), 179-180, note 3; LMS 15/2/D, Moffat, November 23, 1836.
⑤ David Livingstone, *Livingstone's Missionary Correspondence, 1841—1856*, Schapera, ed. (Berkeley: University of California, 1961), 35; Mackenzie, *Ten Years North of the Orange River* (Edinburgh: Edmonston and Douglas, 1871,reprint ed., London: Frank Cass and Company, 1971), 70.

入侵者、猎奴袭击的战斗,或是对饥饿难民的防范。① 随后暴力活动不断。从 1824 年到 1828 年,"博济纳斯"科伊科伊人、格里夸人和布尔边界人群的袭击造成了长时间的混乱,并为开普地区的奴隶市场提供了源头。② 19 世纪 20 年代的暴力与前几十年一样,生态循环的下降助力作用毁了很多人。1829 年的干旱加剧了这个问题,导致了塔拉坪人放弃首都并转向采食。这场动乱也致使塔拉洛人失去了牛群、田地和家园。③ 一些分散为巴拉拉的人们也被捕获为巴特兰卡,并在开普被卖作奴隶。

塔拉坪人首都一直在移动,但在 1827—1829 年之间,在畜群疾病、干旱、暴力和伦敦宣教会存在的累积压力下,塔拉坪人酋长治区分崩离析,其酋长们向东移出库鲁曼地区。酋长莫替彼移居到瓦尔河上的一个居点,他的兄弟马胡拉的派系首先到达了狄思康的旧首都,后来到了哈茨河谷的塔昂。塔拉洛人仍然留在库鲁曼山谷和朗厄山脉,但他们并不像塔拉坪人那样酋长强壮或人口众多。1830 年以后,伦敦宣教会成为库鲁曼最强大的政治力量。

这种动荡使许多人流离失所,而且,索丁也成了他们的避难所。这个教会提供了巴拉拉独立于酋长的机会,并为他们提供了避免陷入采食和被囚禁的替代办法。有很多线索表明,许多皈依者是巴拉拉。难民从马塔贝列和索托地区等遥远的地方定居在这个教区中,这个巴拉拉传统中的变化使自己依附成功的生产者。④ "可怜的贝专纳人"(Poor Bootchuana)作为格里夸镇传教士的口译

① J. D. Omer-Cooper, *Zulu Aftermath: A Nineteenth Century Revolution in Bantu Africa* (London: Longman, 1966). 关于发生在狄思康的事件, 可参见 Julian Cobbing, "Mfecane as Alibi: Thoughts on Dithakong and Mbolompo," *Journal of African History* 29(1988): 487 – 519; Eldredge, "Sources of Conflict". 关于狄思康的事件, 参见 Jan-Bart Gewald, "'Mountaineers' as Mantatees: A Critical Reassessment of Events leading up to the Battle of Dithakong," MA thesis, State University Leiden, 1989; and Guy Hartley, "The Battle of Dithakong and 'Mfecane' Theory," in *Mfecane Aftermath*, Caroline Hamilton, ed., 395 – 416。
② Eldredge, "Slave Raiding," in *Slavery in South Africa* (1994).
③ LMS 8/2/E, Moffat at Griquatown, n. d., 1820; Smith, *Diary of Dr. Andrew Smith* (1939), 369.
④ Moffat, *Missionary Labours* (1842), 480.

员,通过他们的工作积累了一些牛产。[1] 莫法特记录说,教区中"较穷的"人员"学到了一点旅行车驾驶技术和其他有用的东西,以便我们偶尔得到一些补贴"。[2] 1828 年,莫法特报道,索丁居民"主要是穷人,但勤劳、富裕的园丁的帮助比更有影响力的本地人好,他们的主要依靠在于自己的畜产"。[3] 一名教区居民在 1824 年被"剥夺了自己的全部",但于 1833 年已经变得"舒适"了。[4] 莫法特认为贫困导致人们与他一起工作。[5] 到 1828 年,穷人已经开始种地,通过烟草换牛、斗篷和其他类物品。[6] 随着耕作土地的人变得富裕,他们也开始雇用较他们贫穷的邻居。[7] 定居在教区显然成为恢复生态循环的手段。

基于性别所做出的反应没有反映阶级现实——弱势群体并不是新机遇最欢迎的群体。因为传教士没有为妇女提供新的种植方式,种植的创新与主要的耕作者擦肩而过。传教士依然认为,妇女还是最好留在家里,所以把男人作为首选的耕种者。[8] 1829 年,他们吹嘘说:"许多男人正在变得勤劳,最终会成为良好的劳动者。"[9]然而,对一个男人来说的勤奋,对另一个男人来说却是苦差事。茨瓦纳人在旱地生活的时候没有这样做,有什么理由让他们愿意在河谷上耕种?巴拉拉几乎没有其他选择,并可能转向新的文化和生产系统,因为它提供了体面的食物供应。另外,如果男人仍然投资于农牧业积累财富,那么养牛就依然由男性进行。此外,灌溉产生高价值作物。烟草特别有价值,因为它可以通过贸

---

[1] LMS 8/2/C, Philip at Cape Town, copying letter from Campbell at Dithakong, July 29, 1820.

[2] Moffat, *Missionary Labours* (1842), 447.

[3] Robert Moffat, *Apprenticeship* (1951), 281–282. 另参见 John Smith Moffat, *The Lives of Robert and Mary Moffat* (New York: A. C. Armstrong & Son, 1886), 156。

[4] LMS 13/4/E, Hamilton, Moffat and Edwards, September 30, 1833.

[5] Moffat, *Missionary Labours* (1842), 480. 另参见 Mackenzie, *Ten Years* (1971), 71–72。

[6] Mary Moffat, *Apprenticeship* (1951), 292. 关于克瓦纳人的烟草生产和贸易,参见 Okihiro, "Hunters, Herders, Cultivators, and Traders," Ph. D. dissertation, UCLA, 1976, 83–85。

[7] LMS 11/3/D, Moffat and Hamilton, August 12, 1829.

[8] LMS 9/2A, Moffat in Cape Town, January 20, 1824.

[9] LMS 11/3/D, Moffat and Hamilton, August 12, 1829.

易转变为家畜。为此,鉴于男子被赋予更多的权力和社会许可去力图提高他们的地位,他们有心适当地增加这种有价值作物的生产,也许传教士关于自我提升或新财富积累的布道有助于减轻对苦差事的感受度。无论如何,如果要说后来的耕作有什么特点的话,除了犁地之外,男子依靠妇女的劳动来进行大部分工作。

1834年的统计记录了326名男性和401名女性居民,他们共拥有11辆货车和3副耕犁。作物包括小麦、高粱、玉米、烟草、芋头和828棵果树(参见图3.2)。① 19世纪30年代和40年代的其他报告还列出了水稻和各种异国水果:柑橘、石榴、李子、杏、梨、葡萄、桃子、油桃、苹果、橘子和柠檬。② 从19世纪20年代末到19世纪40年代,传教士进一步推进了灌溉农业的开发,并在自己的领域挖掘了更小的沟渠。③ 1834年的报告说,茨瓦纳的当地居民与传教士争抢小麦田地。④ 莫法特1842年写回忆录时,可能放大了自己的成就,以下是他对19世纪30年代初的回忆:

古老的迷信城墙被我们的宗教皈依打破了,许多其他人想不通为什么他们田地的生产和园地劳动只能被限定在生产……他们祖先培育出来的蔬菜……犁、耙、锹和鹤嘴锄不再被视为某种阶级的器具,而是作为生存和致富的不可或缺的工具。以前对从事这样的职业、用这样一个工具,会不屑一顾的人,现在对自己有权买一个铲子充满感激之情。⑤

---

① LMS 14/2F, 1834 Annual Schedule of Returns, 1834.
② James Backhouse, *A Narrative of a Visit to the Mauritius and South Africa* (London:Hamilton, Adams and Co. , 1844), 456; Gordon Cumming, *A Hunter's Life* (1980),134.
③ LMS 13/4/E, Moffat, September 30, 1833; LMS 20/1/B, Hamilton, Moffat and Ashton, October 12, 1844.灌溉工程的细节描述,可参见 LMS 45/3/D, Roger Price, October 23, 1888。
④ Andrew Geddes Bain, *Journal of Andrew Geddes Bain*, Margaret Hermina Lister,ed. (Cape Town:The Van Riebeeck Society, 1949), 154.
⑤ Moffat, Missionary Labours (1842), 558.

照片由在金伯利的麦格雷戈博物馆提供。

图 3.2　19 世纪 70 年代的库鲁曼伦敦宣教会教区所在地中的小麦

即使不像莫法特记得的那样,河谷的基督教文化显然有转变金合欢丛生之地社会和文化的潜力。然而,直到这个时期,新的实践只限于生活在一个河谷中教区园地的边缘人群。在与环境关系方面的前沿创新只有当它们在更大范围推广才有意义。

非洲河谷倡议

在索丁以外的区域推广灌溉农业不能完全寄托于传教士。出于自发,19 世纪 40 年代的非洲传教士们在其他泉水处开始了灌溉工作。[①] 一些生活在塔拉坪和塔拉洛酋长管辖区的人开始采用灌溉的原因与在索丁引起人们投身灌溉的原因相似——迎接生产的挑战。然而并不是所有的灌溉者都是贫穷的巴拉拉。茨瓦纳酋长管辖的人们仍然热衷投身于农牧业,在他们采用灌溉方式时,并没有放弃粗放生产,而只是使其符合自己的生产方式。

① LMS 24/1/B, Ashton, September 24, 1849.

19 世纪 50 年代,南部茨瓦纳地区的灌溉农业大大增加,其中包括教区内的库鲁曼谷地。① 约翰·史密斯·莫法特(John Smith Moffat)出生于索丁,他在 1858 年,也即离开 11 年后返回,他在报告中说水"现在已全部用完了,不仅是传教士,而且是围绕着他们聚集的人们均全力以赴……湿润的山谷已经被抽干了,已经成为一个物产丰富的地方"。② 同 19 世纪 20 年代一样,19 世纪 50 年代,支持灌溉的因素大大增加了。转向更密集农业的直接原因是干旱。当然,金合欢丛生之地的人们已经学会了适应周期性的干旱,但在这场干旱期间,他们开发了一种新的适应模式。像以前一样,人们分散在城镇和牛场之间,以缓解对草、食用植物和水源供应的压力。然而,1850 年的干旱是一个分水岭:南部茨瓦纳酋长的人们首次通过在泉水和河流边定居和开始采用灌溉来应对干旱。来自该地区的传教士报告说,种植和灌溉增加了,甚至塔拉坪社会的最大权力者也开始从事种植和灌溉。③ 受到这一发展的启发,传教士霍洛韦·赫尔莫(Holloway Helmore)开启了哈茨河灌溉工程。他在该工程完成之前死亡,他的水坝只建了一半,直到种族隔离时期国家为当地的贫穷白人建造灌溉工程。④

肉毒杆菌中毒和炭疽病流行期间,流行性感冒、牛胸膜肺炎或肺炎,给人们进一步推动灌溉的理由。直到 1853 年,南非尚不知道肺炎是由空气传播的微生物引起的,传染性很强。在 5—8 周的潜伏期内,动物会表现得很健康,但易感群体最终可能会发展到几

---

① LMS 28/1/C, Moffat, November 12, 1853. 相关灌溉历史可参见 J. H. Drummond, "Rural Land Use and Agricultural Production in Dinokana Village, Bophuthatswana," *GeoJournal* 22(1990): 335 – 343.

② Robert Unwin Moffat, *John Smith Moffat* (London: John Murray, 1921; reprint ed. ,New York: Negro Universities Press, 1969), 71.

③ LMS 25/1/D, William Ross at Mamusa, October 18, 1850; LMS 26/1/A, Holloway Helmore, April 9, 1851; and LMS 27/1/B, Moffat, November 22, 1851.

④ LMS 26/1/A, Helmore, January 1, 1851 and April 2, 1851. 要了解哈茨河灌溉和其他灌溉的历史,请参见 Shillington, "Irrigation, Agriculture and the State: The Harts Valley in Historical Perspective," in *Puttinga Plough to the Ground*, Beinart, Delius, and Trapido, eds. , 311 – 335。

乎 100% 的感染率,死亡率很高。感染阻碍呼吸,急性病例可能会在数小时内死亡。由运输公牛携带的肺病在次大陆上迅速蔓延,两年内杀死了 10 万头牛。[①] 最令人诟病的是,这场灾难直接导致了 1856—1857 年科萨对幸存牛只的屠宰,这对当地社会造成了灾难性的后果。[②] 罗伯特·莫法特于 1855 年记录了他到达库鲁曼时的情况:"邻近的城镇已经有数百人因这种疾病失去了他们所拥有的每一头牛,而且如果继续恶化,整个国家赖以繁荣的基础就要被一扫而光,因为这个国家的这个地区不适宜养羊。"[③]事实上,后果没有那么可怕。1859 年,据莫法特夫妇的儿子约翰·史密斯·莫法特估计,牛群规模大约是疫情前的一半,但幸存下来的也"好不到哪儿去"。[④]

干旱之后,牛肺病导致了粮食生产危机,进一步刺激了灌溉农业的蔓延。像以前一样,食物生产失败时,人们会增加采食,但是随着火器使用的增加,猎物变得更加机警,没有枪的情况下狩猎难度加大。1858 年,一名传教士考虑到生存狩猎需要枪支,向地方官格雷提出了抗旱救灾弹药发放请愿。[⑤] 由于这种粮食生产危机下,雨养种植、放牧和采食都受到影响,灌溉效用明显。莫法特声称,也许有些夸张,但即使在索丁的牛病流行期间,"居民也不知饥饿为何物"。[⑥]

虽然在库鲁曼地区这不是一个问题,但布尔人口扩张是另一

① Henning, *Animal Diseases* (1949), 170 – 171.

② J. B. Peires, *The Dead Will Arise: Nonqawuse and the Great Xhosa Cattle-Killing Movement of 1856—57* (Johannesburg: Raven Press, 1989). 小罗伯特·莫法特记录了南非肺气肿史上一个有趣的现象。1856 年 8 月,莫法特在格里夸兰遇到针对外国牛的检疫。Robert Moffat, Jr., "Journey from Little Namaqualand Eastward along the Orange River in August 1856," *Journal of the Royal Geographical Society* 28(1858):174 – 187.

③ LMS 29/3/A, Moffat, November 14, 1855.

④ John Smith Moffat, *The Matabele Mission: A Selection from the Correspondence of John and Emily Moffat, David Livingstone and Others, 1858—1878*, J. P. R. Wallis, ed. (London: Chatto and Windus, 1945), 53.

⑤ LMS 31/1/B, Ross at Dikgatlhong, November 1, 1858.

⑥ LMS 30/1/A, Robert Moffat, October 28, 1856. Another missionary admitted that at Seodin "great distress frequently prevails." 参见 Mackenzie, *Ten Years* (1971), 70。

个促使塔拉坪人转向灌溉农业的原因。1850 年,德兰士瓦
(Transvaal)移民在塔拉坪人的东部边界积聚。1858 年,他们袭击
了塔昂,掠走了牛和孩子,将孩子作为"学徒"。传教士报告说,由
于布尔人的威胁,人们转向了灌溉,因为它可以提供替代食物来源
和更安全的使用权。[1] 向灌溉农业转移的最后一个刺激因素是塔
拉坪人政体的弱化,主要是有雄心的男性发现了雇佣剥削制的局
限性。酋长的意志和权力一直是联合大型茨瓦纳城镇的关键力
量。对抗酋长向心拉力的是那些希望摆脱其统治的离心倾向,而
当时塔拉坪人政体处于这些紧张力量之间。到 19 世纪 50 年代,
向内拉力减弱,酋长治区分裂成几个分支,酋长的力量遭受到了
传教士和布尔人的挑战。粮食生产危机增加了向外拉力。正如
在中部非洲地区的渔猎者努努,迁移到不同的微环境有助于受雇
者建立一个独立的基地,在这个地区,河谷种植使得普通人有对
抗酋长的资本。[2] 分散采食的人有机会借助灌溉农业建立远离城
镇和酋长的基地。雨水回归后,许多人仍然临泉水而居,对后来几
十年的酋长来说是一个痛点。[3]

19 世纪 40 年代到 80 年代灌溉农业在整个地区进行。波切切
莱萨(Bothetheletsa)以南,马拉沃昂河下游的人们在 1845 年泉眼被
布什曼人占领之前就已开始灌溉作业。巴塔拉洛斯地区的灌溉始
于 1858 年。盖-图斯(Ga-Tlhose)以前是布什曼人的定居点,1862
年,塔拉洛人开始定居,罗伯特·莫法特 1867 年访问他们后不久
就开始了灌溉。巴塔拉洛斯居民在 1867 年抽干沼泽。1870 年之
前,科农的泉眼已经有了沟渠。曼尼汀,一个大泉眼边的村庄在
1872 年之前被灌溉了"几年"。马波滕(Mapoteng)曾经只是一个牛

① LMS 25/1/D, Ross at Mamusa, October 18, 1850; J. Agar-Hamilton, *The Road to the North*: *South Africa*, *1852 - 1886* (London: Longmans, 1937), 17 - 27; Anthony Sillery, *The Bechuanaland Protectorate* (Cape Town: Oxford, 1952), 16 - 19; Shillington, *Colonisation* (1985), 19 - 21.

② Harms, *Games Against Nature* (1987).

③ Mackenzie, *Austral Africa* 1 (1887), 76 - 77.

岗,到 1874 年,泉眼的水量增加,居民开始灌溉。其他在 19 世纪 80 年代以前灌溉的地方包括卡图(Kathu)的泉眼、索丁下面的河谷、马拉沃昂河上的几个地方,和弗拉克方丹(Vlakfontein),也被称为卡贡(或赫鲁特方丹或米茨马世威),在库鲁曼东部靠近塔昂。在"库鲁曼之睛"下方是一个塔拉坪人村,盖斯葛尼恩,19 世纪 10 年代是牛岗,但其居民在 1885 年开始耕作(对应地图,见图 4.1)。[①]

　　传教士将灌溉与新的分化联系起来,但他们自己对田地的描述却表明,情况并非如此。正如 J. E. G. 萨顿所说,把非洲的密集和广泛土地利用制度作为二分法对立是误导性的。他指出,经常被认为是密集使用土地标志的孤立灌溉例证并不一定准确,这是"具有地方特征的大体广泛"并和环境相适应的行为。[②] 同样,安德森(Anderson)和亚当斯(Adams)的研究表明,东非的灌溉发展并没有沿着更加密集种植方式的方向发展,而是居于灌溉栽培和牧作之间产生的互补式生产,这取决于具体的经济和生态环境。[③] 这些对密集和广泛的土地利用的综合认识是针对灌溉思想提出的建

[①] Metswetsaneng: Cape Town Archives Repository (hereafter CTAR) British Bechuanaland Land Commission series (hereafter BBLC) 34, part 1, letters from Mokwene Baepi, n. d. and Yan Makgetle, n. d., and CTAR BBLC 22, claim number 161 of John Markram to Metswetsaneng. Bothetheletsa: CTAR BBLC 34, part 1,letter from Tsheboen SaBatlan, n. d. Ga-Tlhose: LMS 32/5/B, Robert Moffat, December 1, 1862; LMS 34/3/A, Robert Moffat, June 16, 1867; CTAR BBLC 34,part 1, letter from Holele Molete, n. d. Batlharos: CTAR BBLC 9, part 2, testimony of John Nelson, March 31, 1886. Konong: CTAR BBLC 20, claim number 43 of J. G. Donovan. Manyeding: LMS 37/1/A, Ashton, March 13, 1872. Mapoteng: CTAR BBLC 9, part 2, testimony of J. S. Moffat, March 31, 1886; CTAR BBLC 23 claim number 100 of Benjamin George Willmore. Kathu: CTAR BBLC 20,claim number 42 of J. G. Donovan. Kuruman River Valley above Mamoratwe: CTAR BBLC 21, claim number 60 of Herbert Jarvis. Matlhwareng River: CTAR BBLC 34, part 1, letter from Diphokwe Yakwe, n. d. Vlakfontein: University of the Witwatersrand Collection A75, John Mackenzie Papers, No. 428, S. Lowe to F. Villiers. Gasegonyane: CTAR BBLC 22, claim number 67 of LMS.

[②] Sutton, "Irrigation and Soil-Conservation in African Agricultural History," *Journal of African History* 25 (1984): 30.

[③] William Adams and David Anderson, "Irrigation Before Development: Indigenous and Induced Change in Agricultural Water Management in East Africa," *African Affairs* 87 (1988): 519 – 535; David Anderson, "Cultivating Pastoralists: Ecology and Economy among the Il Chamus of Baringo, 1840 – 1980," in *The Ecology of Survival: Case Studies from Northeast African History*, Douglas H. Johnson and David Anderson, eds. (London: Lester Crook Academic, 1988; Boulder:Westview,1988), 241 –260.

议,因为来源于外部的实践倡议并不完美。相反,我们应该考虑现有耕作方式下的实际做法。

灌溉技术的使用并没有使生产者放弃粗放的粮食生产。尽管使用了犁沟甚至犁耕,园地仍然体现了轮作种植的逻辑,因为人们并没有试图大幅提高单位英亩的产量。此外,耕种者仍然不了解集约农业技术。虽然传教士很高兴人们进行灌溉作业,但对他们的技术几乎不敢恭维。他们的批评让人深思种植的逻辑。"经常有人尝试不可能的事情,所获也只是马马虎虎。水渠通常或多或少呈现为锯齿形而不是直线形,园地和耕地与欧洲人的布置方式完全不同。"[1] 库鲁曼人在贝专纳人的园地上"整饬得最好","但即使在这里,栅栏和沟槽的'直线'也不总是那么标准"。[2] 在他们关于灌溉的讨论中,科马洛夫夫妇解释了参考美学和文化差异的"弧形"曲线形式,传教士并不满意。[3] 农民缺乏审美力,但更重要的是栽培,直线和曲线之间的差异关乎土地密集或广泛使用。至于形状规则不规则,农民更看重保存力气而不是土地或水。直线布局可以高效使用土地和水资源,并从最短的路线输送水。弯曲的弧形线条,绕过树木、大型岩石和灌木丛,或以自然条件开出的犁沟和场地选址表明,对于重塑地貌景观以产生更高的产量还不够坚决,他们认为效用取决于人而非土地本身。

一位资深传教士对南部茨瓦纳的"惰性"种植方式嗤之以鼻,反映了传教士的偏见,也体现了低消耗和省劳力的自我保护伦理以及广泛生产的特性:

　　　　他们最强调自己的生活。他们满足了自己几乎不需

① Mackenzie, *Ten Years* (1971), 92. 关于非洲农业灌溉技术的其他批评,参见 Philip, *Researches*, 2 (1828), 113; Livingstone, *Missionary Travels and Researches in South Africa* (London: Murray, 1857; reprint ed., Freeport, NY: Books for Libraries, 1972), 111。

② Mackenzie, *Ten Years* (1971), 70.

③ Comaroff and Comaroff, *Of Revelation and Revolution*, 2(1997), 127–128.

任何努力就可实现的愿望后,就只做他们认为对自己有
约束的事情,世界对他们的存在没有垂青……他们从婴
幼儿时起就习惯忍耐,他们的追求很少。[①]

事实上,由于该地区的土壤磷酸盐极低,所以大幅提升栽培产量是
非常困难的。1997 年对耐克文的测量显示,磷酸盐浓度为每公斤 1
毫克,而玉米种植需要每公斤 17 毫克。[②] 在这种环境下种植不能
带来丰产。整个 19 世纪,不情愿强化劳动的情况是显而易见的。
1897 年由牛瘟引起的灾难表明,畜牧业仍然是经济和饮食的基础,
人们并没有在河谷地带最大化种植。总而言之,南部茨瓦纳州的
灌溉做法并没有完全模仿传教士所传讲的强化种植。相反,他们
只是在困难时期顺应了这项技术,帮助他们更好地利用河谷的微
观环境,并将这种专门的土地使用方法植入其泛作农业体系。

商业狩猎和伐木:利润与大生产

传教士不是前沿地带殖民地社会唯一的代表。还有贸易商,
他们也对环境有影响。与传教士相反,贸易商主张的土地使用方
式是狩猎与砍伐,不需要强化。相较灌溉,这些方式只需要投入较
少的劳动力,同时风险较少、回报更快。而且,与灌溉相反,他们提
供现金。由于这些原因,男性热情地回应了贸易商所提供的机会。
然而,由于大量的开采很快耗尽了资源,这些粗放的土地使用方式
变得不可持续。

在与开普前沿接触之前,狩猎是一种运动、肉类的来源和巴拉拉
源头,但商业狩猎和灌溉一样是一种创新,因为带来了现金。最早的
塔拉坪人和旅行者之间的易货贸易是以象牙换取烟草和珠子。[③] 到

---

① John Brown, "The Bechuana Tribes," *Cape Monthly Magazine*, July 1875, 1 - 2.
② 这一信息是 1998 年 3 月 12 日在耐克文举行的农业会议上报道的。
③ LMS 8/2/B, Philip at Cape Town, July 29, 1820; Philip, *Researches*, 2(1828) 131; Harris, *Wild Sports* (1963), 43.

19 世纪 30 年代,贸易带来了欧洲制造的消耗品:服装、咖啡、糖、茶和现金。人们花掉通过狩猎得来的现金购买衣服、车、犁、工具和其他消耗品。19 世纪 30 年代后期,一些索丁居民开始捐资建教堂。[1] 象牙是一种宝贵的资源,第一批从开普试图进入北部获取资源的人受到塔拉坪人的阻止。[2] 19 世纪 20 年代后,塔拉坪人和格里夸人对开普贸易失去了垄断,但他们继续为市场供应象牙,即使自己的土地上已猎无可猎。从开普殖民地到他们领土的枪支贩卖始于 19 世纪 50 年代末,并在 19 世纪 70 年代加速。富裕的塔拉坪男人购买车和枪,在冬天时去北方狩猎。[3] 行程会持续两到三个月,这样长的时间足够远行。1866 年时有人看到过库鲁曼人在贝专纳人领土北部和马塔贝列收集象牙的马车。[4] 采用现金的动机包括从开普引入的消费文化和现金积累家畜的便利,家畜是财富的古老形式。

随着狩猎前沿推向北方,库鲁曼仍然是贸易中继站。例如,约翰·M.麦肯齐在南部非洲狩猎史中回顾了 9 个重要猎人的传记,其中 7 人通过或非常接近该地区,其中包括弗雷德里克·库特尼·塞卢斯(Frederick Courtenay Selous),可以说是 19 世纪非洲最知名的动物杀手。[5] 库鲁曼地区第一家贸易商店于 1838 年开业,属于大卫·休谟(David Hume),很快就有其他白人通过从塔拉坪商人那里购买货物与他成了竞争对手,其中包括罗伯特·莫法特传教士的儿子,还有查普曼(Chapman)家族。一家英国人拥有的贸易商店甚至于 1872

① Moffat, *Missionary Labours* (1842), 562;LMS 27/1/A, Robert Moffat, January 15, 1852. 关于现金的使用,另参见 Smith, *Diary of Dr. Andrew Smith*, 1(1939), 250。
② Barrow, *A Voyage*(1975), 403;Borcherds, *Memoir* (1963), 85. 直到 1853 年,塔拉坪人试图阻止外部人进入。James Chapman, *Travels into the Interior of South Africa*, vol. 1 (London:Bell and Daldy, 1868), 95.
③ Shillington, *Colonisation* (1985), 21－5;Mackenzie, *Ten Years* (1971), 71－72.
④ LMS 21/1/B, Ross at Taung, October 20, 1845;Thomas Leask, *The South African Diaries of Thomas Leask*, J. P. R. Wallis, ed. (London:Chatto and Windus, 1954), 52, 108.
⑤ John M. MacKenzie, *Empire of Nature*:*Hunting, Conservation, and British Imperialism* (Manchester:Manchester University Press, 1988), 86－119.

年开在偏远的朗厄山脉。[1] 休谟为格雷厄姆斯敦的拍卖行提供了大量供应,例如:他在 1844 年带来了 2 000 磅,1849 年增加到了 9 000 磅,1851 年则达到了 22 500 磅。[2] 开普象牙出口在 1858 年达到顶峰。鸵鸟羽毛到 1864 之前"几乎是唯一的装饰品贸易"。[3]

　　动物成为商品使得他们从次大陆的大部分地区消失,包括库鲁曼。[4] 虽然有个猎手在 1844 年时认为猎物丰富[5],但是塞卢斯在 1871—1872 年旅行穿越该地区时却并非如此。在赞扬了草地景观之后,他抱怨说:"唯一的缺点就是没有什么猎物,甚至跳羚也没有,卡菲尔人已经猎杀了一切动物;所以现在在开普敦周边五英里的动物,要比这里——这个国家腹地六百英里的地方猎物丰富。"[6] 猎人安德鲁·安德森(Andrew Anderson),1865 年亲眼见过白面大羚羊、跳羚羊、大羚羊、白氏斑马、角马、小羚羊、狮子、"狼"(鬣狗)和豹,他在 19 世纪 80 年代末感叹:"所有的事情已经成为过去了。猎物已经被射杀或驱逐到沙漠,几乎所有的狼均已被毒杀,那些穿越广阔的平原和开放沼泽的动物,只能以百计,它们曾经成千上万,遍布金合欢丛生草原所有的方向。"[7] 猎物总体被破坏程度的报道是有些夸大,小猎物还是幸存了下来,更大的动物直到 19 世纪 80 年代在南部喀拉哈里仍然可见。[8]

---

[1] 弗雷德里克·塞卢斯在朗厄山看到了一家商店。参见 ZAN SE 1/4, February 5, 1872. 关于 19 世纪中期库鲁曼贸易的历史,参见 Snyman, *Kuruman* (1992), 34-40。

[2] MacKenzie, *Empire of Nature* (1988), 124, 记录在案的每头狩猎大象象牙的重量平均从 44 磅到 53 磅不等。用每只动物大约 48 磅的平均数字来计算,1844 年的装货代表了 41 动物的象牙;1849 年 188 只;1851 年 468 只。Barry Morton, "Materials relating to David Hume in the Grahamstown Journal" (unpublished manuscript.)

[3] LMS 33/3/A, Robert Moffat, January 11, 1864; Grove, "Early Themes in African Conservation," *Conservation in Africa* (Cambridge: Cambridge University Press, 1987), 27.

[4] 相关内容,参见 MacKenzie, *Empire of Nature* (1988), 89-116。

[5] William Cotton Oswell, "South Africa Fifty Years Ago," in *Big Game Shooting*, vol. 1, Clive Phillips-Wolley, ed. (London: Longmans Green, 1894), 36-37.

[6] ZNA SE 1/4, February 5, 1872. 另参见 Mackenzie, *Ten Years* (1971), 70。

[7] A. A. Anderson, *Twenty-Five Years* (1888), 87.

[8] Alfred James Gould, "Kuruman to Morokweng in 1883," *Botswana Notes and Records*, A. Sandilands, ed., 9(1977): 49-54; British Parliamentary Papers (hereafter BPP) C 4956 (1887) *Affairs of Bechuanaland and Adjacent Territories*, Trooper A. Querk, "Report on Patrol to Honing Vley, October 5-30, 1886," 124.

　　获得金钱的新机会是 1867 年在距离库鲁曼东南六天的旅程地发现了钻石。到 19 世纪 80 年代,库鲁曼已不再是羽毛或象牙的来源。[1] 1871 年,英国将金伯利及其周边地区吞并,成为格里夸兰西部的皇家殖民地,边界就在"库鲁曼之睛"以南仅 40 公里处。[2] 新的殖民地需要食物、燃料和工人,因为猎物正在减少,采矿成为男人赚取现金的一种方式。[3] 然而,在金伯利工作的塔拉坪人的数量比许多来自更遥远社会的人数量还少。塔拉坪人不愿意大量加入恼人的传教士和招聘人员组织的劳动力市场,后者遭遇到了试图"教化"当地人的失败问题。[4] 事实上,塔拉坪人更喜欢和金伯利进行交易并在那里工作。距离金伯利更近的迪卡特宏(Dikgatlhong)人就在那里卖食物。[5] 在更接近塔昂的地方,像马斯(Masse)这样的基督徒,首领马胡拉的儿子一样的男人们,都是热情的灌溉支持者。[6] 人们通过以一些绵羊、山羊和牛换取货物和现金。[7] 然而,与丰富的木材贸易文献相比,从库鲁曼到金伯利的农业贸易几乎没有提及,似乎并不大。例如,塞卢斯在 1872 年的旅行中经常遇到食物难题。[8]

　　木材贸易与象牙、皮毛交易交织在一起,耗尽了资源。人们转

① LMS 42/3/C, Alfred Wookey, "Review of South Bechuanaland, Part 2," June 11,1884.

② Shillington, *Colonisation* (1985), 35 – 60; Ake Holmberg, *African Tribes and European Agencies* (Goteborg: Scandinavian University Press, 1966), 37 – 41; Agar-Hamilton, *Road to the North* (1937), 37 – 131.

③ LMS 42/3/C, Wookey, "Review of South Bechuanaland, part 2," June 11, 1884; Mackenzie, *Austral Africa*, 1(1887), 30.

④ John Brown, "The Bechuana Tribes," 2 – 3; ZNA A. C. Baillie Papers (hereafter BA)10/1 – 2, July 30, 1876.

⑤ Shillington, "The Impact of the Diamond Discoveries on the Kimberley Hinterland: Class Formation, Colonialism and Resistance among the Tlhaping of Griqualand West in the 1870s," in *Industrialisation and Social Change in South Africa: African Class Formation*, *Culture and Consciousness 1870—1930*, Shula Marks and Richard Rathbone, eds. (London: Longman, 1982), 99 – 118.

⑥ Mackenzie, *Ten Years* (1971), 89 – 90.

⑦ Backhouse and Tyler, *George Washington Walker* (1862), 448; LMS33/5/A, Ashton at Dikgatlong, December 20, 1865; ZNA SE 1/4, November 3, 1871.

⑧ ZNA, SE 1/4, February 1 – 5, 1872. 另外相关价格问题,参见 Public Records Office, London (hereafter PRO) Colonial Office series (hereafter CO) 879/16 no. 104 Lanyon to Bartle Frere with enclosures on Griqualand West and Bechuanaland, November 19, 1878。

向森林,到金伯利赚钱。塔拉坪人为市场提供了用于燃料和搭建矿道支架的木材:

> 木材开发贸易量大。该国正在砍伐其树木和灌木丛以供应金伯利及其附近土地上的燃料所需。并且大量的本地人已经加入运送。凡是有牛和车且有这样的倾向的人都包括在内。在这里,虽然我们距离市场有 120 英里之遥,但装载木材瓦楞的车辆不断地来来往往。[①]

一名传教士在 1883 年的年度库鲁曼教会会议上报告了贸易的程度,说目睹了 80 辆货车,其中很多价值在 150—200 英镑之间。[②]

男人被吸引到木材贸易,是因为像狩猎一样,它只需较少的劳动力就可以获得现金,与灌溉农业相比,风险更小、回报更快。贸易天然产品只需依赖于对环境的广泛使用,因此,人们更倾向于此而非更密集的劳动型做法。然而长远来看,随着动、植物资源的消耗,商业狩猎和砍伐最终促进了对土地更为密集的使用,包括更加密集的种植。早期的观察者认为,丰富的猎物对农业发展是障碍。但到了 1883 年,一位观察家认为,猎物的大规模消失鼓励了种植的增加。[③] 然而,利润鼓励过度使用,而伐木和狩猎都是不可持续的。开普边界提供了将生物物理世界用于市场的可能性,最终使得大规模的借此为生不可持续。

灌溉和商业的社会意义

灌溉农业和商业带来了新的社会机会,也带来了潜在的新型

---

① LMS 42/3/C, Wookey, "Review of South Bechuanaland, Part 2," June 11, 1884. 有关此开普木材销售情况,参见 Shillington, *Colonisation* (1985), 102 – 106, 137 – 143。

② LMS 42/1A, Wookey, January 12, 1883.

③ Burchell, *Travels*, 2(1953), 369; Parker Gillmore, "The Territories Adjacent to the Kalahari Desert," *Proceedings of the Royal Colonial Institute* 14(1883): 126 – 127.

不对称关系。相对酋长和巴拉拉,通过灌溉、狩猎、卖木头获利的
人有了优势。传教士的信件中提到灌溉"农业阶级","拥有相当大
的财产",他们向工人支付工资。[①] 通过强化这些发展,约翰和琼·
科马洛夫认为,传教士造就的资本主义"农业转换"增加了新的阶
层,因为灌溉农业使得那些不能灌溉的人成了受雇者。[②] 然而,灌
溉的做法是保守的,只是在一个微环境中进行了专门的适应。由
于灌溉不涉及生产的根本转变,所以就消除农牧业社会分化的力
量方面非常有限。开普边界社会的不对称性大部分是先前存在的
不平衡延续,接受灌溉的人们只是在旧框架提升了自身的地位。

显然,灌溉不利于酋长和头目,他们认识到了这一点。传教士
约翰·麦肯齐认为,19世纪80年代,南部茨瓦纳酋长的相对软弱
是由于种植和定居方式的改变。从首都到河谷的人口分散,削弱
了他们的权力。到1878年,麦肯齐说,他们正在试图对灌溉进行
最后的抵抗。

> 贝专纳人属地的泉水已经被人们开发和引导出来
> 了。实际上战前的贝专纳人社会已经发展到了一个有趣
> 的危机边缘。投入越来越多时间在灌溉农业上的人,频
> 繁受到他们酋长的骚扰,酋长们希望他们能够以老式的
> 方式和自己一起生活在城里。[③]

他表示说酋长也反对移民劳动,但没有怎么成功。[④] 麦肯齐可能夸
大了酋长的喧闹,然而,他认为这些变化并不符合自己的利益是
正确的。酋长的力量取决于他们在一个实行广泛农牧业社会中

---

① University of the Witwatersrand Collection A75, Mackenzie to Colonel Lanyon, August 1, 1878. LMS 40/1/C, Ashton at Barkly, July 23, 1879; LMS 92/1/C, John Mackenzie, April 5, 1880.
② Comaroff and Comaroff, *Of Revelation and Revolution*, 2(1997), 139 – 165.
③ LMS 40/1/C, Ashton at Barkly, July 23, 1879.
④ Mackenzie, *Austral Africa*, 1(1887), 80 – 81.

的财富。尽管酋长抱怨,灌溉有潜势,但在这个时期,家畜饲养仍然是最有利的活动,而社会的牧作安排也并没有发生革命性的变化。人们仍然实行着马菲萨(mafisa),酋长们继续保留了对苏布巴(sehuba)的权利。1887 年,一位传教士描述了农业牧区社会酋长所持有的其他一些特权:"酋长对他的下属财产的控制,进一步体现在:不管一个人在部落的位置如何,他都不可能带着他的牛移到在另一位酋长治区下生活。"①

下层阶级没有因生产变化而变化。观察者仍然遇到巴拉拉和巴特兰卡。② 与以前一样,这些并不是种族上的区别,而是主要人口的较低级别。据记载,当地的布什曼人"颜色较深,外形上与开普布什曼人不一样"。③ 19 世纪 70 年代到访过塔昂的一名沮丧的劳动力招聘人员猜测,酋长有 2 万名"农奴"在养殖场和种植园工作。④ 巴特兰卡甚至在殖民统治时期依然要忍受剥削和奴役。1894 年,以下案件出现在了库鲁曼治安法官面前:巴塔拉洛斯的头目缇帕(Thipa)指控一名名叫博塔的农民绑架了布什曼人儿童,他称儿童是他的奴隶。这些孩子似乎是科伊桑人,因为他们没有说茨瓦纳语言,其中一人说那马部族语。⑤ 传教士艰难地解释说,这样的人不是"奴隶",⑥但是另一个殖民地官僚用词就没有这样小心了:"奴隶待遇相当好……他们与自己的主人分享,因此比离开主

---

① CTAR BCC [Bechuanaland Crown Colony] 119, Price to British Bechuanaland Administrator Shippard, September 28, 1887.

② Edward Solomon, *Two Lectures* (1855), mentions *balala* on p. 51; John Brown, "The Bechuana Tribes," (1875) mentions Batlhanka on p. 2.

③ A. A. Anderson, *Twenty-Five Years* (1888), 82 – 83. 一种描绘用了一个北茨瓦纳地区的词,"Bakalahari"。CTAR BCC 119, Price to British Bechuanaland Administrator Shippard, September 28, 1887.

④ ZNA BA 10/1 – 2, July 30, 1876. 数量可能被夸大,但他们像巴拉拉一样,一直如此,这是重点。

⑤ CTAR Kuruman Resident Magistrate Series (hereafter 1/KMN) 8/2, Resident Magistrate Bam, October 3, 1894; CTAR 1/KMN 8/2, Inspector of Native Reserves St. Quintin to colonial secretary, October 9, 1894. 英国在当地的治理当局并没有对茨瓦纳和布尔人劳工采取行动。BPP C 3635 (1883) *Reports by Colonel Warren, R. E., C. M. G. and Captain Harell(Late 89th Regiment) on the Affairs of Bechuanaland, Dated April 3rd 1879 and April 27th 1880*, 13.

⑥ CTAR BCC 119, Price to British Bechuanaland Administrator Shippard, September 28, 1887. John Smith Moffat to Shippard, 6 April 1887. 当时莫法特在塔昂担任地方治安官。

人而自我追求更好……而且,他们可能会受打击,他们感到失落,除非他们为了得到指引,在某个敬仰的人的指令下工作。"①1878年格里夸兰西部(Griqualand West)起义之后,较贫穷阶级引起了一位传教士的特别焦虑,因为"现在有这么多的低仆阶级是布什曼人和贝专纳人,现在他们已经失去了自己的主人,而且已经无家可归了"。②

　　虽然受奴役阶级仍然存在,但在 19 世纪中期,完全采食者已经变得不那么明显了。在罗伯特·莫法特 1842 年的著作《南部非洲的传教士劳动和工作所见》中称,布什曼人已经消失了,在接下来的几十年间这一断言重复出现。③ 消耗殆尽的猎物使得觅食生活变得不那么可行,所以更多的巴拉拉可能会以佃户的身份生活,极少数人仍然采食为生。然而,在困难时期,如 1877 年迪卡特宏干旱时,饥饿人群仍然要依靠采食活命。

　　　　那些有车辆和牛畜的人正在赶向林地、钻石开采场,并用钱买食物。长老们为欧洲人工作,但是大多数民众将不得不忍受极大的饥饿煎熬。其中一些人仅靠食用根类生存。据说在附近(塔昂)的地区有一些人因饥饿而死亡。④

随着布尔定居者进入该地区,他们为这些人创造了一个新名字:"维贫斯"(Vaalpense)⑤,南非荷兰语意为"灰色的肚子",但他们的

---

① Cape Colony Parliamentary Papers (hereafter CPP) G 19 – '97, *Blue Book for Native Affairs*, 68.

② LMS 39/3/D, Ashton at Barkly (formerly Dikgatlhong), October 24, 1878.

③ Moffat, *Missionary Labours* (1842), 13; LMS 42/3/C, Wookey, "Review of South Bechuanaland, Part 2," June 11, 1884.

④ LMS 39/1/D, Ashton, November 27, 1877.

⑤ 这是南非不同地区贫困人口的总称。

社会地位和贫穷程度与巴拉拉一样。① 许多欧洲观察家,已经了解了薪资劳动状况,证实说资本主义工作关系并没有取代农业牧区社会主仆式主宰剥削关系。

妇女继续负责种植是另一个明证,说明边界地带的创新特点是有选择地被采纳,这也限制了她们的社会影响。我们不知道男人耕种的比例,或是女性锄作的比例。男人确实参与种植,但这显然不是常规。② 19世纪70年代,传教士们仍然重复着50年来的旧有声明,即男人正在进行耕作,几乎没有一个急剧的上升曲线!③ 半个世纪之后索丁建立了示范种植园,两名传教士分别证实,妇女仍然是主要的耕作者,有时甚至更甚。

> 几乎所有实际的劳动都意在提高粮食生产,这被认为是妇女的正常工作。在过去几年里,犁被引进了这个国家,男性似乎对这项新的耕作方式表示赞赏。受到宗教影响的人常常会在种植园和房屋建筑中帮助他们的妻子,而他们自己的本地荒蛮逻辑永远不支持这么做。不过这也只是局限于和一些人在几天中会这么体贴而已。④

① BPP C 4956 *Affairs of Bechuanaland and Adjacent Territories*, 124; CTAR Land Office series (hereafter LND) 1/441, Water Boring Foreman McCaig, July 10, 1895; A. A. Anderson, *Twenty-Five Years* (1888), 82; Gillmore, "Territories Adjacent to the Kalahari," 137; E. Wilkinson, "Notes on a Portion of the Kalahari," *Geographical Journal*, 1(1893): 327, 330, 333; R. Pöch, "Ethnographische und Geographische Ergebinisse meiner Kalaharireisen," *Petermanns Mitteilungen* 58 (1912): 16; H. Anderson Bryden, *Gun and Camera in Southern Africa* (London: Edward Stanford, 1893; reprint ed., Prescott, Arizona: Wolfe Publishing, 1988) 62, 123; Molema, *The Bantu, Past and Present* (1920), 36; Breutz, *Tribes of Kuruman* (1963), 25–30; Breutz, "Ancient People in the Kalahari Desert," *Afrika and Übersee* 42 (1959): 51–54; CC G 51 – '95, *Annual Report of the Forest Ranger, Bechuanaland for the Year Ending 31st of December, 1894*, 143; CTAR 1/KMN 10/3, Resident Magistrate Hilliard "Report on Local Labour Market," November 15, 1898.
② LMS 26/1/A, Helmore at Dikgatlhong, January 1851; Anderson, *Twenty-Five Years* (1888), 81. Anderson traveled through Kuruman in 1864.
③ Mackenzie, *Ten Years* (1971), 70; LMS 38/3/A, Ashton at Likhatlong, February 9, 1876. (给克罗斯曼中校的信副本)
④ John Brown, "The Bechuana Tribes," (1875) 2.

[种植]园属于[女性]。牛、绵羊、山羊属于男性。那么,在巴塔拉洛,似乎有些牛会溜达到种植园里,摧毁女人们的玉米,这一直很麻烦。因此,她们决定杀死在自己的土地上所发现的一切。在这样做的时候,她们遵循了一个巴塔拉洛首领的一条法律。然而,即便如此,莫法特先生还是拒绝了一些妇女参与教会活动的诉求。大量的牛以最可怕的方式遭到攻击、杀害,教会妇女在这项工作中涉入极深。①

男人们在田野中耕耘时,妇女几乎要对其他任何事情负责。不幸的是,我们不知道女性如何看待男性参与耕作的优势和劣势。极有可能地说,她们会以为是威胁到她们掌控向家庭供应食物的地位。② 或者,她们可能相信,增加家庭中的粮食来源是可取的,即使这对她们意味着更大的工作量,而对男性意味着获得相对利益。③ 灌溉栽培的性别划分不是零和方程。即使男人对河谷感兴趣,妇女也可以继续在干旱的土地上锄作。重要的是要认识到,男女之间劳动和权力的差异可能不是完全不可改变的。例如,19 世纪后期,马胡拉先生的妹妹,迈瑞内椰(Mareinaye)就担任玛罗彭的"头人"。④

一次生态革命?

麦钱特认为,环境的变化历史是通过"生态革命"发生的,是非

---

① A. J. Wookey, 24 September 1873, London Missionary Society South Africa Reports, quoted in Comaroff and Comaroff, *Of Revelation and Revolution*, 2(1997),130.

② Comaroff and Comaroff, *Of Revelation and Revolution*, 2(1997), 137 - 138.

③ Eldredge, "Women in Production," *Signs* 16(1991): 734 - 735. 奥基弘描述了克瓦纳妇女在男人开始耕种后仍控制农产品。Okihiro, "Hunters, Herders, Cultivators, and Traders," Ph. D. dissertation, UCLA, 1976, 76 - 77, 83.

④ CTAR BBLC 1, testimony of Herbert Jarvis and John Chapman, March 31, 1886; CTAR BBLC 1, testimony of Marienyane, April 4, 1886; LMS 46/1/A, Roger Price, January 11, 1889.

人类世界与人类关系巨大改变的一系列点式击发。① 传教士坎贝尔采用了同样的用法,他在表明农业强化之时也用了"革命"一词。② 莫替彼酋长也认识到了这样的潜在可能,即传教士们可能会改变"整个体系"。③ 1884 年的结果让莫替彼松了一口气,却令坎贝尔失望。在这一点上,生态革命是不完整的。灌溉和商业狩猎确实带来了新的可能性,但人们只是选择性地进行。那些采取灌溉和从事贸易的人没有放弃粗放的生产方式,因此创新对社会的影响是有限的。然而,折中主义带来了紧张局势。天然产品的商业活动不可持续,而灌溉技术下的粗放生产悖论在欧洲人看来也难以为继。

---

① Merchant, *Ecological Revolutions* (1989). 关于库鲁曼生态革命理论解释性价值的讨论,参见 Jacobs, "The Colonial Ecological Revolution in South Africa: The Case of Kuruman," in *South Africa's Environmental History: Cases and Comparisons*, Steven Dovers et al., eds. (Cape Town: David Philip, 2003), 19-33。

② 参见本章开篇题词。Campbell, *Second Journey*, 2(1967), 60.

③ Quoted in Comaroff and Comaroff, *Of Revelation and Revolution*, 1(1991), 196. LMS 7, September 5, 1817.

殖民兼并:土地转让和环境管理,1884—1894

> 现在你看到是即将到来的大批白种男人潮。他们猎
> 取土地——他们搜刮水源。但凡能够找到空旷地所,他
> 们开建、开耕,并告诉你说,空置的乡野属于神,而不
> 是你。[1]

尽管开普前沿边界地带没有为环境和社会关系带来革命,殖
民统治却是如此。它植入了一个新的团体——白人,在权力结构
和土地的顶端,进口了一种新的工具,即现代国家,并借以行使权
力。然而,在1884年殖民统治强加之后,其革命性影响却被推迟
了。十多年来,广泛性生产一如既往,直到20世纪,现代国家的干
预潜力才日渐清晰。然而,后来的中断源于吞并后的土地转让和
环境管理,因此我们现在要看一下早期殖民统治的特征。

通过考虑土地转让和环境管理的重要性,本章提出了比较环
境史的问题。在许多世界比较环境史上,"殖民主义"和"帝国主

义"已经成为"白人入主"的同义词。根据这一观点,欧洲帝国主义是由"人、植物和病原体"组成的"生物扩张"。[①] 由阿尔弗雷德·克罗斯比所定义的"生态帝国主义",描述了温带地区的人口占领状况。根据克罗斯比,由于欧洲人无法在热带非洲大量定居,所以非洲大陆"变得可以接近",但是具有改变世界的"难以把控"之力。南非,欧洲移民众多,土地异化严重,是克罗斯比所观察到的生态帝国主义绕大陆推进的一个例外。因此,在世界比较环境史上,南非是定居者社会的中心地带,而非"人口接管的土地"。[②] 南非如何在热带非洲的殖民地环境史上定位是一个难题。尽管文献分析了经历共同进程的案例,但历史学家尚未对非洲环境史上殖民统治的意义进行理论化总结。部分原因是殖民统治形式分散。泛化总结的另一个问题在于非洲大陆的环境多样性,以及人类使用它的多种方式。然而,尽管当地的变化复杂,兼之没有白人定居,欧洲仍然是热带非洲环境史上的巨大力量。与欧洲的接触,推动和传播了基督教、工业技术、资本主义、环境保护和现代国家。这些事态发展引领非洲人从欧亚大陆引入新的耕作方式,从旧世界和新世界引种作物。他们妨碍疾病控制,榨取出口自然资源,降低自给生产效率,并将非洲人视为同非洲大陆动、植物区系的不般配邻居,更不用说是有资格管理了。[③]

虽然欧洲人在热带非洲的扩张并不是生物学的,但论及整个非洲大陆受殖民统治对环境影响的团体,就应该包括南非在内。我认为一个共同的基础是殖民地国家的行政政策。近年来,非洲主义历史学家认识到,考虑国家情况是更清楚地了解人们经历的

---

① Crosby, *Ecological Imperialism* (1986) ; Carolyn Merchant, *Ecological Revolutions* (1989).

② 定居者协会的环境史取得有成效的结果。最近的例子,请参阅 Tom Griffiths and Lilly Robin, eds. , *Ecology and Empire*; William Beinart and Peter Coates, *Environment and History: The Taming of Nature in the USA and South Africa* (London and New York: Routledge, 1995).

③ 坦桑尼亚拥有非洲发展最快的环境史机构。例如,参见 Giblin, *The Politics of Environmental Control* (1992) ; Kjekshus, *Ecology Control and Economic Development* (1996) ; Maddox, Giblin, and Kimambo, eds. , *Custodians of the Land* (1996).

正途。正如伊万·埃文斯（Ivan Evans）所说，"黑皮肤南非人对行政管理现象感到沮丧"。[1] 乍一看，从国家视角研究环境史似乎是不恰当的，因为环境史探讨人与环境的关系，而不是与机构的关系，但在整个殖民地非洲，国家对权力的僭越成为影响环境关系的重要因素。马哈茂德·马姆达尼的作品《公民和国民》有助于说明农村生产者的行政力量。虽然他没有明确地指出环境问题，但他揭示了国家对农民与环境关系的影响。在整个非洲大陆，国家利用殖民地共同权属和间接统治干预农业和放牧共同权属，间接统治在殖民地的建立可能是总结大部分殖民化非洲环境史的关键。

头人或治安官的治理就是直接和间接统治之间的差异。直接统治的主要特征是政府管理人员根据殖民地法对土著人民进行统治。相关特征包括家长制、个人权属和强制同化土著人民，迫使其成为殖民地工人阶级。被殖民者只能根据欧洲标准变得"文明"之后才能获得政治权利。相比之下，间接统治则是酋长依据习俗的治理，其合法性来自传统权威。在现实中，这种合法性往往是可疑的。间接统治的相关特征是社区使用权、领土种族隔离和部族分化。间接统治迫使非洲人根据非洲习俗（任殖民者所宣读）与国家关联，而不是依照欧洲的"文明"标准。[2] 间接和直接统治都涉及外界控制领土和人们的居住关系。两者都使得本土人容易失去土地，但间接统治更容易使人们无法参与决策他们如何处置自己所保有的土地。

直接统治和间接统治处在殖民地非洲持续征服方式的两极位置，不同的殖民国家开发出了居于这些理想类型之间某处的管理

---

① Ivan Evans, *Bureaucracy and Race: Native Administration in South Africa* (Berkeley: University of California, 1997), 1.

② 有关 19 世纪开普殖民地和纳塔尔间接统治的直接描述，请参见 Saul Dubow, *Racial Segregation and the Origins of Apartheid in South Africa 1919－36* (New York and London: St. Martin's, 1989), 99 －107; Paul Rich, *State Power and Black Politics in South Africa*, *1912－51* (New York: St Martin's, 1996), 31－35, 77－79; Mamdani, *Citizen and Subject* (1996), 16－18, 62－72; Evans, *Bureaucracy and Race* (1997), 15, 166－168。

方式。直接统治是法国和英国殖民主义的早期管理模式,在 20 世纪初转向间接统治。作为一种意识形态,直接统治从来没有像间接统治那样充分发展或得到广泛实施,但它是 19 世纪开普敦殖民地给人的直观印象。19 世纪 50 年代,开普省长乔治·格雷(George Gray)致力于将酋长管辖区归入殖民地治安官的附属区,从而为白人定居者提供土地,并将科萨族融入殖民地社会,他们通常成为非技术工人。然而,格雷的愿景只是部分地得以实施:私人土地使用权没有建立,酋长在科萨人中间依然强大,同时密集的农牧民人口也阻止了白人的扩张。然而,依靠治安法官代表国家管理白人和黑人,开普省保留直接管理余迹长达 100 年。[①] 至于间接统治,最早出现在后来大家所熟知的 19 世纪 50 年代,纳塔尔本地事务秘书西奥菲勒斯·谢普斯通(Theophilus Shepstone)的领导治下。正如尼日利亚第一任总督弗雷德里克·卢格德(Frederick Lugard)20 世纪头十年所阐述的那样,20 世纪政策上说是英国的非洲。马姆达尼认为,间接管辖,"分散专制",是普遍性的,特别是在殖民地晚期的非洲。因此,他对间接统治的定义比其他统治更具包容性,这引起了对他的批评。[②] 我的目的不是在争论非洲间接统治的普遍性,而是使用马姆达尼的见解来确定非洲人作为部族主体被统治时的共同环境政策。

库鲁曼的例子可以说明殖民地国家的演变,干预作用在其环境史上的发展以及欧洲人权力的与日俱增。本章描述了殖民地库

---

① Peires, *The Dead Will Arise* (1989), 60 - 69, 290 - 292. 在这一点上,我不同意马姆达尼的观点。马姆达尼认为,在格雷州长经历了从直接统治到间接统治的过渡之后,开普敦的治理方式是可行的。参见 Mamdani, *Citizen and Subject* (1996), 66 - 67. 作为证据,他指出政府愿意通过首领进行统治,尽管它不愿意使用首领。与此相反,伊万·埃文斯展示了开普敦体统中酋长和首领的结构差异,并描绘了酋长在后来殖民统治(尤其是在独立发展时期)中日益重要的角色。Evans, *Bureaucracy and Race* (1997), 207 - 213.

② 19 世纪法国同化政策是一种直接统治的形式。它在 20 世纪塞内加尔的四个公社中存在。关联是法国在 20 世纪的主导政策,它究竟是间接统治还是直接统治取决于定义。马姆达尼认为这是间接统治体系的另一种形式,因为它依赖于中间人,非洲人。参见 Mamdani, *Citizens and Subject* (1996), 83 - 86. 然而,它并没有像英国间接统治那样,通过酋长和部落结构实行统治。参见 Michael Crowder, "Indirect Rule-French and British Style," *Africa* 24(1964): 197 - 205.

鲁曼人最早的殖民制度。首先,本章解释了通过归咎误读强化生产实现土地异化的过程。接下来,本章详细说明了初始的借由治安法官实现的直接管理制度。最后,本章详细介绍了关于个人或公共土地使用权的辩论,并认为,在酋长或治安法官的治理下,殖民地非洲人的公共权属向国家干预开放。然而,这一时期,典型的20 世纪殖民环境模式尚未形成,欧洲吞并的影响也还不清楚。在库鲁曼,殖民统治的第一个十年是 20 世纪南非农村边界地区的适应可能性、贫困、种族剥削之间的一种混合状态。

改变开普前沿地带的土地权属惯例

移动种植,特别是由塔拉坪人实行的模糊休耕,使得牧民只需要非严格意义上的土地权属。在农业牧区社会,首领分配土地,人们对他们所使用的特定土地拥有权利,但不能获得其权利的处置获利。一些外部观察家认为,土地没有价值,个人对其不具财产权,但其他人则记录说,人们对所耕的地享有权利。放牧的权利较少有文献证据,但是对草地和水的获取权属有规定。酋长可能对土地拥有特权,特别是放牧权。尽管没有任何土地市场发展出来,但开普边界地区的新做法对土地所有权习惯有一些影响。分散的灌溉耕种方式挑战了酋长的权力,永久定居给予人们对自己田地更加稳固的权利。[1] 到殖民吞并的时候,塔拉坪人和塔拉洛人习俗承认对灌溉耕作土地的优先权。通常做法是种植树木来加强对田地的控制,但种植树木并没有赋予家庭通过售卖处理土地的权利。[2] 永久性私有权利的演变有利于意在通过灌溉确立自己作为独立的生产者地位的人,而对于那些仍然寄希望于金合欢丛生之

---

[1] BPP C 4889 (1886), *Report of the Commissioners Appointed to Determine Land Claims and to Effect a Land Settlement in British Bechuanaland*, 38.

[2] 树木权属,参见 CTAR BBLC 21, claim number 194 of Jarvis to the white house in Batlharos; CTAR BBLC 20, claim number 43 of Donovan to Konong; CTAR BBLC 21, claim number 8 of Katje Klein to Mazeppa; CTAR BBLC 22, claim number 161 of John Markram to Metswetsaneng.

地社会等级制度维持的人来说是不利的。据报告,酋长企图强迫他们的属民离开自己的农场去往城里。①

涉及传教士的土地权利是争议最为尖锐的。如前一章所述,1824 年,莫法特和汉密尔顿通过赠予酋长价值约 5 英镑的珠子礼物获得使用山谷许可权。伦敦宣教会显然对其所声索权力感到不安,因为在 1850 年,小罗伯特·莫法特(Robert Moffat, Jr.)对山谷进行了调查和绘制。然而,他的地图宣称传教士已经以价值 50 英镑的货物(而不是当初的估价 5 英镑)交换了 223 公顷的土地!传教士在文件上获得了盖斯邦威(Gasebonwe)酋长莫替彼儿子的签名,但显而易见的是,盖斯邦威并没有将交易理解为转让权益。②到 1858 年,盖斯邦威以茨瓦纳的土地使用习俗为由提出了声索。"盖斯邦威说,虽然说父亲把这块土地卖给了传教士,但他们现在情况不同了,他们没有从出售获益。[他的这一代]希望看到枪支之类的东西作为土地的价格,他们不认为莫法特买下了它们。"③至于传教士们具体怎么安抚盖斯邦威的不清楚,但他们继续掌控着土地。

关于土地权属的另一个争议出现在 19 世纪 70 年代的"库鲁曼之睛"。早在 1828 年,来自开普的一名脱逃奴隶约瑟夫·阿伦斯(Joseph Arends)就定居在"库鲁曼之睛"。④ 他的家人成为商业猎人,1876 年的一次狩猎不利使得他们欠了一个商人 110 英镑。现在他父亲的继任者约翰·史密斯·莫法特意识到了阿伦斯财产的潜在价值,以及如果投机者控制了伦敦宣教会水源可能造成的损失和伤害。虽然没有登记的权益,但他还是为了换取阿伦斯

① Mackenzie, *Austral Africa* 1(1887), 76.
② Una Long, "Plan by Robert Moffat, Jnr," *Africana Notes and News* 11 (1953): 28 – 29; Isaac Schapera, *Africana Notes and News* 11(1953): 60.
③ LMS 31/1/B, Ashton, July 25, 1858.
④ LMS 14/1/B, Moffat, April 7, 1828.

的土地权而代为支付了欠款。① 伦敦宣教会贝专纳兰土地代表团就是否应该允许经济上已经恢复了的阿伦斯赎回抵押款分歧颇大。②

最后的土地分歧,是在 1874—1878 年间,因为河东岸一个村庄设置了一所神学院,"莫法特学院",传教士和索丁的租户之间发生了严重冲突。到那之前,所有的建筑都在西岸。麦肯齐因视土地为传教士财产而驱逐了居民,并声称被驱逐的村民对这个变化是"开心的"。③ 然而,长期生活在教区的约翰·史密斯·莫法特说居民们义愤填膺,记录说一群愤怒的代表团成员来到他那里,要求伸张正义,并威胁要烧毁学院。④ 很快,租户对允许驱逐的权属制度心怀不满就很清楚了。莫法特神学院的斗争紧随格里夸兰西部殖民地金伯利钻石矿的英殖民者其后而来,格里夸兰西部殖民地就在库鲁曼南部(见图 4.1)。1878 年,格里夸和塔拉坪之间的不满导致了格里夸兰西部的叛乱,其游击队员越过了边界。虽然库鲁曼仍然是独立的,但一些当地人支持叛乱分子,部分是因为对莫法特神学院事件的怨恨。传教士害怕索丁居民的伤害,躲在新建的神学院寻求庇护,直到英军上校查尔斯·沃伦(Charles Warren)"解救"了他们。⑤ 英军的占领使许多人失散,军队没收了 3 000 头牛、数千只绵羊和山羊。⑥ 虽然他们没有合法权限,麦肯齐和沃伦却对茨瓦纳土地权属制度采取了行动。他们从反叛分子手中没收了可灌溉土地,于其上安置难民,甚至授予他们

---

① LMS 38/3/A, John Smith Moffat, March 23, 1876.

② Moffat relinquished the claim, but Mackenzie objected. Mackenzie, *Austral Africa*, 1(1887), 111 - 114; LMS 38/3/D, Mackenzie, December 8, 1876; LMS 39/3/D, Mackenzie, November 21, 1878; LMS 40/3/A, John Smith Moffat at Griquatown, July 23, 1880; and LMS 43/1/A, Ashton at Barkly, January 24, 1885.

③ LMS 37/3/A, Mackenzie, May 1, 1874. 另参见 *Austral Africa*, 1(1887), 75。相关讨论,参见 Richard Lovett, *The History of the London Missionary Society*, 1795 - 1895, 2 vols. (London: Henry Frowde, 1899), 1: 606 - 607。

④ 相关争议,可参见 Robert Unwin Moffat, *John Smith Moffat* (1969), 126 - 135。

⑤ Shillington, *Colonisation* (1985), 76 - 82.

⑥ LMS 39/3/B, John Brown, July 29, 1878.

认为忠诚的人以权属。[1] 然而,英国并没有吞并该地区,1881 年,占领者离开。[2]

争抢库鲁曼

大英帝国对库鲁曼的吞并具有讽刺意味,因为该地区只是失去了它作为一个贸易和传教前哨的重要性。截至 1880 年,它不再是向北进入非洲大陆腹地的主路。[3] 受其他密集人口吸引,伦敦宣教会未在该处真正建立神学院。伦敦宣教会巡视员于 1884 年报告说:"不要说什么溢美之词之类的东西,我会不由自主地发笑的。"[4]然而,尽管该地区的战略价值不断下降,但该地区已成为更广泛竞争的战利品,并导致其并入大英帝国。茨瓦纳南部转变为英属贝专纳兰的政治历史已经被讲了很多次,而环境史只需要作简短的事件回顾。[5] 初始的白人入侵来自德兰士瓦。从 19 世纪 50 年代至 70 年代,塔拉坪人和德兰士瓦之间的边界已经变动到布尔人所定居的塔拉坪境内东部。1881 年,德兰士瓦移民深入塔拉坪人领地,到达当代的弗雷堡和麦非肯(Mafikeng)。战争接踵而至,"海盗们"于弗雷堡附近创立了"斯尔兰共和国",于麦非肯附近创立了"歌珊共和国"。战斗一直持续到 1884 年,英国吞并斯尔兰、歌珊,其余茨瓦纳南部独立领土,包括库鲁曼,则成为英国的保护国。

① University of the Witwatersrand Collection A75, No. 470 November 1, 1881. John Mackenzie, *Austral Africa*, 1(1887), 107; LMS 40/1/C, Mackenzie, June 3, 1879, and January 5, 1880.

② Holmberg, *African Tribes and European Agencies* (1966), 57 – 63; Sillery, *Bechuanaland Protectorate* (1952), 43 – 46; Agar-Hamilton, *Road to the North* (1937), 132 – 182; Shillington, *Colonisation* (1985), 61 – 89.

③ LMS 40/4/A, Mackenzie, October 7, 1880.

④ LMS 42/3/B, R. W. Thompson at Cape Town, April 1, 1884.

⑤ Shillington, *Colonisation* (1985); C. W. De Kiewiet, *The Imperial Factor in South Africa* (Cambridge: Cambridge University, 1937), 183 – 277; Sillery, *Bechuanaland Protectorate* (1952), 47 – 49; Holmberg, *African Tribes and European Agencies* (1966), 62 – 70; Anthony J. Dachs, " Missionary Imperialism – The Case of Bechuanaland," *Journal of African History* 13(1972): 647 – 658; and Paul Maylam, *Rhodes, The Tswana, and the British: Colonialism, Collaboration, and Conflict in the Bechuanaland Protectorate* (Westport, Connecticut: Greenwood, 1980).

英国和开普殖民者的政治事件涉及两个阵营之间的斗争:一方面是持同化主义目标的人,另一方面是更关心战略问题者,他们声索领土和猎获劳动力。新属国的第一任专员是持同化主张的伦敦宣教会传教士麦肯齐。作为传教士,麦肯齐已经工作了 25 年,引导人们不仅改变宗教信仰,而且改变他们的生产方式——从放牧到农业生产。麦肯齐赞同罗伯特·莫法特对茨瓦纳人们的未来设想,愿这里成为一个高产的种植园:"我心中的种植园包含苹果、梨、李子、桃子、杏、油桃,塞维利亚橙、橘子、两种无花果、柠檬、枇杷、柑橘、石榴、葡萄、巴旦木和核桃。"[1]但是,不限于老莫法特鼓励把灌溉栽培作为规训基督徒生活方式的实际措施,麦肯齐还是生态与政治革命的虔诚信徒。他认识到,牧区生产采取集中制度有利于维系雇主和受雇体系,市场种植生产将会离散茨瓦纳社会,削弱酋长控制权。此外,1878 年的起义后的私人所有权授予挑战了酋长特权,这符合他的预见。他向酋长保证,可以接受一个农民以粮食来代替牛胸脯肉纳贡(所有的牛胸脯肉属于酋长),但新的生产关系将确保这只是象征性的纳贡。他对茨瓦纳土地的规划包括白人定居点,但他认为增加种植将会防止勤劳的非洲人将土地让给定居者。他记录了自己如何向一位酋长描述"即将到来的白人潮",但向他保证,永久定居和集约生产将保护非洲人对土地的控制。[2] 麦肯齐赞成将非洲人同化为殖民地社会的农民和工人,认为基督教和采用欧洲方式是必要的,以逐渐将非洲人"提升"到白人的地位。在他的设想中,采纳欧洲方式的非洲人应该和白人一样平等地生活在农场并拥有土地所有权。[3] 然而,他认为,非洲人的土地属权应该是不可剥夺的,以此挫败投机者,避免大量的土

---

[1] Mackenzie, "Bechuanaland, with Some Remarks on Mashonaland and Matabeleland," *Scottish Geographical Magazine* 3(1887):298.

[2] Mackenzie, *Austral Africa*, 1(1887), 77 – 78.

[3] John Mackenzie, *Ten Years* (1971), 81 – 83; Comaroff and Comaroff, *Of Revelation and Revolution*, 1 (1991), 206 – 213.

地流失。[1]

麦肯齐在兼并领土上影响颇大。1883 年在伦敦的一次休假中,他游说在茨瓦纳宣布其为一个保护国。当英国的殖民地地位接近这一位置时,就任命他为其执行官。麦肯齐三个月的行政管理基本上是无效的。布尔人和茨瓦纳人之间的暴力事件继续,他被卷入当地的冲突,导致他在 1884 年 8 月被召回。[2] 他在属地的继任者是塞西尔·约翰·罗德斯(Cecil John Rhodes)。至 1884 年,开普敦殖民地已经兼并了格里夸兰西部,罗德斯,钻石联合企业戴比尔斯的主任则成为金伯利开普议会的成员。他对格里夸兰西部的北部领土感兴趣,因为它处于"通向北方的道路",可以集中提供劳动力给钻石矿。罗德斯攻击麦肯齐的管理,从而成为他的替代者,但他也无法控制局面,只在职了两个月。持续的争斗于 1884 年 9 月终结了他的任期。[3] 殖民地方面任命的是查尔斯·沃伦,他当时是一名将军,担任保护地的特别专员。他于 1884 年返回南部的茨瓦纳领土,并带有 5 000 名士兵,麦肯齐是顾问。与殖民地高层的预期相反,麦肯齐和沃伦着手与没有经历布尔人占领的北部茨瓦纳酋长达成协议。1885 年 9 月,沃伦和麦肯齐引起殖民地的关切,沃伦被召回并分割了茨瓦纳领土。罗龙、塔拉坪和塔拉洛地区成为英属贝专纳兰领土的南部皇家殖民地(现在在南非北开普省和西北部省份),北部地区成为贝专纳保护国(现在是博普塔茨瓦纳)。

---

[1] Mackenzie, *Austral Africa*, 1(1887), 30.

[2] 关于麦肯齐在英国非洲殖民地历史上的角色,参见 Agar-Hamilton, *Road to the North* (1937), 278 - 332; Sillery, *Bechuanaland Protectorate* (1952), 51 - 52; Holmberg, *African Tribes and European Agencies* (1966), 45 - 70; Kenneth Hall, "Humanitarianism and Racial Subordination: John Mackenzie and the Transformation of Tswana Society," *International Journal of African Historical Studies* 8(1975): 97 - 110; Mackenzie, *The Papers of John Mackenzie*, Anthony Dachs, ed. (Johannesburg: Witwatersrand University Press, 1975)。Sillery, *John Mackenzie of Bechuanaland, 1835 - 1899: A Study in Humanitarian Imperialism* (Cape Town: Balkema,1971)。

[3] 有关罗兹作为原专员时期的活动,参见 Sillery, *Bechuanaland Protectorate* (1952), 52 - 53; Holmberg, *African Tribes and European Agencies* (1966), 71 - 88; Agar-Hamilton, *Road to the North* (1937), 333 - 385。

英国贝专纳兰土地委员会和牧场隔离

1885 年，英国贝专纳兰土地委员会任命西德尼·施帕德（Sidney Shippard）为主席，也即后来殖民地的管理者。英国贝专纳兰土地委员会的任务是统管由茨瓦纳土著人、布尔人在东贝专纳声索的领地，以及随机索赔在全境各地的个人补助金事宜。此外，英国贝专纳兰土地委员会为未来的白人定居提供便利。其任务要求是不可能完成的："目的是寻求实现属地保护与欧洲扩张相结合，换句话说，是既要保护土著人权益的安全，同时还要实现欧洲人对废弃土地进行有益的占领。"[①] 英国贝专纳兰土地委员会从 1885 年 10 月至 1886 年 5 月，穿越大部分英属贝专纳兰辖区，进行普查，调查土地声索和确定所有权。为了确定土著人口和需求，英国贝专纳兰土地委员会统计了土屋的数量，并将其乘以五。估计库鲁曼区的总人口为 11 755 人（不包括朗厄山脉和喀拉哈里地区）。英国贝专纳兰土地委员会只用非洲人总殖民面积的百分之八作为保留地。[②]

布尔移民在塔昂和麦非肯地区获得了耕地，但在库鲁曼，非洲人几乎保留了所有定居点、泉水和河谷，包括波切切莱萨、曼尼汀、弗拉克方丹、盖-图斯、马尔门（Maremane）、思茅斯文（Smouswane）、科农和塔拉坪（见图 4.1 和表 4.1）。英国贝专纳兰土地委员会没有到达库鲁曼山以西的地方，留下了朗厄山脉和喀拉哈里地区作为界线划定。主要的泉眼，只有盖斯葛尼恩（库鲁曼之睛）没有授予非洲用户作为土著保留地。1886 年的"土地定居点"指定了从"库鲁曼之睛"往下游作为城镇所在地。距泉眼往下游约 15 公里处，约有 26 767 公顷，被指定为皇家预留地。库鲁曼皇家预留地不

---

① BPP C 4889 (1886), *Land Settlement in British Bechuanaland*, 4.
② 关于土地委员会，参见 Shillington, *Colonisation* (1985), 174–177。

得分成私人农场。像"本土储备"一样,它由政府控制,而不是由非洲人使用。英国贝专纳兰土地委员会预计将其用于未来扩建城镇、公共公园,以及公用牧场。宣布保留地后,以及承认布尔的土地所有权属地之后剩余的土地,即79%的殖民地,被宣布为"废弃地",交由拍卖处置。①

对应保留地编号,见表4.1。基于1:250 000的比例尺2622-布雷,2722-库鲁曼,2724-克里斯蒂娜,2822-波斯特马斯堡(Postmasburg),3634-弗雷堡。数据来自南非调查和绘图总局。转载于2001年10月9日政府印务局版权局第11012号。插图上的点显示了库鲁曼镇的位置。②

图4.1 库鲁曼皇家预留地和原住民保留地

---

① 随着时间的推移,官方对储量的测量略有不同。表4.1使用每个储备的最后可用统计数字。测量数据来源如下:1, 1a, 3, 4, 7, 8 and 9, Breutz, *Tribes of Kuruman* (1963), 56–57; 5 and 6, Surplus People Project, *Forced Removals in South Africa: The Surplus People Project Report*, 5 vols. (Pietermaritzburg: Surplus People Project, 1983), 3:100; 10, 11 12 and 13, Public Records Office, London [hereafter PRO] Colonial Office Series [hereafter CO] 879/51, "Return of Native Reserves in Bechuanaland," 47; 14, Snyman, *Kuruman* (1992), 54. 原始测量单位是摩根,在荷兰,一个面积为0.856 5公顷,原先的测量值已经转换为公顷。

② BP:贝专纳兰保护区(Bechuanaland Protectorate);BB:英属贝专纳兰(British Bechuanaland);GLW:格里夸兰西部(Griqualand West);OFS:奥兰治自由邦(Orange Free State);CC:开普殖民地(Cape Colony)。

表4.1　库鲁曼皇家预留地和原住民保留地

	保留地	公顷	建立/没收
1	下库鲁曼	71 114	1886 建立
1a	下库鲁曼外延	12 879	1908 建立
2	曼尼汀	18 733	1886 建立
3	波切切莱萨	14 582	1886 建立
4	弗拉克方丹/卡贡	5 006	1886 建立
5	思茅斯文	2 770	1886 建立
6	科农	10 711	1886 建立
7	盖-图斯	47 308	1886 建立
8	马尔门	11 383	1886 建立
9	库伊斯	16 331	1895 建立
10	朗厄	178 761	1897 没收
11	德本	5 125	1897 没收
12	卡图	19 576	1897 没收
13	塔拉坪	2 676	1897 没收
14	库鲁曼皇家预留地	27 677	1886 建立

虽然英国贝专纳兰土地委员会声称他们为南部茨瓦纳保留了使用中的所有土地，但它有权定义"使用"，不幸的是，对于这些牧区，它只是将其定义为耕作。保留地确实包括牧场，但英国贝专纳兰土地委员会大大削减了它们。英国贝专纳兰土地委员会对非洲人的种植而不是蓄畜有明显的偏见。其报告对科农的描述是田园风格的。

科宁（Koning）……的重要性在于它的涌泉、山谷对农业的适宜性以及周围山丘上的木材。涌泉位于一个主要用于饮牛的浅湖［沼泽］。水沿着狭窄的山谷蜿蜒约半英里。从山谷口流出后，水沿着两侧的沟渠前行，水渠流经的地面被精心地耕种。除了大涌泉之外，还有一个较小的涌泉正好在位于山谷口的地方。在山谷的两边，有一排排果树，其上挂满水果，靠近土屋，有一些树木还提供了难得的树荫。科宁肯定是最漂亮的、也是我所看到的最有生产力的贝专纳人农场之一。①

　　英国贝专纳兰土地委员会通过指定该地作为保留地来回报这种生产力。在划定非洲人的保留地时,英国贝专纳兰土地委员会考虑"为他们提供充足的生活必备,尽可能使保留地紧凑,不愿意从被他们长期耕种的地方迁除原住民。"②向非洲人交付浇灌的半干旱地区在南部非洲没有先例。③然而,由于委员会预计非洲人的集约生产增加,这个"礼物"不算大。

　　割离放牧土地背后的逻辑在其他地方进行了充分的排练:世界各地的欧洲帝国主义导演了大量的土地割离现场,并得到了一种意识形态的支持,即对那些实行"更高"使用权的人赋予优先权。欧洲人通过标榜更密集的使用代表了对环境的更好利用,为他们在其他大陆上取得领土辩护。例如,在北美,一些思想家排斥了美洲土著人的权利,理由是少数游牧民众没有权利将大批欧洲农民置放在领土之外。④由于这个逻辑,英国贝专纳兰土地委员会承认并保护了它认为的更高的土地使用形式灌溉耕种,而无视、打压和阻碍牧作。正如第三章所讨论的那样,通过开普边界引入的"密集"耕作是对现有系统的调整,而这个系统的进步特征仍然是基于广泛生产。不幸的是,对于生活在金合欢丛生之地的人来说,英国贝专纳兰土地委员会没有承认或尊重这一点。无独有偶,定居点限制非洲人到河谷,从而保障了最典型的土地白人化放牧使用。

① CTAR BBLC 20, claim number 43 of J. G. Donovan to Konong.
② BPP C 4889, *Land Settlement in British Bechuanaland*, 30.
③ De Kiewiet, *Imperial Factor* (1937), 187–188.
④ 约翰·洛克推崇这一观点,但是伊曼纽尔·康德则反对。Wilcomb Washburn, *Red Man's Land - White Man's Law* (New York: Charles Scribner's Sons, 1971), 38, 143, 253, note 25.

19世纪末期,南部非洲的白人土地利用广泛,包括畜牧和狩猎。[1]新殖民地土著人中的保存种植而不是蓄畜,非常方便白人,他们声称保护土著人民享有对土地的"最高"利用——开放种植。

　　有人反对说这样会骄纵非洲人。施帕德报道说："许多荷兰农民看到当地最好的水浇地和最有生产力的土地在很大程度上分配给非洲农民,非常愤怒,这将鼓励土著人养成懒散习惯,而不是被迫像大多数白人一样为自己的生活而劳动。"[2]然而,英国贝专纳兰土地委员会强调说,安置不会让保留地居民靠广泛的粮食生产过活："我们认为,如果[非洲人]勤奋工作,并开发土地委员会分配给他们的土地资源,他们将发现它们足以养活自己。"[3]不仅要在灌溉种植园工作,而且还要在殖民地经济中劳动,是对付非洲人"闲置"的解药。施帕德是罗德斯[4]的老盟友,同样对实业家的劳动力供给有担忧,而不赞同麦肯齐设想的未来非洲农民前景。虽然英国贝专纳兰土地委员会文件并没有提及劳工问题,但在审议中考虑过。施帕德在殖民地办公室写了一封信给他的上司说:

> 　　严格遵守土地委员会确定的保留地限制是符合当地人本身的最佳利益的,这样可以直接迫使剩余本地人口——不是倡导于保留地上过一种堕落空闲的生活——而是通过在钻石矿、金矿或欧洲农场工作为自己赚钱。[5]

① Giliomee, "Processes in the Development of the Southern African Frontier," in *The Frontier in History*, Lamar and Thompson, eds., 76–119. Specifically regarding hunting, 参见 MacKenzie, *Empire of Nature* (1988)。

② Sidney Shippard, "Bechuanaland," in *British Africa*, J. Scott Keltie, II, ed. (New York: Funk and Wagnalls and Company, 1899), 59.

③ BPP C 4889, *Land Settlement in British Bechuanaland*, 30. 评论参见 Agar-Hamilton, *Road to the North* (1937), 435。

④ Shippard, "Bechuanaland," in *British Africa* (1899), 51–52. 相关分析参见 Hall, "British Bechuanaland: The Price of Protection," *The International Journal of African Historical Studies* 6 (1973): 183–197。

⑤ Hall, "British Bechuanaland: The Price of Protection," *The International Journal of African Historical Studies* 6(1973): 188, quoting Shippard from PRO CO 417/20/9613, 335.

　　显然,施帕德认为广泛的粮食生产是人力资源和土地利用不足的原因,因此要求迫使非洲人工作符合他们自己的最大利益。单靠土地定居不会迫使他们进入劳动力市场,还会因为终结了广泛生产而累积震动。

英国贝专纳兰土地委员会和土地权属

　　英国贝专纳兰土地委员会没有加入麦肯齐的同化进程设计,没有给予个人土地所有权。相反,它辩护说这是就其对茨瓦纳习俗的了解而作出的决定,这是一个有问题的事情。了解茨瓦纳权属法律并使其适用于殖民地背景是一个很难的挑战,英国贝专纳兰土地委员会倾向于对依照英国旧有格里夸兰西部殖民地的开发对茨瓦纳土地习俗进行解释。在茨瓦纳的做法中,对耕种土地的权利最多保证个人使用权,但是由于财产不具有一种所有权上的一次性商品性质,格里夸兰西部土地的官员大部分忽视了有利于酋长权力的任何私人权利。[①] 英国贝专纳兰土地委员会报告开篇将土地权利与酋长托管完全关联。

> 　　关于土地所有权和原住民保留地最终目的的问题,
> 我们完全赞同如下观点:根据当地习俗,部落占据的土地
> 被视为酋长的财产,至于与部落成员的关系,他是以共产
> 主义原则为基础,占领和使用它的属民只是受托人。

报告继续说:"我们不建议像现在这个领土分割决定一样,建立一般制度和个人获得土地独立权属保障。"[②]
　　对于英属中部非洲,马丁·沙诺克(Martin Chanock)展现了

[①] 这些裁决包括布隆霍夫委员会在 1871 年做出的裁决、斯托肯斯特罗姆法官在 1876 年做出的裁决和莫西中校在 1880 年做出的裁决。参见 BPP C 4889, *Land Settlement in British Bechuanaland*, 36 - 9 for a summary of British rulings on Tswana land customs before 1886。

[②] BPP C 4889, *Land Settlement in British Bechuanaland*, 12.

"习惯性共同使用权"的讽刺效果,因为行政人员和有权势的非洲人将习惯重新包装并将其社区决定性地归于酋长权力。殖民地权势阶级构想了一个非洲土地权力制度,从政治权威"向下流动"到"社区、个人利用和安全,但没有所有权的怪异混合体"。[1] 习惯性的社区所有权实际上是殖民地的共同权属,非洲的习俗变得无能为力。它以许多方式曲解非洲的实际做法,就是拒绝任何个人权利,将控制权置于酋长手中,并通过集体成员确定获得土地的权利。[2] 此外,通常的所有权和治理没有考虑到公民事务委员会或理事会(Kgotla)的作用——对酋长进行监督。相反,在贝专纳保护国,公民事务委员会的作用被制度化地归于殖民管理之下,任何决定都需要酋长的同意,尽管这个同意肯定会受到殖民者压力的影响。然而,在1891年,克瓦纳的公民事务委员会强迫酋长塞撒尔撤销向白人定居者的土地授权。[3]

特别是关于位于英属贝专纳兰的,白人定居者最不愿意去的最干旱地区库鲁曼周围的西部地区,发现与报告的其余部分有些不一致。英国贝专纳兰土地委员会否认了这个地区白人的大部分索求。德兰士瓦移民没有占领这个地区,但是有几十个白人声索人要求农场的所有权,他们称这是酋长所授予的。因为这些声索人没有设法占领土地,而且由于河谷是塔拉坪人和塔拉洛耕种者的所在地,英国贝专纳兰土地委员会否定了这些声索中的大部分。在这里,其对习俗的解读与报告所引用的前两段相矛盾,前者引用说调低酋长权力,承认公民治理委员会"kgotla"(指南非荷兰语"电鲶")在治理中的角色作用,并表达了对个人所有权的同情。

---

① Martin Chanock, "Paradigms, Policies and Prosperity: A Review of the Customary Law of Tenure," in *Law in Colonial Africa*, K. Mann and R. Roberts, eds. (Portsmouth: Heinemann, 1991), 61 – 84.

② Mamdani, *Citizen and Subject* (1996), 138 – 141.

③ Schapera, *Native Land Tenure in the Bechuanaland Protectorate* ([Alice]: Lovedale, 1943), 40 – 41. 另参见 Isaac Schapera, *The Tswana*, 4th ed., (London: KPI, 1984), 53。

> 我们得出的结论是,单独给予几个农场个人土地权属违背佰特拉坪(Batlapin)的习俗;但是首长和小型首长在某种程度上有时同意,有时候也不同意[委员会]的意见,外国人可以在他们的国家居住……由于佰特拉坪变得比以前更少游牧,并且喜欢上对农业的追求,种植园和泉地逐渐被认为是家庭所使用的财产。[①]

显然,殖民地共同权属与英国贝专纳兰土地委员会自己对南部茨瓦纳之间的个人土地权利的看法已经显现出矛盾。

根据英国贝专纳兰土地委员会自己的观察,严格执行共同持有的决定令人费解。显然,政治利益遏制了法律逻辑。这并不奇怪。有趣的问题是:谁的利益是共同的所有权意在维护的对象?1894年的格伦灰色法案表明个人所有权与提高劳动力的政策不兼容,[②]但是,19世纪80年代以后社区使用权的利益更可能是白人定居者的利益。根据沙诺克的说法,共同使用权的承认实现了土地割离:"呼吁习惯性制度的存在是非常方便的,因为以英国法律所承认的权利对待土著权利会产生大量的令人尴尬的问题。"[③]希林顿也强调了英属贝专纳兰对白人土地定居的便利性,指出公共使用权使"最大数量的非洲人陷入最小的可接纳地区"成为可能。[④]英国贝专纳兰土地委员会建议殖民地应该最终在保留地块内放行个人所有权。[⑤] 1889年,公告确实为殖民地政府而不是头人提供了耕地,给予保留地的可耕地以个人所有权,但是条款提供的所有权从未生效。[⑥] 这种不执行情况变成了沙诺克所指出的殖民地广泛

① BPP C 4889, *Land Settlement in British Bechuanaland*, 38.
② On the Glen Grey Act, 参见 Bundy, *The Rise and Fall of the South African Peasantry* (1979), 135 - 136。
③ Chanock, "Paradigms, Policies and Prosperity," *Law in Colonial Africa* (1991), 66.
④ Shillington, *Colonisation* (1985), 175.
⑤ BPP C 4889, *Land Settlement in British Bechuanaland*, 12.
⑥ Shillington, *Colonisation* (1985), 177 - 180.

存在的模式——"非洲殖民国家总体上没有对土地进行调查和引入土地登记……[这]使非洲人基本上没有为建立那种合法的土地制度奠定基础,因为这首先被认为是需要的和不可回避的。"①

直接统治下的土地纠纷

约翰·史密斯·莫法特,从传教工作退休,作为居民在塔昂做地方行政法官,报道说英国贝专纳兰土地委员会管事后,人们心情轻松,英属贝专纳兰的居民保留了较大地超过了他们在格里夸兰西部亲属所保留的土地。② 英国贝专纳兰土地委员会本身认为它对塔拉坪人做了很好的服务:"佰特拉坪应该为所保留的一切,对英国政府感恩。"③毫不奇怪,抗议活动的确出现了,主要是酋长和富人抱怨他们没有收到个人对农场的所有权。例如,卢卡(Luka),简特杰(Jantjie)的儿子,莫替彼的孙子,在曼尼汀经营农场,他向施帕德抱怨:"我要让酋长知道我对该国的怨言,因为现在没有黑人获得农场,只有白人。"施帕德回答说,如果他成功耕种,卢卡可以买更多的土地。④ 虽然殖民统治限制了非洲人使用环境的机会,但政策并不属于 20 世纪发展出的官方领土上的那种种族隔离。英国贝专纳兰土地委员会是根据"土著人"的地位定义公共土地,但没有法律阻止"同化"本国人以与白人相同的条件购买私人土地。然而这相当于事实上的隔离。由于贫困,非洲人在英属贝专纳兰购买土地非常罕见。

保留地居民要求按照殖民法律对白人侵犯索赔,如果他们的

---

① Chanock, "Paradigms, Policies and Prosperity," *Law in Colonial Africa* (1991), 77.

② CTAR BCC 93, Taung Resident Magistrate J. S. Moffat, September 18, 1886.

③ BPP C 4889, *Land Settlement in British Bechuanaland*, 44. 另参见 Shippard, "*British Africa Bechuanaland*," (1899), 59。

④ BPP C 4956, *Affairs of Bechuanaland and Adjacent Territories*, Luka Jantjie to Shippard, September 1885, 126.

案件支持土地委员会的调查结果，就会取得一些成功。[1] 就这样，土地定居有延迟效应。不同于保留地较小、人口较多的塔昂和弗雷堡，库鲁曼地区殖民统治初期几乎没有会人满为患的迹象。[2] 1891 年之前，库鲁曼只有 166 个白人居民。[3] 由于这么小的定居者人口和地域广阔，没有理由将非洲人阻止在"废弃土地"之外。[4] 随着对保留地的调查以及其实际规模变得明确，投诉确实出现了。1890 年以后，调查人员划分了波切切莱萨、曼尼汀、科农、下库鲁曼和朗厄保留地以及戈登尼亚区的莫洛波河库伊斯村（Khuis）的喀拉哈里保留地。[5][6] 随着调查的深入，抗议活动不断出现在整个牧区。波切切莱萨的 53 位居民致维多利亚女王的请愿书是这么写的："女王！我们生活困难，因为没有一片草地可牧牛、牧羊，甚至养孩子……我们被困在山谷的中心……没有地方可以得到柴料或青草。"[7]来自其他几个保留地的居民也提出了要求更大的保留地的请愿。[8]

英属贝专纳兰政府没有回应关于土地的请愿，直到 1895 年，当时是因为朗厄保留地的新西部边界出现争议。1885 年时英国贝专纳兰土地委员会没有到达朗厄山脉，保留地的确切划定一直拖后。1895 年划定的边界具有毁灭性的影响，因为它阻断非洲人进

---

① 参见 CTAR 1/KMN 4/1, Lerchwe v. William James Markram, September 30, 1887；David Tawane, Jr. v. V. Petros, January 19, 1888。另参见 CTAR BCC 81, May 26, 1890；May 28, 1890；August 7, 1890；Mokwene Baepi's statement, May 26, 1890；Wookey to Shippard, May 28, 1890；Frederick Newton, Acting Administrator of British Bechuanaland, to Herbert Jarvis, August 7,1890。
② Bryden, *Gun and Camera* (1988), 125. CTAR BCC 104, Taung Resident Magistrate Lowe, October 18,1890.
③ CTAR BCC 106, Newton, June 19, 1891.
④ CPP [Cape Parliamentary Papers] G 42－1898 *Blue Book on Native Affairs*, 66.
⑤ 库伊斯的建立是依据 1895 年的英属贝专纳兰公告 220。因为其是戈登区唯一的非洲人保留地，又距离库鲁曼近而远离阿平顿，它行政上归库鲁曼管辖。
⑥ CTAR 1/KMN 10/18, Annual Report, Resident Magistrate Scholtz, September 29, 1890；CTAR BCC 102, Surveyor General Duncan, November 22, 1890.
⑦ CTAR BCC 82, Petition from fifty-three signatories at Bothetheletsa, August 11, 1890.
⑧ CTAR BCC 82, Wookey to Shippard, enclosing petition from communities on Matlhwareng River, May 28, 1890；CTAR BCC 82, Petition from Metswetsaneng, August 8, 1890；CTAR BCC 82, Petition from Mapoteng, August 20, 1890.

入含有泉水的几个峡谷。这促使朗厄山脉的居民向弗雷堡的英属
贝专纳兰行政部门提出请愿。行政部门任命了一个马修斯委员会
来调查朗厄保留地和盖斯葛尼恩附近的库鲁曼皇家预留地以及上
库鲁曼谷的库鲁曼人保留地,因为其边界也不确定。① 该委员会支
持了这一理念:栽培比放牧更好。"虽然政府一直都愿意承认当地
人对在被兼并之前所占领耕种土地的正当要求,但是不允许将离
他们距离很远位置的水源和土地只是作为牛岗。"②按照这些说明,
马修斯委员会将耕地归到朗厄保留地,但扣留了用于牛岗的泉眼。
库鲁曼皇家预留地是一个更棘手的问题。非洲人多年来一直在皇
家预留地盖斯葛尼恩和其他泉眼处生活和种植。鉴于农业用地方
面保留土地的政策,皇家预留地委员会上的人们对种植园强烈要
求,委员会审议了这个问题,也同意了,但不是将库鲁曼皇家预留
地增加到原住民保留地,而是设计了一个妥协的解决办法。它裁
定那些在帝国接管之前耕种土地的人仍然可以作为租种人,但不
能对土地提出索求。③

　　最后,大英帝国的土地勘定只是给予在库鲁曼区非洲人 4 117
平方公里土地,占该区总共 36 053 平方公里的 11%,分为 13 个单
位。④ 也就是说,殖民政策一直坚持 1886 年的勘定,尊重密集用
途,不考虑未来的需求。这项政策对保留地上的土地用途产生巨
大的后果。

直接统治和环境管理

　　根据英国贝专纳兰土地委员会报告,英属贝专纳兰的行政部

---

① CTAR BCC 116, Field Cornet Lanham, to Resident Magistrate Bam, November 26, 1894, including petition from Chief Khibi and seventy-nine councilors, November 16, 1894.
② BCC 116, Acting Administrator to C. Matthews, C. MacGregor and C. Monroe, January 3, 1895.
③ CTAR BCC 116, Resident Magistrate Bam, October 29, 1894; CTAR BCC 116, Matthews Commission Report on Crown Reserve, March 8, 1895.
④ Snyman, *Kuruman* (1992), 53.

门主要根据开普直接统治政策行事,尽管说是共有权属。治安法官持有司法权力,但当地保留地的监察人员依靠头人和酋长来管理。① 最重要的是公民委员会制度——酋长负责社区工作——没有得到直接统治的保留。由于公共保留地居民声音微弱,治安法官或头人对土地持有单方面干预成为可能。酋长或治安法官的干预根据其与被治理人员的关系而有区别。相比较,彼得斯将茨瓦纳酋长作为英雄描述,其拥有物质特权,②而埃文斯对"开普敦"地方官的描述是家长制。根据埃文斯的说法,家长制把下属当作不成熟的初级合伙人,尽管有习惯上的条件限制,却逐渐赋予高级合伙人责任以完成文明使命。这并不意味着资深合伙人善良。字面理解,家长制并不意味初级合作伙伴的自我实现,而只是寻求某种形式的同意。③

特权社区领导人和"文明"外部人之间的区别解释了土地利用干预措施的差异。在此期间,头人主动为自己谋取更多的土地,而治安法官为促进土地更密集使用采取行动。在库鲁曼地区,原住民保留地的检查员于两年后拥有重新分配未利用土地的权力。一名拥有地块的人被描述为"水深火热",据报其在金伯利一年中度过了九个月的抗议时间,因为当地治安官以利用不足为由没收其土地,因为他把土地租种给了别人。④ 同时,库鲁曼附近的巴塔拉洛斯村也是头人和没有土地的人之间经常发生纠纷的地方。一名治安法官声称,该村以宗教信仰分治:"缇帕所在地区的大部分耕地被分配给基督徒,几乎所有的异教徒都被遗弃在寒冷中。"⑤另一名治安法官将土地纠纷定义为阶级问题:"头人和议员取得最好的

① Shillington, *Colonisation* (1985), 179 – 180.
② Peters, *Dividing the Commons* (1994), 30 – 33.
③ Evans, *Bureaucracy and Race* (1997), 9 – 13, 164 – 176, 282 – 283.
④ CTAR BCC 102, Mereki to Inspector of Native Reserves St. Quintin, translated by Wookey, November 26, 1889; Resident Magistrate Scholtz, December 6, 1889.
⑤ PRO CO 879/29 no. 368, Resident Magistrate Streatfeild, September 1888, 73.

地块,其他人要么无奈接受,要么完全没有。"①在殖民吞并之前,普通人也容易获得资源;但是在殖民地制度化的过程中,殖民地法赋予了头人们更多的机会和更少的限制。殖民地行政人员承认,对酋长和头目的土地权力赋予不利于普通人:

> 特别是在保留地中,水是自由供应的,土地的灌溉面积很大,迫切需要彻底改变。直到现在,头人和那些有利于他们的人都是真正的土地所有者,而穷人和那些依靠他们的农民则是农奴。一名小头人就可以从合法的占用者手中夺走一块精心养护的土地,送给朋友或自己耕作,随便指一块废弃的土地或一个被遗弃的老园地给那些不幸的人,而勤劳的穷人只有破产和劳动。②

公告62条规定了治安法官在土地问题上的直接统治,但是他们在这些案件中如何坚持自己的意见而反对首领和头人的主张没有记录。③ 他们更多地记录了头人的干涉。这时候,无论是头人还是治安法官都没有过激的干预,但是在20世纪殖民地政府间接统治的时候,社区权属制下的更多极端干预变得明显起来。

耕作土地和挣取现金

在殖民统治的第一个十年里,人们保持了大量广泛的土地利用制度,也包括一些灌溉,但市场化种植并没有蓬勃发展起来。在英属贝专纳兰首府弗雷堡,肉类供应丰富,但"主要就在附近区域

---

① CTAR 1/KMN 10/17, Resident Magistrate Scholtz, September 30, 1899.

② CPP G 19‑1897, *Blue Book on Native Affairs*, 68.

③ PRO CO 879/29 no. 368, Resident Magistrate Streatfeild, 73; CTAR 1/KMN 10/17, Resident Magistrate Scholtz, September 30, 1899. 其他历史学家的相关讨论,参见 Shillington, *Colonisation* (1985), 209; Comaroff and Comaroff, *Of Revelation and Revolution*, 2(1997), 143‑147。

种植的"大部分水果、谷物和蔬菜,要通过铁路网进口,供不应求。[1]
库鲁曼,虽然有灌溉河谷,还是要进口食品。1888 年的一份报告
指出:

> 在这个最丰产的贝专纳兰山谷里,正如我经常得到
> 的保证一样,种植园是沙漠中的一片绿洲,而我所写到的
> 土著人完全脱粮,几乎所有这个地方的车辆都出去运粮
> 以供应人口需求,而这里有成百上千英亩的土地闲置和
> 无耕。[2]

不同的家庭农作方式不同,英国贝专纳兰土地委员会对"科
农"[3]的描述表明,一些耕作者对土地进行耕作的方式欧洲人可以
接受。麦肯齐指出:"贝专纳兰有两种农业风格。首先是'雨地'或
耕地,这完全取决于这个国家的降雨量。这是老农业。另一种是
与灌溉有关的高等农业。"[4]一种新技术,即"美式犁"或"第 75 号
犁",越来越多地被使用。早在 1852 年,进口的美国犁在伊丽莎白
港以每犁 4 英镑的价格供应。1890 年,"轻便美式犁"可以在弗雷
堡购买,每犁一头牛可得。[5] 第 75 号犁有个铁盘,被评价为"强
大,但是打造太重的单耕犁"。[6] 在库鲁曼地区,75 号犁和锄头是
重要的农业助力器,一直到 20 世纪头十年和 20 年代。[7]

---

[1] Bryden, *Gun and Camera* (1988), 15 – 16.

[2] PRO CO 879/29 no. 368, Resident Magistrate Streatfeild, September 30, 1888, 68.

[3] Ibid., 117.

[4] John Mackenzie, *Austral Africa*, 2(1887), 168. 相关例证,参见 LMS 43/1/B, John Brown at Taung, February 7, 1889; Bryden, *Gun and Camera* (1988), 117; and CPP G 13 – 1891, *Report of Commission to Select Land in British Bechuanaland*, 6。

[5] LMS 27/1/B, Holloway Helmore at Dikgatlhong, September 4, 1852; Bryden, *Gun and Camera* (1988), 117.

[6] Robert Wallace, *Farming Industries of the Cape Colony* (London: P. S. King and Son; Cape Town: J. C. Juta, 1896), 439.

[7] UG 17 – 1911, *Department of Native Affairs Report*, 135. 在保留地内使用"美国犁",参见 Landau, *The Realm of the Word* (1995), 74。

　　然而,欧洲观察家仍然批评土地利用和种植技术利用不足。利用不足是相对的,是出于欧洲对适当使用的看法及其捍卫殖民地政策的需要。例如,卢卡·简特杰抱怨定居地损失时,施帕德教训他说他的种植技术有缺陷:"你自己的地方[塔拉坪]几乎是浪费的。如果你不能耕种你所拥有的土地,你怎么可以要求更多的地呢?"[1]卢卡搬到朗厄保留地时,调查人员将他的迁移归于漫游癖而不是出于任何真正的需要。[2]

　　尽管存有这些偏见,还是有可能通过记录者的偏见来解读粗放栽培持久存续的逻辑。在非洲对广泛生产的偏好仍然是明显的:"他们有强大的商业本能,但迄今为止这些已经销声匿迹,或以物易牛、象牙和其他乱七八糟的追求等。"[3]在科农,那里的英国贝专纳兰土地委员会赞美风景如画的农耕景象,建议说可以重新设计,将水引向更大的区域。[4] 1889 年,一位地方法官描述了没收靠近盖斯葛尼恩附近的"一块玉米地,因其耕作不力,没有围种、半淹,我敢说只有不到四分之三袋的玉米收成"。[5] 后来的官员证词表明,一般来说,非洲保留地灌溉的目的不是最大限度地提高作物生产:"一般只有部分容易灌溉的区域被种植,而大片的地面被闲置。"[6]白人观察家眼中只有水浇地而不注意旱地栽培。

　　农民显然对于如何使用河谷有着自己的看法,他们继续采用广泛的生产方式,因为他们不愿意那么劳累。对农民来说,这是土地和劳动力的适当实际使用。此外,在这个时候,有一些新的力量使河谷的生产最大化变得困难起来。田地已经被栽培了 60 多年,而很少施肥。如果人们确实想要施用肥料,它广泛分布在整

① BPP C 4956 *Affairs of Bechuanaland and Adjacent Territories*, 126.
② CTAR BCC 72, Surveyor General Watermeyer, February 9, 1895.
③ Bryden, *Gun and Camera* (1988), 126 - 127.
④ CTAR BBLC 20, claim number 43 of J. G. Donovan to Konong.
⑤ CTAR BCC 102, Resident Magistrate Scholtz to Shippard, December 6, 1889.
⑥ CPP G 19 - 1897, *Blue Book on Native Affairs*, 68.

个草地上,需要很多的精力才能收集。如果种植园耗尽了有机物质和磷酸盐,耕作者就需要给它以长时间的休耕,外人通常会解读为无视、弃耕。对于所有权属不安全的看法也有可能阻碍生产的强化。莫法特认为,开发土地犹豫不决是由于土地割离后对土地所有权的普遍不安全感的反应:

> 这个土地上有一种根深蒂固的不安全感,阻碍着其进步。如果问你为什么不能在村里建一个好的水井或水坝,而不是让你的女人走几英里甚至更长的距离来汲水,回答是"有什么用? 一旦我们完成了你所说的事,白人不会过来把它从我们手里抢走吗?"①

在田地投入更多劳动力的一个阻碍是其他地方有更好的经济机会。在这个时期,有一个持续的机会赚钱,作为移民劳工在开普敦殖民地干活。大多数移民工人似乎是年轻人,他们可能正在努力建立自己的家庭,而且对于父母的放牧或种植来说他们不是至关重要的。在塔昂,早在 1887 年,"甚至酋长的儿子"都要在金伯利工作,赚取现金显然是有吸引力的,即使对拥有更多资源的人。②男性挣取工资的劳动力有可能减少灌溉栽培力量:"看来,保留地居民的习俗似乎是适时地离开,比如说 2—10 年,甚至更长的时间,他们在离开期间将他们的土地交给一些亲戚照顾,在大多数情况下,这片土地会被遗弃,没有人耕种。"③

销售木材,牲畜或农产品继续作为现金来源。一些农业贸易确实存在,人们从格里夸兰西部农场和保留地带来水果,以换取绵

---

① CTAR Cape Colony Native Affairs Series (hereafter NA) 239, Taung Resident Magistrate J. S. Moffat, December 30, 1895.
② CTAR BCC 96, Taung Resident Magistrate Lowe, October 7, 1887.
③ CTAR Cape Colony Native Affairs Series (hereafter NA) 251, Cape Colony Chief Inspector of Native Reserves Roberts, Report on trip to Bechuanaland, April 20, 1898.

羊、山羊和其他动物皮毛,但从库鲁曼到金伯利市场销售产品和牲畜的证据仍然很少。[1] 论及英属贝专纳兰作为一个整体,殖民地的保留地督察查尔斯·圣金亭(Charles St. Quintin)报道说,贸易条件影响了这一点:

> 他们在获得硬通货方面遇到了很大的困难。他们获得金钱的唯一机会是送他们的孩子或自己去钻石矿工作几个月。他们抱怨说,这个国家没有钱可以赚,如果他们向店主或商人提供牲畜或产品,他们只会收到别的交换货物——以前的惯例是,给一半现金和一半货物。[2]

人们用现金购买犁、服装、牲畜和其他货物。[3] 用现金,人们缴税,虽然税收似乎不是一个很大的负担。早年的时候,人们可以通过躲在空旷的田野里逃避收税人。税务人员报告说,他在困难年代宽松,可能的话,等到好年头再收税。[4]

殖民地环境管理

阿尔弗雷德·克罗斯比为我们提供了一个引人回忆的欧洲生态扩张术语:"生态帝国主义"。然而,历史学家对"新欧洲"之外的殖民地环境影响没有类似的简记。在非洲提起"环境管理"问题可能有助于我们认识共同的进程。习惯性的共同权属和间接统治在20世纪为许多这些进程打下基础。这并不是说环境管理是统一的或是静态的。19世纪的库鲁曼行政是通过直接统治施行,殖民者对个人所有权有一些同情,虽然共同权属成为法律制度。殖民地吞并没有扰乱生产,但它蕴含了两个环境方面的发展隐患。人们

---

[1] CTAR BCC 113, Resident Magistrate Scholtz, January 6, 1893.
[2] CTAR BCC 96, Inspector of Native Reserves St. Quintin, Annual Report, August 9, 1888.
[3] CTAR BCC 96, Taung Resident Magistrate Lowe, October 7, 1887.
[4] CTAR BCC 114, Inspector of Native Reserves St. Quintin, Annual Report, April 15, 1893.

失去了很多土地,他们所占有土地的权属不明确。然而,在这些事态发展被感知到之前,环境就已经给茨瓦纳南部社会带来了严厉的打击。当然,环境在此之前已经遭受挫折了,但现在殖民地局势阻止了恢复。在殖民统治下,环境创伤将库曼人民从广泛的生计生产转移到依靠报酬劳动。

环境创伤,殖民统治和广泛粮食生产的失败, 1895—1903

> 我必须告诉你我们很好,但实际上我们在经历挨饿的痛苦。不是普通饥饿,而是饥饿致死。①

库鲁曼的环境史在1895年出现了转折点。那一年,开普敦殖民地吞并了英属贝专纳兰,关键变化开始了。非人类世界及其与人们的关联方式对这一时期的事件来说绝对是至关重要的。然而,根本的转型并不是由简单的环境灾难造成的。在此之前,人们曾经遭受过干旱和疾病的痛苦,并受到了暴力事件的叠加影响。现在的区别是,殖民统治干扰了人们幸免于环境灾难的能力。此外,殖民地国家利用发展形势采购矿产劳动力。库鲁曼的特殊之处在于其广泛的自给生产的失败可以追溯到20世纪的前几年。1895年和1903年之间的创伤非常严重,它夺取了人们的生命,并终结了通过广泛粗放生产实现的自足生活。

---

① BPP C 8797 (1898), *Correspondence Relating to Native Disturbances in Bechuanaland*, 20-21.

长期的环境改变

长期的环境改变在整个 19 世纪都在展开。这些缓慢的变化并不总是很明显，很难评估它们的重要性。然而这些变化为生产和殖民统治设定了新的背景。第一次改变是灌木量相对增加，草地数量减少。

不像任何其他环境现象，19 世纪初，大片草地为第一批有文化的旅客留下了深刻的印象。1812 年的到访者伯切尔记录说，这个国家"遍布高高的草丛，其高足可遮去经过公牛一半的身躯；我们一行正好穿过长满成熟玉米的田野"。[1] 1813 年，坎贝尔记录了"数千英亩的长草、干草，有时高达牛背"。[2] 旅行者直到 19 世纪中叶还可以发现草原风光旖旎，例如，有描述道"又长又粗的枯草丛，给平原以成熟谷穗的错觉"[3]或"数英里的草地高达腰间，山上全是大量的不讨人喜欢的植被"。[4] 显而易见，旅行者描述的景象是以草地为主的草原，而不是严格意义上的牧场，因为他们还注意到大型骆驼树（骆驼刺，茨瓦纳魔卡拉）[5]和苏木（灰色的骆驼刺，莫霍洛）分散生长在该地区。[6] 定居点附近的骆驼树大部分被砍伐，再生速度很慢。[7] 其他物种包括樟树（高茎灌木，莫哈特拉），"这些地

[1] Burchell, *Travels*, 2(1953), 186, 243.
[2] Campbell, *Travels* (1974), 176. 另参见 Campbell, *Second Journey*, 2(1967), 60。
[3] 这里的"谷穗"，作者指的是小麦。
[4] 第一句引文描述了 1836 年库鲁曼以东传教点的维尔德草原。Harris, *Wild Sports* (1963), 41. 第二句引文是约翰·史密斯·莫法特，在 1859 年重返家乡时的记录。John Smith Moffat, *The Matabele Mission* (1945), 52-3. See also Gordon Cumming, *A Hunter's Life* (1980), 277, 324.
[5] 英文名和科学名在以下文献中进行了交叉核对，Christo Albertyn Smith, *Common Names of South African Plants*, Republic of South Africa, Department of Agricultural Technical Services, Botanical Research Institute, Botanical Survey Memoir, No. 35 (Pretoria: Government Printer, 1966). 茨瓦纳的名字是在 1997 年 10 月的野外工作中确定的，F. H. Ferreira, "Bantu Customs and Legends Protect Trees," *African Wildlife*, 3(1949): 59-65; Ferreira, "Setlhapin Nomenclature and Uses of the Indigenous Trees of Griqualand West," *Bantu Studies* 3(1929): 349-356; and Desmond Cole, *Setswana-Animals and Plants* (Gaborone: Botswana Society, 1995).
[6] Barrow, *A Voyage*(1975), 388; Burchell, *Travels*, 2(1953), 209.
[7] Burchell, *Travels*, 2(1953), 219, 361, 372; Moffat, *Missionary Labours* (1842), 330; and Livingstone, *Missionary Travels* (1972), 112. 这些相似的观察可以追溯到 19 世纪 10 年代、19 世纪 20 年代和 1840 年。

方到处是灌木丛"。① 较小刺槐灌木和低矮灌木不构成金合欢丛生之草地的主体,但是对灌木丛植被地貌的描写倾向是显而易见的。据 1801 年第一批来自开普的游客报道,灌木丛迟滞了他们的前进速度。② 伯切尔在水源周围看到了未识别的金合欢,莫法特在废弃的定居点附近观察到"小刺槐"。③ 另一个旅行者记录有骆驼树和具蜜金合欢亚种。敌提你(detinis 黑刺李/斯瓦萨科;蒙哥拿)放慢了 19 世纪 30 年代的旅人的速度。④ 1841 年至 1843 年居住在库鲁曼的大卫·利文斯通(David Livingstone)将具蜜金合欢列为生长在岩石上的主要物种。⑤ 伯切尔的报告提供了良好的内部证据,证明灌木丛很少。在到达金合欢丛生之地之前,他给了具蜜金合欢亚种以科学名称,"拘榴",表示它们拘留了他。在奥兰治河南部,他被困在丛林中,只能通过割断衣服得以脱身。"为了报复这种虐待,我决定给这种树起一个名字,这个名字应该能够提醒未来的旅客不要让自己在其魔爪内冒险。"⑥ 与这个物种如此亲密接触的人会在报告中描述它:具蜜金合欢亚种,只在库鲁曼地区关于补充说明该地区物种的名单上出现一次。这是有力的证据,表明这个地区的灌木没有占据金合欢丛生草原的统治地位。⑦

使用旅行者的证据可能是有问题的,因为已经有人观察到,他们的写作,包括自然写作,充斥着"他者"偏见。⑧ 如果有夸大草地描述的文化压力的话,这就涉及植被变化历史参考适切性问题。

---

① Burchell, *Travels*, 2(1953), 193. 做评述时,他本人在南加特霍斯附近。
② Barrow, *A Voyage*(1975), 388.
③ Burchell, *Travels*, 2(1953), 218; Moffat, *Missionary Labours* (1842), 330.
④ Smith, *Diary of Dr. Andrew Smith*, 1(1939), 297.
⑤ Livingstone, *Missionary Travels* (1972), 112.
⑥ Burchell, *Travels*, 1(1953), 217.
⑦ Burchell, *Travels*, 2(1953), 370.
⑧ Pratt, "Scratches on the Face of the Country," *Critical Inquiry* 12(1985).

18 世纪后期观察到,灌木可能会取代草地使地区有所改变,[①]但只能表明,游客对草地灌木和草地的比例赋予了更大的意义。传教士坎贝尔在 1813 年发现无人认领土地的财富,很是惋惜:"看到这么多土地仍然在旷野闲置,每年那么多的生产力既没有为人类牟利,也没有为野兽造福……我希望这个悲惨的世界迎来更好的时代。"[②]传教士认为地理风貌需要救赎。传教士中为拯救环境而作出最大贡献的是罗伯特·莫法特,而草地和灌木丛的比例对他来说并不是一个问题。相反,他认为砍伐大的骆驼树会导致干燥,作为证据,他引用了地貌学知识,而不是草地或灌木的数量比例。[③]虽然观察者并没有以中立的方式研究景观,但是这些著作对草的认识并不一致,也没有低估灌木丛和树木。

这是一个合乎逻辑的假设,在当时,草原是繁茂的。与后来相比,19 世纪初的环境是草地友好型的。在被商业狩猎消灭之前,大象和长颈鹿阻碍了树木的生长。此外,在 19 世纪初,人类和驯养的牲畜很少,所以他们的影响也得以分散。牧场的公共所有权属也利于草地成长,因为随着季节性供水枯竭,人们可以将牲畜和其他畜群移到新的场地,从而给放牧过的土地以自我恢复的机会。经常发生的——也许只是一年一度的火烧(一些系人为),可能会延缓灌木丛生长。[④]

到 19 世纪 60 年代和 19 世纪 70 年代,有迹象表明,山脉中的丛林规模较大。事实上,具蜜金合欢丛林为游客造成了很大的障

① T. D. 霍尔证明了在 18 世纪中期,开普殖民地的人们认识到了灌木入侵的过程。T. D. Hall, "South African Pastures: Retrospective and Prospective," *South African Journal of Science* 31 (1934): 59 – 97.

② Campbell, *Travels* (1974), 176 – 177.

③ Grove, "Scottish Missionaries in Southern Africa, 1820—1900," *Journal of Southern African Studies* 15 (1989): 165 – 172.

④ W. S. W. Trollope, "Fire in Savanna," in *Ecological Effects of Fire in South African Ecosystems*, P. de V. Booysen and N. M. Tainton, eds. (Berlin: Springer, 1984), 156. 其他作家目睹了火情,起因可能是人为点燃或闪电。伯切尔描述了最近被烧毁的地区,参见 Burchell *Travels*, 2 (1953), 193. 一位旅行者记录了野生动物在草火前的逃窜。William Cotton Oswell, *Big Game Shooting*, 1 (1894), 40。

碍。古斯塔夫·弗里奇（Gustav Fritsch）的经历不同于其他人关于金合欢丛的描写：

> 这种类型的伞形金合欢，高度在 2—6 英尺之间，长着成对的钩刺，其尖锐度和硬度在植物世界中无与伦比。我们逐渐失去了方向感，荆棘越来越近，我们绝望的挣扎开始变得富于戏剧性，只是没有观众在场……
>
> 因此，我们通过"跳跃"和"放血"来强力通行，直到漆黑的夜幕使我们的挣扎变得不利，我们卸下负重，仍然被一排可怕的荆棘包围着。直到破晓，我才回到了格里夸镇……到了天光大亮，我们在该死的灌木丛中勉强找到了一条可以忍受的路。①

在库鲁曼南部，弗里奇错过了一个水潭，直到一个路过的格里夸人指出了明显的标记所在，南非干旱台地（含羞草，摩卡）和其他依水灌木丛。此后，弗里奇在河谷观察到其他刺槐。然而，在库鲁曼教区的北部，地貌风景开始变得类似于以前游客看到的热带草原。② 19 世纪 80 年代，另一位旅行者派克·吉尔摩尔（Parker Gillmore）也描述了此地茂密的丛林。从另一个格里夸镇——布萨铺向东南部接近库鲁曼，发现：

> 开始的路线部分是最无趣的，小道被最密集描述的生刺植物所包围，其中有三人离开路径（追逐猎物或其他），就此销声匿迹了……离开这个不可穿越的灌木丛后，这个国家变得开阔，地势起伏如公园一般。水，虽然

---

① Fritsch, *Drei Jahre* (1868), 260-261.
② 关于弗里奇对灌木丛的描述，请参见 *Drei Jahre* (1868), 262, 264-266, 284。

稀缺,却不是绝对地缺乏。①②

    这些描写与较早的说明之间的比较强烈地表明,大草原植被构成的变化沿道路发生。似乎弗里奇和吉尔摩尔在开阔的田地上比早期旅行者看到较少的草和较多灌木。这是一个合理的假设:到19世纪60年代和70年代,人口较多的区域沿途,灌木面积越来越大,种子分布最广。19世纪末的发展因素使得灌木丛在这个环境中更突出。大象和长颈鹿的消失意味着吃树木和灌木的动物稀少。③ 许多不同的食草动物和食嫩叶动物被三种物种:牛、绵羊和山羊的种群所替代,其草食影响比相似大小但混合的种群更为集中。④ 殖民者砍掉大型树木,支持金伯利资助的其他热带草原木本物种竞争。另外,殖民者谴责说,殖民地的"年度烧荒"是"恶毒"的做法,⑤被斥为任意纵火罪行和灭绝自然。由于灌木丛生长是本地化速率和渐进式的,因此认为整个地区突然变得更加繁茂是无理据的。然而,由于非洲牧民受河谷的限制,他们发现自己处于最有利于灌木丛增长的环境中。殖民地土地割离使大多数人口流入河谷保留地,湿润土壤比干旱地区更有利于灌木丛生长。⑥有一些证据表明,在世纪之交,保留地耕地的草丛较少:一张1891年的树木列表突出了小型喜水树木,如具蜜金合欢亚种、拘榴、卡鲁和揽仁绒金龟(黄木或银簇,麦格桡那)。⑦ 还有报告说,在世纪之交不可分解的外来物质被引进,它们的存在给该地区的牧民造

---

① Gillmore, "Territories Adjacent to the Kalahari," *Proceedings of the Royal Colonial Institute* 14(1883):134 - 135.

② 人们在灌木丛中消失的故事有点不可思议,但吉尔摩尔认为狮子是主要原因。

③ D. Grossman and M. V. Gandar, "Land Transformation in South African Savanna Regions," *South African Geographical Journal* 71(1989):43 - 44.

④ R. L. Liversidge and M. Berry, "Game Ranching in the Arid Regions," in *Game Ranch Management*, J. du P. Bothma, ed. (Pretoria: van Schaik, 1989), 620 - 625.

⑤ CTAR BCC 94, Surveyor General Duncan, July 23, 1887.

⑥ 关于光合作用的讨论以及灌木在湿润土壤上生得更好的原因,见第167 - 169页。

⑦ CPP G 13 - 1891, *Report of Commission to Select Land in British Bechuanaland*, 8.

成了困难。[①] 1899 年的一份报告简明扼要地说明了情况："最好的水域似乎是由当地人拥有，草原内部通过自然补偿。最好的草地似乎是没有地表水的地方。"[②]灌木侵占和非洲牧民受河谷限制的结合使得他们的放牧环境中的草地减少了，因此对养牛不太理想。

环境条件的另一个变化是，因为畜群持续集中在保留地，动物患病情况增加了，这些包括"马病"（可能是旧的祸害，炭疽），1890 年再次出现的牛肺病，1892 年出现的口蹄疫。[③]

这些疾病伤害生产，对其进行封闭检疫阻碍了贸易。在殖民时期早期，牛肉毒杆菌病可能更糟糕。1895 年之后确实变得更加明显，可能是由于干旱期间植被中的有效磷酸盐下降，促使动物吃更多的骨头。随着这种疾病的更严重发生，朗厄山脉和没有白云岩基岩或低磷酸盐草的喀拉哈里地区的健康状况变得明显好起来。[④] 塔拉坪一区的酋长卢卡的个案揭示了卢卡在盖普高原放牧和旱地农耕的困难，施帕德指责其忽视自己的土地。[⑤] 他解释说，他这样做是因为在那里畜养和旱地耕种太难了。灌溉的种植园可产玉米，但卢卡认为这是不够的。

---

① 很难说"卡其布"是什么物种。"卡其布"指的是一些南非战争期间从饲料中引入的物种的种子。关于它的存在，参见 CTAR 1/KMN 10/9, Acting Civil Commissioner Armstrong, October 15, 1908. 关于蓟罂粟（墨西哥罂粟，西班牙语），参见 CTAR 1/KMN 10/9, Acting Civil Commissioner Armstrong, July 9, 1908。关于 *Xanthium spinosum*（burrweed; *setlhabakolobe*），参见 correspondence in CTAR NA 586。
② CPP G 67 - 1899, *Reports of Inquiry into Agricultural Distress in Herbert, Hay, Barkly West, Vryburg and Kimberley*, 8.
③ Bryden, *Gun and Camera* (1988), 119. 炭疽病是库鲁曼特有的，通常被误认为是"马蹄病"。参见 M. W. Henning, *Animal Diseases in South Africa*, 2(1949), 3; 关于肺病，参见 CTAR 1/KMN 10/18, Resident Magistrate Scholtz to Colonial Secretary, September 29, 1890; 关于口蹄疫，参见 LMS 50/1/ A, Price, January 10, 1893; CTAR BCC 114, Inspector of Native Reserves St. Quintin, Annual Report, April 15, 1893. 希林顿报告说，19 世纪 90 年代早期，格里兰西部的牛死亡率有所上升，但他没有确认这些疾病。参见 Shillington, *Colonisation* (1985), 112.
④ CTAR LND 1/555, Water Boring Foreman McCaig, June 23, 1896.
⑤ 见本书前文关于卢卡和施帕德之间的交流。

　　大家要知道我没有放弃曼尼汀。要知道,我仍然为
曼尼汀付税……要知道,当我离开曼尼汀我是因为悲伤。
我的百姓因为缺少牛、绵羊、山羊和玉米而难过,因为这
是一个很快就要被烧毁的平原。我在那里时,只吃玉米,
像一头猪或一匹马,不吃饭。我就着盐和水吃玉米。①②

　　由于它是在具有磷酸盐缺乏效应的盖普高原,曼尼汀最不适
合牛只养殖。③④ 到 1892 年,卢卡生活在变得日趋拥挤的塔昂保留
地。他声称自己想回到曼尼汀,但不能,因为回到那里他的牛没有
地方养。他宣布打算"在朗厄山脉拿到地",这是最健康、最遥远的
草原保留地。⑤ 卢卡被吸引到西部千里之外。到了 1894 年初,"至
少有 3 400 人"从塔昂迁到了朗厄山脉的北部山丘,库尔纳贝格。⑥
卢卡正在试图用从他的属民所收集到的钱购买一个私人农场。
1894 年 7 月,卢卡向库尔纳贝格一家农场的库鲁曼人地方法官 C.
B. 朔尔茨(C. B. Scholtz)支付了 115 英镑。本来那块地是授予贝
专纳人作为铁路建设补贴的土地。朔尔茨将钱存入了自己的账
户。事情在 1895 年 2 月发生时,裁判官声称"这个事情比我预期
的滞后了,但我的意图是,一旦农场登出广告,我会向政府申请许
可协助卢卡购买农场"。与此同时,卢卡和他的人搬到朗厄山脉保
留地,等待政府授予他们任何农场的权利。然而,这一地区没有分

---

① 作为一名酋长,卢卡拥有"曼尼汀"和"塔拉坪"。
② CTAR BCC 82, Luka Jantjie to High Commissioner, translated by J. Tom Brown, September 23, 1890.
③ 曼尼汀靠近基卡赫拉村庄。这个名字来源于"基卡",一种用于捣碎肉块的工具,"赫拉"或许是
　"只有"。"基卡赫拉"意味着牛的不健康环境,意思是"所有的牛都死了,捣碎仍然没有肉"。
④ Interview with Julius Mogodi in Appendix C1. On Kikahela, B. F. van Vreeden, "Plekname in
　Setswana," *Tydskrif vir Volkskunde en Volkstaal* 7(1950); 41–43.
⑤ CTAR BCC 114, Taung Resident Magistrate, Lowe, May 27, 1892.
⑥ CTAR LND 1/441, Surveyor General Templer-Horne, February 19, 1895. Shillington, *Colonisation*
　(1985), 227.

配农场的规定,当局还采取措施反对"擅自占地者"。[1] 保留地环境状况恶化和不满情绪为危机设定了条件,但卢卡否认任何不忠的指控:"有人说我在拉军队,但我没有权力去想这样的事情……大家要知道,如果我有这样的想法,我是在重蹈业已逃跑的巴塔拉洛斯人的覆辙。"[2][3]叛乱会带来更大的灾难。

疫病与暴力,1895—1897

　　一旦开始,广泛生产迅速下降,环境和人为因素多方面累积效应。第一个是熟客——干旱。19 世纪 90 年代中期,潮湿和干燥年代之间的循环发生了转变。十年中的第一个五年,特别是 1893—1894 年间,暴雨频发。[4] 然而,从 1894 年末夏天的开始,则是连续几年干旱的开始,很快,雨水缺乏就威胁到粮食供应。1895 年 1 月,一位传教士报告说该地"处于饥饿边缘的状态"。[5]

　　大英帝国的接管在非洲造成的最知名环境反弹就是牛瘟疫。牛瘟(rinderpest),德语中意为"牛疫",是一种病毒性疾病,使反刍动物受害,包括家牛和水牛、牛羚之类的猎物,大型羚羊像大角斑羚、捻角羚。该病毒引发家畜粘膜炎症和出血,导致痢疾和死亡。病毒通过空气传播,潜伏期 3—9 天。高感染性,通常报告首次爆发的感染率 100%,致死率 90%。死亡一般发生在发病 7—12 天之

---

[1] CTAR BCC 72, Resident Magistrate Scholtz, February 15, 1892;CTAR BCC 72, Inspector of Native Reserves St. Quintin, February 15, 1895. Later that year the treatment of "squatters" softened. 参见 correspondence in CTAR LND 1/441。

[2] 卢卡提到的是莫瓦的支持者,他们在英国兼并该地区之后迁到了纳米比亚。

[3] CTAR BCC 82, Luka Jantjie to High Commissioner, translated by J. Tom Brown, September 23, 1890. On the Tlharo emigration to Namibia, see Breutz, Tribes of Kuruman (1963), 96.

[4] LMS 51/1/C, Price, May 27, 1894. 在我的文章《流动之睛:上库鲁曼山谷的水资源管理》中,我引用了一位传教士的话,他认为库鲁曼河先流入莫洛波河,然后流入奥兰治河。然而,历史上所有的洪水都在迈尔斯地区南部的阿比夸斯结束,因为那儿有一座沙丘构成了河道。私人交流,凯斯布克曼,1998 年 6 月 12 日。"The Flowing Eye:Water Management in the Upper Kuruman Valley, South Africa, c. 1800—1962," Journal of African History 37(1996):237.

[5] LMS 53/1/A, J. Tom Brown, January 6, 1895. 另参见 CTAR BCC 117, Resident Magistrate Bam, April 10, 1895;LMS 52/2/B, Ashton at Barkly West, October 12, 1895。

后,但是幸存下来的牛就会具有免疫力,不会再受感染。[①]

这种疾病早在古代就曾在亚洲传播,意大利入侵者于 1887 年无意间通过从印度进口牛将这种病毒带入索马里。随后病毒横扫整个非洲大陆,从霍恩南部到好望角的海岬,西到佛得角。1896 年 3 月之前一直停留在赞比西河北部,但之后以每天 20 英里的速度向麦非肯蔓延。[②] 疾病沿以前传教士、商人、移民劳工南下的路线穿过茨瓦纳北部酋长区到达英属贝专纳兰。1896 年四五月份,库鲁曼传教士们焦躁不安地等待着"可怕的灾难"。[③] 当局采取行动控制局面。他们限制旅行、射杀感染牛群以及认为已经接触到的畜类。[④]

检疫规定进一步破坏了食品供应,其阻止了用牛车进口。常驻裁判官描述了人们如何应对 1896 年 8 月的多重困难情况:

> 他们没有任何种类的粮食。他们没有钱购买任何可得到的粮食,并且由于严格的牛瘟规定,他们也不能从其他地方弄玉米吃。许多男人都去金伯利寻找工作,仍然留在这里的人是为了保护妇女和儿童,还要耕作自己的土地。[⑤]

不是每个人都是穷人,但在 1896 年下半年,当地的商店无法

---

① 有关牛瘟的一般信息,请参阅以下专著:Henning, *Animal Diseases* (1949), 621 – 635; John Ford, *The Role of Trypanosomiasis in African Ecology*; *A Study of the Tsetse Fly Problem* (Oxford: Clarendon, 1971), 138 – 140。关于它在南非的历史,参见 Charles Ballard, "The Repercussions of Rinderpest: Cattle Plague and Peasant Decline in Colonial Natal," *The International Journal of African Historical Studies* 19(1986): 421 – 450; van Onselen, "Reactions to Rinderpest in Southern Africa, 1896 – 97," *Journal of African History* 3 (1972): 473 – 488; Pule Phoofolo, "Epidemics and Revolutions: The Rinderpest Epidemic in Late Nineteenth Century Southern Africa," *Past and Present* 138(1993): 112 – 143。

② Van Onselen, "Rinderpest," *Journal of African History* 3(1972): 473.

③ LMS 53/1/A, Price, April 1, 1896.

④ LMS 53/1/D, Price, April 12, 1896; LMS 53/1/D, Ashton at BarklyWest, April 20, 1896; LMS 53/2/A, Gould, May 9, 1896.

⑤ CTAR 1/KMN 10/1, Resident Magistrate Bam, August 6, 1896.

满足所有持现金购买食物的人的需求。① 当然,采食是以前饥饿的人们最后的生存方式。然而,开普兼并规定了更严格的猎物保护法。② 从 1886 年至 1918 年,居住在库鲁曼的传教士汤姆·布朗(Tom Brown)呼吁撤销狩猎法,以使挨饿的人可以狩猎,但他发现开普政府很不合作。

> 大概 3 个月的时间了,你们的秘书已经知道这些人一直在挨饿,全家人一直在靠草和树根生活。只要找到一根可食用的根,就把它挖出来吃了。国家蓄有猎物。在这里和莫蒂托之间有跳羚、大羚羊等漫游在无人管理的农场。天意是要通过人类的法律禁绝所需? 当地人除此之外还能想什么,"政府的目的是把我们从这个国家清除吗?"我在回答他们的投诉时要平静地坦言说:"是的,政府知道你们在挨饿,但不在乎。"我对于不做回答感到可耻。如果有人问我,最近就有,政府征服了上帝吗? 我要怎么回答?③

11 月份小麦收获提供了缓解饥饿的希望,但由于缺乏种子,春季的玉米种植处于危险之中。地方行政长官一再呼吁用骡子运输用于食用的玉米和种子。政府犹豫不决,在伦敦宣教会担保还款之下,④玉米在 12 月份才到达,但种植的话时间太晚了,这些玉米种子已生满了象鼻虫。⑤

---

① CTAR 1/KMN 10/1, Resident Magistrate Bam, August 19, 1896; CTAR 1/KMN 10/1, Resident Magistrate Bam, November 18, 1896.

② 关于开普殖民地的狩猎规则,参见 MacKenzie, *Empire of Nature* (1988), 202 - 204。

③ LMS 54/1/B, J. Tom Brown, September 6, 1897, quoting September 27, 1896 letter to Cape Colony Prime Minister Gordon Sprigg.

④ CTAR 1/KMN 10/1, various correspondence. On the LMS guarantee, CTAR 1/KMN 10/1, Resident Magistrate Bam, November 18, 1896.

⑤ CTAR 1/KMN 10/1, Resident Magistrate Bam, December 16, 1896.

　　尽管遇到困难,但是检疫措施还是值得推荐的,因为它们减缓了瘟疫蔓延。瘟疫于 4 月份出现在英属贝专纳兰,5 月袭击了弗雷堡,10 月份到达金伯利和其他格里夸兰西部地区。然而,来自库鲁曼和塔昂的传教士报告证实,这些地区 8 月份仍然没有发病。到 10 月份,塔昂的畜群已经屈服,政府放弃了预防工作。① 在那个月里,一批在朗厄保留地的牧民杀死了一名被任命执行牛瘟法规的警察。在所有这一切过程中,牛瘟一直在边界徘徊,没有越过库鲁曼,检疫条例仍然有效。② 鉴于相对成功地遏制疾病,居民治安法官在 12 月初表示了谨慎的乐观态度:

> 　　几个星期以来,我们在不同的边界地方遇到了瘟疫,但幸运的是把它挡在了外面,如果农民和本地人与我们合作,没有理由不能进一步保持免受侵害,总的来说,他们非常贴心地做……我和巴塔洛的托托大酋长进行了长时间的交谈,他现在赞成通过射杀感染牛群来消除这种疾病,直到我们发现有害生物已经超出了我们的控制范围。我告诉他,如果事情发展到那一步,我们会停止射杀。③

托托表示愿意看到牛被射杀可能不是出于本意的自由表达。本地畜畜检查员描述了在年底前控制疾病的持续成功:

> 　　10 月 24 日,牛瘟非常严重……马斯霍因河的北岸,

---

① LMS 53/3/A, John Brown at Taung, August 20, 1896; J. Thomas Brown, August 26, 1896; LMS53/3/B, John Brown at Taung, October 25, 1896; Shillington, *Colonisation* (1985), 231 – 233; Henning, *Animal Diseases* (1949), 622.

② CPP G 33 – 1897, *Special Report on Rinderpest by the Colonial Veterinary Surgeon, March 1896—February 1897*, 28; CTAR 1/KMN 10/1, Resident Magistrate Bam, November 18, 1896.

③ CTAR 1/KMN 10/1, Resident Magistrate Bam, December 2, 1896.

这是弗雷堡和库鲁曼地区之间的边界。该疾病沿着马斯霍因的北岸迅速传播,直到 12 月 9 日,它才出现在这个地区的库鲁曼保留地下方的巴塔拉洛斯。从那时起,它已经蔓延了大约十一英里的距离,只是在没有受到开普警察保护的一边。在那个地区,原有大约 2 300 头牛,其中有 101 头已死亡,约 16 头[免疫]。①

12 月下旬,驻地治安法官与布尔人、英国人、塔拉坪人和塔拉洛农民举行会议,讨论遏制疾病的政策。很显然,英国农民支持射杀接触疾病但尚未发病牛的政策,但"荷兰农民和一些当地人"反对。②在库鲁曼,与南部非洲其他地方一样,非洲人认为白人引进了这种疾病来侵害他们。1991 年,我被告知,利本伯格先生,"一个英国人,而不是一个布尔人",向喀拉哈里的休尼革浅湖倒了一瓶牛瘟疫病毒,从而污染了供水。这个民间解释与 19 世纪的怀疑相呼应。

其他地方的暴力事件终结了库鲁曼地区的和平。虽然官方政策已不再射杀明显健康的牛,但警方 11 月还在塔昂继续射杀。这加剧了紧张局势,12 月底,警方与塔昂保留地的一些居民爆发了暴力冲突。1 月初,马斯霍温河一名白人商人遭到谋杀,招致对那里人们的报复。来自当事方的逃犯和难民都流向朗厄山脉保留地,政府部队随之而来。朗厄保留地是不太可能发生反叛的地方。朗厄山脉的人不是特别反对英国人。事实上,他们避开了许多其他保留地的困难:土地割离相对较少,畜群疾病少,塔拉坪人的酋长权力也没有减弱。此外,托托首领一直与政府合作进行牛瘟控制。不过,他害怕 10 月份在他领土上发生的杀害牛瘟警员事件。另

① CPP G 19 - 1897, *Blue Book on Native Affairs*, 69 - 70.
② CTAR 1/KMN 10/1, Resident Magistrate Bam, December 23, 1896.

外,对 1895 年土地调查和保留地边界的执行情况的不满也是存在的。[1] 一名塔拉洛副首领基比仍然忠于开普政府,其余的则支持托托,他收留了难民。由于托托没有交出塔昂的反叛者,他的人民受到了开普政府的攻击。从 1897 年 2 月至 8 月,开普政府军在朗厄保留地以及下库鲁曼保留地的盖-莫比迪地区进行了突袭,最后靠重炮击败了少数叛军,战争结束。[2]

讽刺而可悲的是,逃过了其他地区的流行病害,整个库鲁曼却在这次被全面蔓延的流行病报复了,殖民地部队及其进入朗厄保留地的畜力动物破坏了检疫。[3] 据开普殖民地估计,在弗雷堡的金融部门所在地,包括库鲁曼地区,该病击倒了共 86 964 头牛中的 80 664 头,达到 93%。也许是因为他们的公共土地性质和共享水源的原因吧,非洲人居住的地区所受打击甚过白人地区。例如,麦非肯失去了 97% 的牛,而西南地区,戈登尼亚,唯一没有大量茨瓦纳人口的英属贝专纳兰地区,只有 12% 遭难。[4][5]

畜群损失只是战争的一个结果。国家认为叛乱是叛国行径,有 1 896 名朗厄山脉居民在西开普农场遭受 5 年徒刑处置。在技术上,被告可以选择接受叛国罪或接受契约奴役,而作为对大规模群众刑罚的考验,两名男子在约翰·史密斯·莫法特的支持下受审。他们的案件由于证据不足而被驳回,但该判决并没有影响其他契约奴役人的状态。[6]

最具持续性的报复是,开普政府下令叛军交出他们的土地权。朗厄山脉以及毗邻的保留地卡图和迪本地区最大、最健康的牧牛

① CPP G 42 - 1898, *Blue Book on Native Affairs*, 66. 参见第四章。
② 关于朗厄战争,参见 Shillington, *Colonisation* (1985), 215 - 40; Harry Saker and J. Aldridge, "The Origins of the Langeberg Rebellion," *Journal of African History* 12 (1971): 299 - 317; Snyman, *Kuruman* (1992), 67 - 73。
③ CPP G 42 - 1898, *Blue Book on Native Affairs*, 66. 艾萨克·席默库出生于 1909 年,是希比酋长的后代,也确认牛瘟是通过战争而带来的。
④ 由于疫情前没有普查,这些数字只是粗略估计。
⑤ CPP G 72 - 1898, *Rinderpest Statistics for the Colony of the Cape of Good Hope*.
⑥ Shillington, *Colonisation* (1985), 240. 参见第四章。

地被没收并提供给白人(见图4.1)。叛乱——土地没收和契约奴役惩罚——符合马姆达尼的观察,即殖民地国家"将社区权利的概念如此片面地视为与个人权利完全对立"。[1] 开普总理为严厉的惩罚辩护:

> 在一个非常重要的殖民地,那里的黑人人口大大地超过了白人,当地人应该清楚地知道,叛乱需要以丧失所占领土地的权利为代价。人的生命对当地人不算什么,所以在叛乱中丧生了几百人的生命给他们留下的印象并不深刻。牛的损失更严重,但即使这样很快就会被遗忘了。一个难以忍受的惩罚就是失去他们的土地,因为它迫使这些人通过诚实劳动分散谋生。[2]

开普政府也没收了在弗雷堡和塔昂的反抗人们的保留地。这些没收因英属贝专纳兰兼并到开普敦殖民地的条款而变得复杂。1895年的英国"贝专纳公报"第220条规定,任何进一步的土地转让都要得到国务卿对殖民地的批准,但获得这一点并没有太大的阻碍。[3]

只有处于希比酋长手下的一群支持开普的塔拉洛人才能获得土地,以便弥补其在朗厄保留地中的损失,这是从下库鲁曼保留地的盖-莫比迪叛军土地中拿出的一点点地。没有被执行契约奴役的其他朗厄山脉居民只有靠自己所能,在剩余的保留地中安顿和谋生。在这些动荡发生期间,开普政府借此机会取消了最小的英属贝专纳兰保留地,包括卢卡在塔拉坪的农场。[4] 这些保留地中大约250名居民没有参加战争,但是开普政府决定"集中"非洲土地。

① Mamdani, *Citizen and Subject* (1996), 139.
② PRO CO 879/51 no. 547, Cape Colony Prime Minister Gordon Sprigg, February 7, 1897.
③ Shillington, *Colonisation* (1985), 186, 240 – 241.
④ CTAR LND 1/587, Proclamation by Alfred Milner, No. 419 of 1897.

这引起了英属贝专纳兰土地委员会前主席兼皇家殖民地吞并到开普之前的行政人员施帕德的批评:"出于好奇,我将很高兴如果我能知道开普敦政府在把当地人占有的许多小块保留地卖给白人农主后,打算把他们安置到哪里……据我所知,就只剩下喀拉哈里沙漠。"①这些小块保留地的没收说明公共使用权使非洲人非常容易失去为他们"保留的"居住地,这是第一个例证。公用权属使得国家能够集体惩罚整个朗厄山脉社区的叛乱,并轻而易举地没收了小块保留地,国家只需要一次驱逐即可完成整个社团的迁移。

斗争过程及其后果造成了极大的人口损失,但究竟有多少很难确定。官方估计的死亡人数是 1 200—1 500 人,其中包括酋长卢卡·简特杰。托托首领的命运没有记录,但今天的塔拉洛人记得他被带到罗本岛。居民裁判官估计,1896 年至 1897 年间,保留地地区人口从 12 650 人下降到 6 280 人,几乎是 50%!然而,这还不是确切的数字。② 朗厄山脉战争报道指出有数千名伤员和囚犯,但将整个地区的人口减半可能是夸张的。1897 年,许多居住在朗厄保留地的幸存难民,可能在计数中被忽视。此外,还有更多的男子去往矿区,他们可能也被忽视了。然而,到了 1897 年底,人口、土地基础和牛群都受到严重打击,使得自足生产和社会组织无法恢复。

生产失败和分配失败:粮食短缺和饥荒

叛乱、报复和牛瘟的叠加加剧了本已严重的粮食短缺。1897年的土著事务部(The Native Affairs Department, NAD)报告总结了情况,以及人们如何寻求补救措施以缓解饥荒。

---

① PRO CO 879/51 no. 547, Shippard, June 23, 1897.
② CTAR 1/KMN 10/2, Resident Magistrate Hilliard, January 4, 1898. 希利亚德没有解释他是如何得出这些数字的。

> 粮食供应特别糟糕。今年保留地的居民比平常耕种的多。他们期待自己的土地能够提供粮食和生活必需品,因为牛瘟使他们失去了大部分牛产。很多当地人生活艰难……庄稼长势喜人,但是如果干旱持续的话就会绝收,那将意味着饥荒。①

人们认识到,种植甚至集约栽培是他们最好的选择。不仅仅保留地居民耕作更多,而且他们还建造了新的沟渠。② 传教士在索丁伦敦宣教会所有地块都能找到租户,租赁土地增加了大约 35 英亩。尽管如此,他们报告说每个地块有 5 个人申请。③ 为了回应这个需要,当地居民行政官在 1896 年和 1898 年新授了库鲁曼皇家预留地的地块给无地饥民。④

即使在这场危机期间,人们还是继续将灌溉和广泛种植折中组合。尽管粮食短缺,但强化耕作的成本仍然很高。有一些沟渠为一些地方供水,但其他场地只是在潮湿的地面上。此外,教区之上和之下的山谷部分是沼泽地。挖掘更多的沟渠和排空沼泽可能有更多的土地可供种植。尽管种植面积扩大的可能性很大,但库鲁曼皇家预留地分给贫困家庭的许多土地完全是干燥的,只适合种植高粱。⑤ 居民地方官认为,只有耕作者将更多的劳动力投入到自己的田地中才可以防止饥荒:

---

① CPP G 42 - 1898, *Blue Book on Native Affairs*, 66.

② CTAR NA 247, Inspector of Native Reserves McCarthy, September 2, 1898.

③ LMS 59/1, J. Thomas Brown, July 1901; Archives at Moffat Mission Trust, Kuruman, [hereafter MMT] "Register of Lands Belonging to the London Missionary Society, Kuruman." 要想了解库鲁曼莫法特档案资料,请参阅 Kristin Russell and Megan Waples, "The Kuruman Moffat Mission Trust Archives Unearthed," *South African Historical Journal* 40(1999): 239 - 246。

④ CPP G 42 - 1898, *Blue Book on Native Affairs*, 67; National Archives Repository [hereafter NAR] Native Affairs Series [hereafter NTS] 4368 268/313, Surveyor General, September 9, 1896. See also sundry correspondence on land claims in the Kuruman Crown Reserve in CTAR LND 1/659 and LND 564.

⑤ CTAR LND 1/730, Secretary for Public Works, February 2, 1900; CPP G 25 - 1902, *Blue Book on Native Affairs*, 30.

> 尽管战争、牛瘟和干旱造成了弊端,但希望饥饿不会
> 如此糟糕。因为要记住一些预期,沿着这个山谷有些土
> 地可以灌溉。如果当地的督察员在这个方向上下工夫,
> 那么就应该没有任何困难,就可以成功地灌输给当地人
> 这种思想:只要克服懒惰习惯,会有比现在所种植的土地
> 更多的地块可耕种。[1]

怠惰几乎不是利用不足的原因。事实上,饥荒之后,人们没有能力
比以前更多进行强化耕作。强化耕作没有出现的原因很多——食
物短缺、资本缺乏和技能缺乏均是物理能量不够。牛的死亡消除
了肥料的主要来源和畜力交通辅助。[2] 在困难时期的"紧缩带"文
化和对某些类型食物的偏好也可能发挥作用。灌溉提供了玉米和
小麦,卢卡将其斥为猪食和马粮,不满意它们在饮食中取代了牛
奶,肉类和高粱。[3] 此外,在农场投入劳动力和资本的人,其收成还
容易被偷。

1898 年,政府的救济援助了 870 个饥荒人口,[4]但饥荒情况持
续。受到特别严重打击的是来自朗厄山脉保留地的难民,他们的
社交网络遭到破坏:"从朗厄囚犯中释放出来并且留在这个地区的
老年男人、妇女和儿童现在处于半饥荒状态。他们的朋友不再能
够支持他们,大多数本地人都不能找到工作。"[5]朗厄难民处于最糟
糕的境地,到 1898 年,已经有一些人死亡。[6] 危机的严重程度使互
惠传统紧张:"由于不得不支持越来越多的挨饿朋友们,当地人开

---

① CTAR 1/KMN 10/2, Resident Magistrate Hilliard, January 4, 1898.
② 第一个表明庄稼汉给田地施肥是在开普殖民地议会文件 CPP G - 19 1897, *Blue Book on Native Affairs*, 68. 第一个发现了影响耕作的肥料流失的证据在开普殖民地议会文件 CPP G 25 - 1902, *Blue Book on Native Affairs*, 30。
③ 参考 140 页的引言。
④ CTAR 1/KMN 10/3, Resident Magistrate Hilliard, February 15, 1899.
⑤ CTAR NA 242, Inspector of Native Reserves McCarthy, December 1, 1897.
⑥ CTAR 1/KMN 10/2, Batlharos headman Mmusi Lebwani, March 14, 1898. Interview A with Isaac Seamecho in Appendix C1.

始对食物的短缺有切身感受。在很短的时间内,许多当地人将处于饥荒状态,"即使"大部分身体健壮的男人都离开到别处去工作"。①

1898 年 2 月,一名叫穆西·塞布鲁(Mmusi Seburu)的人在向传教士罗杰·普赖斯(Roger Price)写的信中,提供了罕见的非洲关于牛瘟之后的困境证词。他报告说,饥饿致死是在库鲁曼谷开始的,而在种植园里的工作容易受到盗贼的伤害。塞布鲁说,叛乱后选择契约奴役的人是幸运的。

> 我必须告诉你,我们还算是好的,但我们陷入饥饿的困境。它不是饥饿,而是死亡。在玛罗坪 …… 已经有人饿死了,但并不是全部死亡。在麦特浩营[迈特沃营]山谷 3 人死于饥荒——我的意思是只能说出我所认识的人。盗窃是我自 1885 年来到这个国家以来从未见过的。有人说都在偷窃,事实上每个人都不偷——明抢。我们在自己的土地上已经不再有任何东西。任何产在我们的种植园里的东西,只要一有,他们一下子就过来拿,不管我们如何精心看护我们的园地。有些人现在已经被看到吃狗肉,他们的饥荒处于非常糟糕的状态。虽然雨已经下了,但它无助益。这是我所说过的:有些人被带到开普敦殖民地,有些人留下来,被带到开普敦殖民地的人都会活着。但有些人说,留下来更好。②

塞布鲁提到了生产失败时获取食物的两种选择:采食,像早几年只是大致区别于窃取;和在其他地方工作。在饥荒期间,人们转向采

---

① CTAR NA 247, Inspector of Native Reserves McCarthy, July 1898.
② BPP C 8797 (1898), *Correspondence Relating to Native Disturbances in Bechuanaland*, 20 - 21.

食,这是一种可能延迟进入劳动力市场的旧有生存技术。① 然而,那些在"废弃地"上采食的人发现白人定居点正在增加,政府正在执行土地定居法。在 1898 年,有几起打击"流浪汉"的案件,因为他们在被没收的保留地搜寻私人财产或食物。② 第二种选择,在其他地方工作,这更为常见——牛瘟之后,在金伯利钻石矿工作的移民人数显著增加。③ 事实上,一些白人在牛瘟之前对劳工短缺感到灰心,但这时候看到了当地人牛产损失的积极面。"在几个方面牛瘟并不是完全的恶事。过着懒散生活的富有贝专纳人明白了劳动的价值。北方地区开始得到更好的挖掘,正在成为应有的归宿地,即成为宝贵的劳动力储备。"④薪资劳动的趋势并不能够使人们富裕。一名店主报告说,他的生意不好做,因为他的客户"太少、太穷,不能再支持商店运营"。⑤ 1899 年,朗厄难民仍然依赖政府援助,食品价格高企。⑥

南非战争的爆发阻止了地方经济复苏。在塔拉洛确定被没收之后不久,被牛的健康状况吸引的大量非法欧洲白人已经定居在朗厄,成为该地区首屈一指的富裕白人群体。1899 年,布尔人起义反抗,以帮助他们在德兰士瓦的同胞们。⑦ 当时的朗厄已经从牛瘟、暴力和土地流失中恢复过来,库鲁曼的非洲人,特别是索丁的非洲人在这场战争中遭受了进一步的苦难。布尔反叛分子于 1899 年 10 月围困了库鲁曼"镇",尽管它还只不过有一个传教站、一处

① CTAR 1/KMN 10/3, Resident Magistrate Hilliard, February 15, 1899.
② Cases against "vagrants" are found in CTAR 1/KMN 1/4, July 5, 1898, and November 30, 1898; CTAR 1/KMN 1/6, June 17, 1899.
③ CTAR 1/KMN 10/2, Resident Magistrate Hilliard, January 4, 1898.
④ CPP G 67 – 1899, *Reports by the Special Commissioner Appointed to Inquire into the Agriculture Distress and Land Matters in the Divisions of Herbert, Hay, Barkly West, Vryburg and Kimberley*, 8. (Kuruman was included in the Vryburg financial division.)
⑤ CTAR 1/KMN 10/3, Ga-Tlhose store owner Mattison, September 28, 1898.
⑥ CTAR1/KMN 10/3, Resident Magistrate Hilliard, February 15, 1899;LMS 56/1/C, J. Thomas Brown, May 2, 1899.
⑦ 库鲁曼帝国主义的研究没有布尔战争的事件。斯奈曼的库鲁曼的历史是关于这场战争的唯一详细记载。参见 Snyman, *Kuruman* (1992), 79 – 86。

政府和一些商店。1900 年 1 月 1 日库鲁曼被布尔人占据,他们抢劫了茨瓦纳的牲畜,掠夺了忠实分子的商店和农场。饥饿的人们转向传教士求助,而传教士布朗的任务就是预判饥荒。[1] 英国第三次派遣了现在是中将的查尔斯·沃伦,这也是他最后一次到达该地区考察。布尔人在他面前没有抵抗力,他在 1900 年 6 月 24 日兵不血刃地收回了库鲁曼。

持续的布尔人突袭和英国驻军对食品的要求让索丁的食品供应不断承压。[2] 另外,干旱持续,降雨于 1899—1900,1900—1901 和 1901—1902 均姗姗来迟,无法于未经灌溉的土地上播种。[3] 还有 1901 年发生蝗灾。[4] 情况糟透了,对金伯利的包围使得 1899 年 10 月到 1900 年 2 月没有工作机会。即使后面矿厂重开了,布尔人的袭击也使路途十分危险。[5] 布朗于 1901 年 2 月描述了情况的严重程度。他的信中满布对英国占领的深深批评。

> 没有太多的话要说。我们仍然与外界割离,在食物方面比去年更糟糕。军方在 12 月份控制了所有食物,从此没有人能够购买任何食物。除了我们自己以外的每个欧洲家庭都是政府(军方)供应食物。不能再拿到咖啡、糖、茶、肥皂、米饭和牛奶。还有些餐品,饼干和大量的肉。但当地人感受到紧张,特别是因为布尔人 1900 年的占领而不再能耕作。已经视咖啡和茶为必需品的老人感觉到这些饮料的缺乏:压力是可怕的。我们正在帮助穷人,虽然我们自己只有少量供应,但不能继续这样做。更让我们焦虑的是,我们知道一个可怕的不人道、贫穷的布

---

[1] LMS 56/4/C, J. Thomas Brown, December 5, 1899.
[2] CPP G 52 - 1901, *Blue Book on Native Affairs*, 30.
[3] CPP G 52 - 1902, *Blue Book on Native Affairs*, 30.
[4] CPP G 52 - 1901, *Blue Book on Native Affairs*, 20,30.
[5] CTAR 1/KMN 10/4, Resident Magistrate Lyne, date illegible, 1902.

尔当地人的手段。我们确定无疑会被当地人残忍地
谋杀。①

人们通过更多的土地种植来应对。在库鲁曼皇家预留地,地方官
又再次为饥饿人口提供种植食物的地块。②

布朗自己开启了救济行动,但发现英国人的占领是对食物供
应的巨大消耗。

> [指挥官]说他听说我有玉米。我说,是的,我有。
> "那我想让把玉米喂给挨饿的人"就是他的下一句话。我
> 告诉他,他们是社区的,我卖给没有食物的人,我想为人
> 们留下一些种子……他回答说,他会养活人,所以我同意
> 让他拥有玉米……我告诉他,我预期玉米的市场价格上
> 涨。第二天他派人取了玉米,收了我重达 1 740 磅的量。
> 他拒绝按市场价支付:我是由一个交易员提供的报价,每
> 200 磅 2.10 英镑。你会看到市场价……他只支付 17 英
> 镑的钱。并且没有去救济那些要饿死的人,而是把玉米
> 卖给了他的朋友喂马,我被迫不得不把饥饿的人从我的
> 门前赶走。③

很可能,被占领和围困的索丁社会比远处保留地的人受到更多的
战争侵害。1901 年底布朗的信中对饥饿人群有突出叙述:"整个家
庭真的要饿死了——孩子们正在哭着要面包","我们的学校不得
不因为饥荒而关闭"。④ 炭疽病将问题复杂化:"疾病非常普遍。

---

① LMS 59/1, J. Tom Brown, Febuary 14, 1901.
② NAR NTS 4368 268/313, Resident Magistrate Middlewick, December 6, 1901;CPP G 25－1902, 30.
③ LMS 60/1, J. Tom Brown, October 14, 1901 (out of sequence in series).
④ LMS 60/1, J. Tom Brown, October 14, 1901 (out of sequence in series);LMS 59/4, Brown, November 6, 1901.

炭疽病是人们吃受感染的肉而引起的——已经引起了人们的关注,我担心炭疽病会带走许多人,因为许多人没有其他的食物,只有病死的马、驴、牛、绵羊和山羊尸体。"①②

除了几个定居点,包括库鲁曼人,布尔人控制了整个北开普敦殖民地(基本上是以前的英属贝专纳兰殖民地),直到战争结束。③1901年末,他们的新一轮攻击进一步削弱了粮食供应,塔拉坪人和塔拉洛社区越来越远,但偏远地区的事件不如索丁的记录全面。据报道,布尔人首先尊重非洲中立性,并没有袭击塔拉坪和塔拉洛牲畜,但在战争后期,一名伦敦宣教会老师记录说:"毫无缘由,布尔人来到佰特拉坪前哨,横扫了成百上千头牲畜。"④战争结束时,情况继续恶化:"特别是在最后,当地人遇到了很大的困难,并且处于饥荒的边缘。"⑤1902年5月,英国人接受了布尔人的投降。战争结束并没有结束粮食危机,因为干旱持续,1903年5月份再次出现了"作物歉收"。⑥

1903 年饥荒期间的薪资劳动和政府干预

1903年,就这场饥荒的应对,库鲁曼的治安官与开普政府起了冲突。二者分歧严重,因为这关乎国家在经济和环境复苏中的作用。结果显示政府对饥荒的首选反应是——增加移民劳动。殖民地国家并没有迫使男人加入薪资劳动,是他们自己找到了这个解决方案,因为赚取现金有其优势。然而,国家参与将决定长期雇佣劳动力和当地生产的相对重要性。国家是唯一可以支付强化劳动成本的实体,唯一可以规范粮食生产和建立适应新的保留地条件

---

① LMS 59/4, J. Tom Brown, November 6, 1901, postscript dated November 14, 1901.
② 只是接触受污染的肉就可能导致炭疽。其重现表明,饥荒期间预防感染的措施已经被放弃。
③ Snyman, *Kuruman* (1992), 85.
④ LMS 59/4, J. Tom Brown, November 6, 1901; LMS 60/1, Mary Wookey, February 2, 1902.
⑤ CPP G 29‑1903, *Blue Book on Native Affairs*, 41.
⑥ CTAR NA 605, Resident Magistrate Lyne, May 2, 1903.

的实践实体。它已经显示了之前干预生产安排的潜力。不过,由于南非历史上非常熟悉的原因,它不愿意承担这一责任。

为了生存,人们采取了行动。男性移民劳工到 1902 年变得如此重要,"在通常条件下",三分之一的男子离开家乡参加工作。[①]整个家庭的永久移民持续进行。[②] 即使这样也无法阻止粮食生产危机发展为饥荒。一些家庭转向旧有的缓解饥饿模式,采食。正如驻地治安法官所说,"许多人靠食用根茎生存"。他猜测,穷人将成为朗厄山脉和库尔纳贝格山脉的流浪者。[③] 当时的县长 M. J. 莱恩(M. J. Lyne)似乎是一个有能力和富有同情心的人。由于薪资劳动不足和采食无法满足人们的迫切需要,他力求提供援助,增加饥饿人口的粮食生产。不过,莱恩和开普殖民地的行政人员有不同意见。莱恩再次报告说"作物歉收",并于 1903 年 5 月 2 日向开普政府进行了请愿寻求援助。他将所有贫困人口分成三组:寡妇、没有土地的老人、靠慈善支持为生的人;移民工人的妻子和子女;不知为何无法在矿井上工作,但能够进行其他劳动的人。[④] 第一组的 190 名成员已经获得救济,海军空军处增加了分配给该团体的玉米饲料。莱恩期待第二组也得到直接的慈善救助。空军处采取了另一种途径,要求戴比尔斯每月汇款给钻石矿的男子家庭,但该公司反对。对于第三组,空军处安排了一个 1903 年 5 月 27 日开始的当地道路建设项目。[⑤] 1899 年开普省北一个调查白人贫困的委员会宣布,新的道路建设对于库鲁曼的经济发展至关重要,所

---

① CTAR 1/KMN 10/4, Resident Magistrate Lyne, date illegible, 1902.

② CTAR 1/KMN 10/6, Resident Magistrate Lyne, September 18, 1903; NAR NA 223 1/1910/F 527, Inspector of Native Reserves Purchase, Monthly Reports, 1907-08. 与大多数开普殖民地本地事务文件不同,这些文件存放在比勒陀利亚的国家档案馆。UG 17-1911, *Department of Native Affairs Report*, 197.

③ CTAR NA 605, Resident Magistrate Lyne, August 3, 1903.

④ CTAR 1/KMN 10/4, Resident Magistrate Lyne, May 4, 1903.

⑤ CTAR NA 605, correspondence from May 1903.

以这个项目是多赢的。①

公共工程项目不是政府首选的解决办法,因为南部非洲矿山的劳动力短缺。对茨瓦纳工作伦理的殖民地认知不利于更多项目工程的开展。雇主中的传统智慧是,由于"本地人几乎没有想要的东西,他们很容易满足"。② 早些时候的库鲁曼地方官曾报告说,"若非别无选择,贝专纳人是不会愿意劳动的"。③ 约翰·史密斯·莫法特一直在嘲笑这样的想法:"有钱挣的时候,他们会这样做的,就像其他种族的人一样。关于教导本地人明白劳动尊严是伪善的。"④莫法特的观点并没有胜出,而且官员认为,公共工程项目会招进来捣蛋的矿工,他们更容易从矿物劳动中受益。在救济工程开始一个月后,道路建设项目的不易实施浮出水面。⑤ 官员要求地方官确保其就业计划是绝对必要的。例如,日工资从两先令三便士削减到两先令时,78 名男子退出道路项目。航空处代表告诫莱恩:

> 只招收那些没有其他方式为自己的家庭提供所需的人绝对有必要……你看78 名男子由于工资下降而离职。因此,自然的推断是,这些人没有遇到困难,否则他们不会为了额外的三便士而辞去工作。⑥

莱恩坚持要求为本地人提供工程项目:

---

① CPP G 67－1899, *Reports by the Special Commissioner Appointed to Inquire into the Agricultural Distress and Land Matters in the Division of Herbert, Hay, Barkly West, Vryburg and Kimberley*, 8.

② CTAR BCC 104, Vryburg Resident Magistrate R. Tillard, October 17, 1890; *Bryden, Gun and Camera* (1988), 34.

③ CTAR BCC 110, Resident Magistrate Scholtz, April 4, 1892.

④ CTAR Native Affairs series [hereafter NA] 239, Resident Magistrate Moffat, December 30, 1895. 这是莫法特第二次担任地方治安官,第一次是在 1886 年。

⑤ CTAR NA 605, correspondence between the Colonial Under Secretary and the Native Affairs Department, June and July 1903.

⑥ CTAR NA 605, Native Affairs Department, August 2, 1903.

绝大多数是那些不愿意离开当地的人,他们尽可能延迟外出工作。他们这样多的人数出现在工地上足以表明生活窘困。戴比尔斯的工人阶级就业情况比较好,一般条件比道路建设上好,那些没有去金伯利的人,是在考虑谁能让自己的家庭在自己回来之前有食物吃?打击他们真是不忍……他们现在将去矿山……当地绝对是没有可吃的了,许多人靠根茎生存。在与检查专员交涉之后,认为除了现在雇用的 100 人之外,至少应该再为 250 名人员立即找到工作。[1]

尽管有这样的呼吁,该项目还是结束了,就业人员被解雇,即使莱恩继续向当地请求雇用 530 名贫困男子。他的信件表示,他将男子留在靠近家园地方的动机是恢复粮食生产,而空军处的回复则明确表示,开普政府并没有什么可担心的。

道路建设资金耗尽时,公共工程部门要求男工们在开普敦殖民地的其他地方为铁路工作,每天两先令。莱恩反对。联想到1897 年的契约劳动和随后对朗厄保留地的没收之后,他们对涉及离开家园的政府计划有强烈的怀疑。此外,离开库鲁曼将干扰耕作。[2] 空军处派出其首席检查员探索别的选择办法。他的报告并不能说明他访问了保留地,尽管如此,他断然驳斥莱恩,并对粮食短缺的严重性以及移民劳动力在不妨碍种植的情况下减轻饥饿的能力不予理会。这份报告强调移民劳动,将食品生产的低产量归结为一个熟悉的原因——无知。因为在食物短缺的时候,它显示出很多关于政府所思考的内容,所以我详尽地引用了。

我不同意这些陈述:"如果现在的保留地人员离开,

① CTAR NA 605, Resident Magistrate Lyne, August 3, 1903.
② CTAR NA 605,参见与本地事务部的莱恩和公共工程部的通信,1903 年 8 月。

无法耕作,明年的苦难将会持续下去。"事实上,过去已经有很多人离开本地工作一段时间,这些人现在正带着累积的工资回来,今年肯定不会再去上班了,因此,每个保留地总是会有足够的人来进行耕作。在我来的路上,我遇到了两批从金伯利返回库鲁曼的土著,这些人已经工作了 4 个月,每天的收入是 4 先令,在问询首席注册处时,他们说,今天早上有 60 名矿工离开这里回家。随着当地人的频繁回归和不断的资金流向保留地,我无法想象,人们中可能存在任何巨大的痛苦。此外,作为一个例证,我可以说,他们不缺钱,库鲁曼最大的贸易商告诉我,他在过去 6 个月里与当地人的业务比以前任何时候都要大,而且这个增加并不是仅仅通过购买谷物而产生的,还包括诸如肉、咖啡、炼乳、布等奢侈品。

对于"不得不向许多妇女和儿童提供减轻贫穷的建议"(据推测,保留地中有大约 350 名男子的妻子和家属还在等待粮食救助),我绝对反对,如果这样做,就意味着支出约 1 200 英镑。在今年的任何时候,除了对于已经提及的寡妇和老朽之外,有什么必要以救济的形式来花费 6 便士,但即使有必要,这种必要性也因为一个意外情况结束了,部分原因是代表维特沃特斯兰本地劳工协会的固特异(Goodyear)上尉到场了,还有部分原因是一些人已经离开赶往金伯利了。固特异上尉同意每月支付一袋饭食或相当量的现金,只要大家签字。他一天已经签约了 52 名男子,预计还有 50 名要签。

在大会之后,我召开了头人参加的会议,从他们那里探出:比起食物的稀缺,种子、高粱和玉米的匮乏引起更多的焦虑,他们都同意:如果政府提供 100 袋好的种子(他们准备支付),那么压力就会小些。

贝专纳人可能是我们必须处理的最差的土著了。在好的季节,他几乎不工作,生活在他自己的"奢侈圈",在干旱的时候,他向政府要救济。认为贝专纳人没有畜产,他们的畜产已经被牛瘟和其他原因大大减少是一个错误的想法,许多人仍然拥有绵羊和山羊,只是没有很多牛,但这主要是因为他们的惰性。巴克利西部的居民(多数地区中的一个)也受到同样的原因影响损失巨大,但他们现在拥有相当不错的牧群和畜产。①

莱恩恳求海军航空处忽略这份报告。他指责总检察长没有充分调查库鲁曼的情况,他的建议是"极其的危险"。② 他于 1903 年 9 月前自去了保留地,并提出了其他方案来减轻灾难。他认为只是给饥饿的人一些粮食没有解决更深层次的问题。移民劳动雇佣也不够,因为即使是总检查员也同样注意到,那些能够离开去工作的人都去工作了,但是还是在挨饿。在最极端的情况下,在波切切莱萨,67 个男人中只有头人和一个或两个其他人口没有离开去工作。莱恩认为,饥荒是当地经济深层次缺陷的结果,"本地人的一般不利经济状况,不是偶然的意外,为尽量减少目前困难再次发生的风险,建议改善这样的条件"。作为一种补救办法,莱恩提出了政府干预,通过改善灌溉、掘井供水,提供贷款用于采购畜产以加强粮食生产。③ 但是,这些请求都石沉大海。

这次讨论的重点是政府官员,不仅是因为他们掌握书面记录,而且还因为他们行使了促进移民劳动而不是粮食生产的权力干预。真正遭难的是应付这些困难的黑人。他们幸存的证词稀疏但是刺耳:"不是饥饿,是死亡"和"政府是否征服了上帝?"这需要非

---

① CTAR NA 605, Chief Inspector Robert, September 5, 1903.
② CTAR NA 605, Resident Magistrate Lyne, October 7, 1903.
③ CTAR 1/KMN 10/6, Resident Magistrate Lyne, September 18, 1903.

凡的同情心,但很少有历史专门描写濒临饿死的人如何饱受饥饿
折磨。通过幸存者如何衡量他们在做矿工、道路工程或农业方面
的选择,我们可以更好地进行评估。作为父母和成年子女,工作年
龄的男性和女性都有责任为他人提供服务。妇女做了他们一直做
的——尽可能多地耕种并且还采食。失去了牛、犁或提供牛奶生
产能力的男子有了新的选择——去金伯利,他们很多人借此获得
食物。这一决定表明,耕种将成为这些人的次要活动。那些抵抗
矿务劳动的人可能是最热心的农民,也可能是采矿失败的人。他
们决定在削减工资或根本没有工作之后离开公共工程肯定是非常
痛苦的。这么多人一下子从广泛生产到工资劳动的这一共同步骤
是非常令人惊讶的。未来,人们不会继续做大范围的种植,因为无
法投入用于强化耕作所需的劳动力。

殖民统治下的权利

从 19 世纪 40 年代的爱尔兰到 20 世纪 40 年代的孟加拉国,世
界各地共同的殖民统治引发了前所未有的粮食危机。[①] 在北美,环
境史学家观察到土著生态系统和制度系统由于殖民转型而崩溃。[②]
在整个南部非洲,同时发生的牛瘟、干旱和暴力,在殖民统治时期
一开始就给这一地区带来了创伤。查尔斯 · 巴拉德(Charles
Ballard)在关于纳塔尔的历史上表明了这一点,认为牛瘟和干旱的
影响是非常严重的,因为殖民统治阻碍了应对和恢复的进程。[③] 对
于库鲁曼来说似乎也是如此。虽然生产危机是极端的,但是引发
生产危机的干旱、暴力和牛病并不是前所未有的。这场危机是由
于殖民统治造成的长期转型。在殖民统治的新情况下,他们的权

① William Crossgrove, et al., "Colonialism, International Trade, and the Nationstate," in *Hunger in History: Food Shortage, Poverty and Deprivation*, Lucile Newman, et al., eds. (Cambridge, Massachusetts: Basil Blackwell, 1990), 215 - 240.

② Merchant, *Ecological Revolutions* (1989); White, *Roots of Dependency* (1983).

③ Ballard, "Rinderpest," *The International Journal of African Historical Studies* 19(1986).

利,他们得到食物的资源被剥夺和阻断了;他们不能再为自己生产足够的东西,而且从其他地方的分配也不足。[①] 在库鲁曼,人们无法回到以前遵循的自给自足的做法。法律禁止他们离开保留地,去清除出新的场地,发展牧羊和畜产,为幸存的牛寻找健康的牧场,或者追捕剩下的动物群。在南部非洲,农业福利失败时,付出劳动所获得的补贴变得更加重要。面对 20 世纪初危机期间的饥饿,库鲁曼人回应了殖民地经济中的劳动力选择。在南部非洲其他地区,人们依靠工资劳动的方式比库鲁曼地区更加循序渐进,但殖民统治下生产条件的变化总是在起一定的作用。[②]

---

① Amartya Sen, *Poverty and Famines: An Essay on Entitlement and Deprivation* (Oxford: Clarendon, 1981).

② Iliffe, *Famine in Zimbabwe* (Gweru: Mambo, 1990). 艾利夫认为在 1916 年的饥荒中,雇佣劳动变得更加普遍。

环境史上的"劳动力水库",1903 年至 20 世纪 70 年代

> 即使生活对你来说很难[工作上],你所得到的一切
> 都是公平的,因为家人也在奋力……在家的孩子和他们
> 的生活也同样不易。①

到 1903 年,广泛生产不再能供养人口。根据科林·邦迪
(Colin Bundy)的说法,从独立粮食生产转为工资劳动的转变,居于
"南非社会历史的核心"。② 但是,这一过渡事件不应该掩盖持续的
历史动态,包括不断增加的农村保留地的环境动态。③ 土著生产方
式的崩塌也是环境史上的一个主题,但与新世界的温带地区相反,
在南非,土著人口仍然是多数。他们没有失去所有的土地,他们知
道如何耕种。在库鲁曼,在采食生计和农民生产的崩溃之后,土著
粮食生产的历史继续。即使人们变得更加依赖有偿劳动,他们也

---

① 在耐克文的采访。
② Bundy, *Rise and Fall of the Peasantry* (1999), 1.
③ 关于农村保留地的优秀历史,参见 Beinart, *Political Economy of Pondoland* (1982); Colin Murray, *Black Mountain: Land, Class, and Power in the Eastern Orange Free State, 1880s—1980s* (Washington, DC: Smithsonian, 1992)。

在继续改造环境。虽然 20 世纪的人们通过出售劳动力获得了部分生计来源,对环境历史的研究仍可明了他们生活中的变化。这一时期的环境史是围绕不同类别人群、非人类世界、国家和现金经济之间重叠的相互作用展开的。将环境因素纳入这一历史并不意味着它们是决定性的力量。虽然库鲁曼人生活在一片枯燥而长满金合欢丛的土地上,这种严酷条件并没有把他们赶入现金经济,而他们所灌溉的山谷也并没有保护他们免受贫困。通过小规模放牧、旱地和灌溉耕作、季节性玉米采收和附属石棉采矿,人们增加了选择何种工作地点以及何种报酬的权力。当地生产挑战诸如"劳动力水库"等地区特征的情况持续作用,生产活动的种类表明,到 20 世纪的上半叶,至少对现金经济的依靠可以为其他形式的报酬所弱化。20 世纪中叶以后,现金越来越占主导地位,辅助生产开始下滑。

这段历史上复杂的互动包括人与人之间的复杂交往。19 世纪,富有的家庭和巴拉拉以及男女都有不同的社会地位和不同的粮食生产选择。20 世纪,广泛的自给自足生产的失败和有偿劳动的扩张改变了粮食生产的社会组织结构关系。这仍然是依靠合作,往往是不平等的合作,但是在 20 世纪 50 年代,不平等互惠回报和义务不利于生产。工资劳动的机会在向妇女提供之前先惠及男人。她们对保留地承担更多的责任,妇女接管以前限于男子的任务,性别的根本分歧变得有些模糊。在粮食生产中,妇女继续更多合作,往往比男子更平等,但合作成本压在她们身上。至于阶级分野,这个社会一直有人不能为自己生产足够的食物,但在新的外力冲击下,较贫穷的人选择工资劳动,而非在邻居家的田里帮工,这进一步侵蚀了合作耕作。最终,种族已经成为决定人们如何与环境相互影响的关键因素。人们曾经以塔拉坪人和塔拉洛人区分自己和世界,但是现在他们首先是南非黑人中的一份子,这种劣势在接下来的历史中显而易见。

人口与生产

契约奴役、饥荒和暴力导致库鲁曼的人口在世纪之交下降（见图 6.1）。官方统计资料显示，1904 年，库鲁曼区的黑人人口仅为 1896 年的 48%，1911 年几乎恢复，其后大幅上升。到 1946 年，它比 50 年前增加了 224%（不幸的是，1950 年以后，重新分区阻碍了这一趋势的发展）。这是一个令人印象深刻的增长，但很难看出人口在保留地的增长。这些统计数字并没有区分居住在城镇、白人农场、矿场或公属土地上的人们。1950 年之前，我在黑人公共土地上只发现了两组数字，并且显著低于整体人口水平。在 1936 年和 1946 年，报告说总人口的大约一半生活在保留地。

图 6.1 库鲁曼的黑人人口，1896—1950

这些数字上的问题是，农村地区有可能统计不充分，特别是农民工，或是通过对来自在库鲁曼矿山工作的其他地方移民进行的计数夸大了人口数量。因此，农村人口可能大于图 6.1 所示的数字。在整个南非，保留地人口并没有像总人口那样大幅增长。

1904 年,10% 的总人口居住在城市;1946 年,这个统计数字是
23%。[1] 这些统计数据可以综合得出一个谨慎而重要的结论:尽管
人口在增长,但越来越多的人将生计与保留地脱钩。保留地人口
不足以造成马尔萨斯陷阱或引起博塞拉鲁强化冲击。[2]

　　耕种和放牧如何维系人口生计? 统计数据显示,它们不足以
维系基本生存所需。查尔斯·西姆金斯(Charles Simkins)在研究
南非保留地粮食生产人口普查统计数据时估测说,库鲁曼保留地
在 1927 年至 1960 年间的生存维系作用中所占比例不到25%。[3][4]
关于食品供应的描述支持生产低下的论断。在 20 世纪的第一个
十年里,政府官员报告说,保留地往往处于饥荒的边缘。在 20 世
纪初的几十年里,观察家几乎每年都将食物供应评估为“缺乏”。[5]
当然,这些外部观察者看不到保留地居民的具体真实情况,所以参
考这种评估必须小心谨慎,但是当地生产没有为人们的生计提供
充分保障是真实有效的。他们被迫通过保留地外的劳动弥补粮食
短缺,随着时间的推移,这项远离家庭的工作阻止了他们生产更多
的粮食。

---

[1] Beinart, *Twentieth-Century South Africa* (Oxford: Oxford University Press, 1994), 262 - 263.

[2] 1896 年的人口统计数据来自 CCP G42,《本地事务蓝皮书》(Blue Book on Native Affairs),1898 年,第 66 页。1904 年的统计数字来自 1904 年开普敦殖民地人口普查,该普查发表于 CCP G 19—1905,《1904 年人口普查》(Census of 1904)。此后,他们联合政府的官方人口普查报告:联合政府的官方出版物(以下简称 UG) 32 f - 1912 Census of 1911; UG 15 - 1923 Census of 1921; and UG 50 - 1938 Census of 1936. 1946 年和 1951 年的统计数据在布卢茨,《库鲁曼部落》(Kurunan)(1963 年),第 47 页。国家档案馆本土事务系列 1948 256/278(3) 中给出了 1936 年的保留地人口,农业官员哈廷格,1938 年 10 月 13 日。1950 年的保留地人口载于 CTAR 2/KMN 54 II 8/21/4,年度农业报告,1950 年。

[3] 这肯定是一种低估,因为农业统计并没有计算在收获之前掰下的嫩玉米,这是构成粮食的一个重要部分。

[4] Charles Simkins, " Agricultural Production in the African Reserves of South Africa, 1918—1969," *Journal of Southern African Studies* 8(1981): 267 - 268. 栽培产量的统计数据偏低且不稳定,所以我没有在这项研究中引用它们。关于种群数量的统计数据比较一致。1937 年以前,农业普查只估计了保留地的产量。列举于 UG18—1939。

[5] CTAR NA 657, Inspector of Native Reserves McCarthy, August 31, 1904; NAR NA 223 1/1910/F527, Inspector of Native Reserves reports for 1908; CPP G 46 - 1906, *Blue Book on Native Affairs*, 27; CPP G 36 - 1907, *Blue Book on Native Affairs*, 27; CPP G 24 - 1908, *Blue Book on Native Affairs*, 190; and UG 17 - 1911, *Report of Native Affairs Department*, 114.

粮食生产:大草原上的轻食者和吞食者

如前一章所述,有合理的证据可以相信,19 世纪初,大草原上牧草丰茂,最终却贫乏起来。然而,这是一个本土化和渐进的环境变化,因此仅仅在几十年内不可能实现。但是,植物学变化的确发生了,对于保留地的历史研究来说非常重要。如果灌木丛以草地为代价增加,如果大草地的承载能力因此下降,放牧的效率可能就会因此降低,从而增加对工资劳动的依赖。1941 年,C. W. 德·基维特提出了一个与此相关的论点,将土壤侵蚀与维持生计功能下降和工资劳动联系起来。[1] 库鲁曼地区的土壤几乎没有沟渠侵蚀。然而,灌木侵蚀被认为是半干旱南非更为突出的问题,其对黑人农村社会的特殊影响可与土壤侵蚀相比。[2] 然而,关于环境退化和工资劳动的假设并不适用于库鲁曼地区的灌木侵蚀个案。

放牧科学的"普遍认知"是过度放牧导致金合欢丛大草原灌木丛入侵,而灌木丛构成了不良的放牧环境。[3] 最有效的侵入者是,木本灌木,骆驼树亚属,拘榴。据估计,一些地区的草地减少了50%。[4] 其他侵占性灌木包括卡鲁(karoo)、赫比克拉搭(hebeclada,岩生灌木;西柯)和三叉犀族木(Rhigozum trichotomum,蕨类;小花木)(见图 6.2)。关于放牧衰退的论据是基于生态演替和顶级的理论。在金合欢丛,草原是最理想的牧牛地,也被认为构

---

[1] De Kiewiet, *A History of South Africa* (1941), 178–207. 关于这篇论文有一个动人的、诗意的评论,参见艾伦·帕顿的开场白,Alan Paton, *Cry, The Beloved Country: A Story of Comfort in Desolation* (New York: Charles Scribner's Sons, 1948), 3–4。

[2] Snyman, *Kuruman* (1992), 8–10; Grossman and Gandar, "Land Transformation in South African Savanna Regions," *South African Geographical Journal* 71(1989): 38–45.

[3] 关于退化的"普遍认知",参见 Leach and Mearns, "Environmental Change and Policy: Challenging the Received Wisdom," in *Lie of the Land*, Leach and Mearns, eds., (1996), 1–33.

[4] C. H. Donaldson, *Bush Encroachment with Special Reference to the Blackthorn Problem of the Molopo Area* (Pretoria: Government Printer, 1969); quoted by W. S. W. Trollope, "Application of Grassland Management Practices: Savanna," in *Veld and Pasture Management in South Africa*, N. M. Tainton, ed. (Pietermaritzburg: Shuter and Shooter, 1981), 404.

成顶级社区。据说过度放牧破坏了草地,给灌木带来机会,而灌木则被认为扭转了生态演替的过程。[1]

中等大小的灌木是具蜜金合欢亚属,拘榴。(照片由彼得·海伍德提供)

图6.2 从盖普高原看库鲁曼群山(1998)

在生态领域,严格的演替模式和一个稳定的顶级概念越来越多地被推动力理论所取代。[2] 非顶级模型(Nonclimax model)也出现在范围管理中。认识到变化是一种自然现象,并且承认生态系统的变化使一些范围科学家不轻易将所有植被变化归因于人为"退化"。[3] 相反,他们探索了降雨量、空间变化、土壤类型和土壤水分、燃烧、昆虫和其他非人为因素导致丛林和草地差异的可能。不

[1] N. M. Tainton, "Introduction to the Concepts of Development, Production and Stability of Plant Communities," in *Veld and Pasture Management* (1998), 7, 33.

[2] D. C. Glenn-Lewin, R. K. Peet, and T. T. Veblen, eds., *Plant Succession Theory and Prediction* (London: Chapman and Hall, 1992). M. T. Hoffman and R. M. Cowling, "Vegetation Change in the Semi-Arid Eastern Karoo over the Last 200 Years: An Expanding Karoo-Fact or Fiction?" *South African Journal of Science* 86(1990): 286 – 294.

[3] R. H. Behnke and Ian Scoones, "Rethinking Range Ecology: Implications for Rangeland Management in Africa," in *Range Ecology at Disequilibrium: New Models of Natural Variability and Pastoral Adaptation in African Savannas*, R. H. Behnke, I. Scoones, and C. Kerven, eds. (London: Overseas Development Institute, 1993), 11.

同类型的光合作用和不同的蒸腾作用也很重要。光合作用和蒸腾作用涉及通过称为气孔的微小气孔进行气体交换：二氧化碳(CO_2)通过气孔进入光合叶,而氧(O_2)和水蒸气通过它们离开叶子。大多数植物(包括树木、灌木丛和一些草)都通过使用无效酶来捕获 CO_2。因为这个反应的第一个可检测产物含有三个碳原子,这些被称为"C_3植物"。气孔必须广泛开放,为 C_3 光合作用提供足够的 CO_2,这样可以通过蒸腾损失水蒸气。相比之下,至少有 95% 的荆棘草是 C_4 植物,因为它们的第一个光合成产物含有四个碳原子。[1]因为 C_4 类草具有专门的叶结构,称为克兰兹骨骼(Kranz anatomy),有效酶能够很容易地结合 CO_2,当它们的气孔仅部分打开时,它们就能够有效地进行光合作用,因此可以在较少的蒸腾作用下进行。这在干燥地区是一个很大的优势。然而,在潮湿的土壤上,较高的蒸腾速率不是问题,C_4优势减弱。因此,C_3植物如灌木丛可以更好地在河流和井口以及地下水源附近发展。降雨也可能是大草地的一个构成因素,以草地为代价支撑灌木生长：丰水期有利于能在旱季生存并在后期的雨季大幅增加的灌木丛。这些观察结果说明了关于气候环境变化非顶级思考,并驳斥了灌木丛增加必然是人为生态退化的观念。一个可能是人为的变化其实与本地牧民无关,而是涉及大气 CO_2 的增加。这种"温室气体"的增加据信在全世界影响了草丛比例。在过去两个世纪中,大气中的 CO_2 从 275 ppm(parts per million)上升到 2000 年的 369 ppm。[2] 据推测,随着大气 CO_2 含量的增加,C_3 光合作用即使在干旱地区也不占优势,木本植

---

[1] 关于在金合欢丛生之地 C_4 物种的优势,参见 J. C. Vogel, A. Fuls, and R. P. Ellis, "The Geographical Distribution of Kranz Grasses in South Africa," *South African Journal of Science* 74(1978)：209 - 215。感谢斯蒂芬妮·万德让我注意到了这个问题,感谢彼得·海伍德解释了整个过程。

[2] 人们普遍认为工业革命前大气中二氧化碳的含量估计为 275 ppm。2000 年的水平来自 C. D. Keeling and T. P. Whorf, "Atmospheric CO_2 Records from Sites in the SIO Air Sampling Network," in *Trends：A Compendium of Data on Global Change*, Carbon Dioxide Information Analysis Center, Oak Ridge National Laboratory, U. S. Department of Energy, Oak Ridge, TN, 2001。

物能够更有可能成功应对C_4草。[1]

根据哪些动物正在食草,有多大放牧规模,以及人们希望获得什么,植被质量的评估结果也会有所不同。库鲁曼附近保留地上的人,很少有足够的畜产以提高他们的商业地位。1948 年,据估计,只有几个牧民拥有超过 50 或 100 头规模的畜群,90% 的人口只拥有2—5 头畜产。[2] 1959 年,在科农保留地进行的家庭畜产调查显示,情况并不十分可怕,但大多数人口畜产不足。通过将所有畜产数量转换成大型畜产单位(LSUs),可以掌握总财富的粗略概念。在最简单和最常见的计算中,一个大型畜产单位等于 1 头牛,或 5 只绵羊或山羊。在 123 个家庭中,有 94 个家庭中只有 10 个或者不足 10 个大型畜产单位(见图6.3)。[3]

```
畜产规模(LSUs)
140 —1
130 —0
110 —1
100 —0
 90 —2
 80 —0
 70 —0
 60 —1
 50 —1
 40 —0
 30 —2
 20 ————————20
 10 ————————————————75
  0 ——19
              家庭户数
```

图6.3 根据家庭户数统计的科农地区畜群规模(1959)

蓄养动物,特别是牛,为一些黑人家庭提供了一点点现金。像白人农民一样,非洲人也卖奶油。1947 年,有 18 个生产者向本地奶制品企业销售奶油,但在 1963 年,该地区的非洲人据称拥有 200

---

① 参见 H. Wayne Polley, Herman S. Mayeux, Hyrum B. Johnson, and Charles R. Tishler, "Viewpoint: Atmospheric CO_2, Soil Water and Shrub/Grass Ratios on Rangelands," *Journal of Range Management* 50(1997): 278; Stephanie Wand, "Physiological Growth Responses of Two African Species, *Acacia karoo and Themeda trianda*, To Combined Increases in CO_2 and UV-B Radiation," *Physiologia Plantarum* 98(1996): 882–890。

② CTAR 2/KMN 22 N 1/15/6, Additional Native Commissioner, July 20, 1948.

③ NAR NTS 10251 40/423 1959, Report on planning for removal of Konong.

个牛奶分离器。[1] 在 20 世纪 30 年代中期之前,库鲁曼地区畜产的销售量很小,非常零星,只是对邻居和贸易商进行。20 世纪 30 年代中期开放的库鲁曼畜产拍卖中,做法是种族主义的,拍卖人的歧视使得黑人不得不等到所有白人出售完他们的畜产,这减少了黑人卖家的收益。[2] 牛的市场价值使得现金获取很难——穷人难以积聚和保留畜群。[3] 养牛的另一个问题是,旧有的地方传染病,炭疽和牛肉毒杆菌病使得在牛瘟之后重建牛群很难。[4] 1919 年,兽医科学家阿诺德·谢勒(Arnold Theiler)发现了疾病病因,并确定清除骨骼和投喂无菌骨粉是有效的预防措施。然而,前者需要劳动力,后者需要现金。库鲁曼的白人农民搬到了商业养牛场,在 20 世纪 20 年代建立了牛乳制品厂,20 世纪 40 年代建立了牛肉厂。[5] 因此,在保留地,黑人蓄养的不易受肉毒中毒影响的小畜种比例仍高于白人农场。在我们的访谈中,人们报告了肉毒中毒(magetla 或 stiefsiek)和定期爆发炭疽病的地方性问题。[6] 原住民事务处(NAD)补充了骨粉采购,但人们也以玉米和骆驼荚(camelthorn)作为补救措施。

即使没有很多的牛,人们还是要放牧。20 世纪以来,库鲁曼发展出了一个适应土地割离、贫困和草源短缺状况的新放牧制度。山羊和驴在这个新的体系中占主导地位。它们繁殖快,只需要少量资本,并在灌木丛中蓬勃发展。由于繁殖率较高,小型牲畜可以

---

① CTAR 2/KMN 22 N 1/15/6, Additional Native Commissioner, July 20, 1948; Breutz, *Tribes of Kuruman* (1963), 66, 78.

② 众多采访证实,在库鲁曼拍卖会上,非洲人的畜产最后出售。

③ Interview B at Maiphiniki in Appendix C3. 关于穷人卖牛的压力,参见 Duggan, An Economic Analysis (1986),115 - 118。

④ 1903 年,盖普高原曼尼汀和科农保留地的居民请求允许其在盖-图斯、库鲁曼山的远侧和低磷酸盐区建立牛场。CTARI/KMN 10/6, Resident Magistrate Lyne, September 18, 1903.

⑤ Snyman, *Kuruman* (1992), 114, 146; Thelma Gutsche, *There Was a Man*: *The Life and Times of Sir Arnold Theiler K. C. M. G. of Onderstepoort* (Cape Town: Howard Timmins, 1979), 328 - 332.

⑥ 1964 年和 1970 年在库鲁曼保留地暴发了炭疽热。参见附录 C2 中对爱德华·莫特哈班和维拉·阿尔巴特的采访。关于家畜疾病,参见附录 C3 中在盖-洛特哈尔的采访 A 和 C ,在迈菲尼奇的采访 B。

比牛更频繁地屠宰,并且为低工资者提供了一种容易获得生活补贴的方式。这些动物比牛更便宜、更健康、更适合环境、更好繁殖。养小畜类和驴不能挽救贫困,但可以缓解贫困。

山羊主要用于肉食和产奶,但驴有许多生活用途,并且还可以换钱。① 伦敦传教会人员在 1858 年之前将驴带到塔拉坪和塔拉洛地区,作为邮政服务的动物。② 人在牛产经济强劲的时候,觉得驴几乎没有用。在牛生产崩溃数十年之后,保留地人口拥有了更多的驴,也许是因为牧产人力资源的增加。1906 年,牛瘟 9 年后,在库鲁曼人保留地,只有 30 头驴,82 匹马,29 923 只山羊,7 147 只绵羊,3 548 头牛。1911 年的一份报告指出,"当地人拥有非常少的驴",所以在 1912 年向整个区域报送的 4 180 只动物中绝大多数都属于白人,他们将其用于石棉采矿以及农业和运输工作。③ 1930 年普查,首先列举了非洲保留地的动物,报告说有 7 879 头驴,而在白人农场是 16 272 只。④ 此后,驴拥有情况的种族平衡发生了转变。获得信贷和国家援助后,白人农民能够克服疾病的障碍,开始水资源开发和改善牛产规模。此外,20 世纪中期左右的牵引和运输机械化为白人减少了对动物拉重的需要。⑤ 因此,在 1946 年,白人农场有 9 168 头驴;1950 年有 4 250 头;而在 1960 年,只有 2 145 头。

---

① 在南非农村历史上,几乎从未考虑过驴。范·昂赛雷恩提供了罕见的证据来证明它们的用处。参见 van Onselen, *See is Mine* (1996), 137, 141, 323。

② Mora Dickson, *Beloved Partner, Mary Moffat of Kuruman: A Biography Based on Her Letters* ([Gaborone and Kuruman]: Botswana Book Centre and Kuruman Moffat Mission Trust, 1974), 189. 为了综合库鲁曼驴的历史,从引进到屠杀,参见 Nancy Jacobs, "The Great Bophuthatswana Donkey Massacre: Discourse on the Ass and Politics of Class and Grass," *American Historical Review* 108 (2001): 485 – 507。

③ CPP G 36 1907, *Blue Book on Native Affairs*, 29; Union Government Publication UG 17 – 1912, *Blue Book on Native Affairs*, 160; UG 32 – 1912, *Census of the Union of South Africa*. 关于矿业中的驴子,参见 Anthony Hocking, *Kaias and Cocopans: The Story of Mining in South Africa's Northern Cape* (Johannesburg: Hollards, 1983), especially 52 – 54, 81。

④ UG 12 – 1932, *Agricultural Censs*, 1930. 早期的人口普查数据是不可靠的,尤其是对非洲保留地来说。在过去的几年里,公布的人口普查报告和档案记录数据之间有 20% 到 30% 的差异。因此,我谨慎地使用这些数字,只是为了说明长期趋势。

⑤ Snyman, *Kuruman* (1992), 114, 120, 146. 关于此时白人农场的耕作机械化,参见 van Onselen, *Seed is Mine* (1996), 276 – 278。

　　由于贫困,黑人保留地的驴规模并不符合这一轨迹。也许,由于白人对它们的使用较少,这种动物对于保留地人员便宜得多。它非常有用。① 驴首要和最明显的用途是运输。殖民统治的转变要求人们开发新技术来协调时间和空间,驴车节省人力和时间。20 世纪 20 年代以后,南非铁路公司在该地区经营巴士,但巴士旅行需要现金和对应时间点乘车,而驴几乎是免费的,更为方便。② 驴第二个作用是运送货物。20 世纪,人们依靠驴而不是牛运重物到金伯利。来自亚利桑那大学的生物学家荷马·尚茨(Homer Shantz)于 1919 年访问了金伯利,拍摄了至少由"十五头驴拉"的"一个典型的"货车。③ "驴成为主要动物的当代记忆从 20 世纪 30 年代到 20 世纪 50 年代有所不同,1953 年的一份报告证实,"这个地区的牛占种畜的 97%,其结果是驴是唯一的运输或跋涉动物"。④对于库鲁曼周围半干旱地区的人们来说,驴车特别重要的作用是运送在德兰士瓦西部种植的玉米。收获后,玉米必须被带回家,那些想要节省铁路运输费用的人使用自己的驴车。还有当地用途的驴车。人们投入专门的驴车用于运输水、木材、砾石和沙子以制砖。设计用于移动这些商品的驴车的个人通过为邻居服务而获得收入。驴的第三种用途是作为牵引动物。牛在 19 世纪曾担当牵引动物,但在 20 世纪,驴接管了这项工作。驴子蓄养的第四个好处就是它们可被屠宰食用。驴肉不是人们最喜欢的食物,但它们可食用。此外,驴粪与沙子混合,可用于施工。驴蓄养的最后一个好处是它们的奶被认为对生病的儿童有药用价值。保留地驴的

① Peta Jones, *Donkeys for Development* (Pretoria: Animal Traction Network of Eastern and Southern Africa and Agricultural Research Council of South Africa Institute for Agricultural Engineering, 1997). 另参见 Paul Starkey, ed., *Animal Traction in South Africa: Empowering Rural Communities* (Halfway House, South Africa: The Development Bank of South Africa, 1995), 21-22, 139-151。
② Snyman, *Kuruman* (1992), 113.
③ 荷马·尚茨收藏,图森亚利桑那大学主图书馆特别收藏。我很感激巴里·莫顿复印了这个文件。驴车的照片见第 248,259 页。
④ NAR NTS 6577 918/327, October 23, 1953; Interview with Olebile Mabahanyane in Appendix C2; Interview F at Ncweng in Appendix C3.

数量继续上升,到 1946 年达到11 007 头,据报超过了牛的数量 10 372 头(见图 6.4)。[1] 正如本书第八章所述,20 世纪 40 年代以后,由于经济变化和生活改善,驴的数量减少了。

	1906	1930	1937	1946	1951	1960
□山羊	29 923	47 589	37 882	44 561	54 527	67 084
■绵羊	7 147	20 186	15 904	28 083	42 103	34 229
▨牛	3 548	11 917	8 158	10 372	11 601	19 620
目驴	30	7 879	5 076	11 007	7 630	5 891

图6.4 个别年份的山羊,绵羊,牛和驴

除了有用之外,驴也很适合环境。它们是杂食性的动物:"驴和牛不一样,驴子什么都吃,而牛挑食。"[2]作为反刍动物,牛和山羊具有可以高效地从高纤维饮食中萃取营养的消化系统,尽管随着食物变得纤维化,消化减慢。相比之下,非反刍类马类对高纤维的饲料只能提取较少的营养,但食物通过他们肠道的速度更快。因此,通过摄入多于反刍动物的食物,马类可以在低质量的饮食中保持足够的营养吸收率。在大西洋海岸的奥兰治河以南的一个干旱地区纳马克兰的一项研究发现,一头驴可能会吃到像山羊一样多

---

[1] UG 77 - 1948, *Agricultural Census 1945 - 46*; Special Report Series No. 1 - No. 24, *Agricultural Census 1949 - 50*, Republic of South Africa publications [hereafter RP] 10 - 1964 *Agricultural Census 1959 - 60* (livestock).

[2] Interview with Peace Mabilo in Appendix C2.

的植物性物质,但不会像山羊一样发生消化不良。[1] 驴和反刍动物确实会争抢食物,但他们的关系不是零和方程。驴消耗大量低质量的牧草,这些都是牛和山羊所回避的。因此,在低质量饲料占主导地位的环境中,驴的可持续生存量可能超过牛和山羊。在这个地区经常发生的干旱中,它们是"四足生物中最顽强的"。[2] 与它们的马科表亲不同,马容易患疾病,且费用昂贵。事实上,马的最大效用可能在于赶拢驴。[3] 养牛或依赖驴是出于经济地位的分野原因,在南非这是由种族和阶级决定的。除了穷人/黑人之外,养驴的好处是可供女性使用,因为驴比马或牛更性别中立(见图6.5)。[4] 然而,性别中立使驴对男人同样有价值。

一个家庭的理想状态应该拥有多少头驴? 人们告诉我,他们可能会用到 30 头,三组用于犁耕,两组拉车,还有几头备用。30 头是相当多的,并且揭示了对动物有用性的需求评估。大多数年份,耕种是处于一种经济边缘的活动,但是当降雨来临的时候,人们不想缺少驴。一个贫穷的家庭会保持这么多驴,因为成本和风险都很低。驴的繁殖不需要人类的干预,它处于一种接近放任的状态。人们没有理由最大限度地利用驴的力量,所以它们被认为过多了。虽然很少有家庭蓄养 30 头,但是驴子吃食很多,数量不小。

这一时期,牧草短缺的证据前后矛盾。1908 年为了兑现新增一块保留地的承诺,政府额外在下库鲁曼增加了一块 12 848 公顷

---

① Suzanne Vetter, "Investigating the Impact of Donkeys on a Communal Range in Namaqualand: How Much Does a Donkey 'Cost' in Goat Units?" (Honors thesis, University of Cape Town, 1996); Montague Demment and Peter Van Soest, "A Nutritional Explanation for Body-Size Patterns of Ruminant and Nonruminant Herbivores," *The American Naturalist* 125(1985): 641－672.

② Humphrey C. Thompson, *Distant Horizons: An Autobiography on One Man's Forty Years of Missionary Service in and Around Kuruman*, *South Africa* (Kimberley: published by the author, 1976), 65. 汤普逊描述说 1932 年干旱期间动物因口渴而死。

③ 同样,在美国南部,骡子比马有些优势。参见 Martin A. Garrett, "The Mule in Southern Agriculture: A Requiem," *The Journal of Economic History* 4(1990): 925－930。

④ Starkey, *Animal Traction* (1995), 19, 21. 另参见 Eldredge, "Women in Production," *Signs* 16 (1991): 716。

照片由彼得·海伍德提供。

图6.5 格拉迪斯·莫特世布和她的朋友乘坐驴车（2001）

的土著保留地。[1] 1909 到当地进行检查的人报告说这里有充足的草源供应。[2] 但是保留地的土著抱怨过于拥挤，可能有多方面的意思，包括草源短缺。[3] 德莱索·摩根那林（Telesho Mogonarin），一名保留地居民，1921 年写信给总长官抗议土地割离，他是这么说的：

> 但愿阁下您知道我们靠耕作为生，我们沿河 …… 河水丰盈时我们过去常在西部犁耕，因为我们的土地在那里，但是它们被荷兰人夺去了。我们生活贫困，因为我们的畜群无草可食。[4]

---

[1] CTAR GH（Government House）35/250, "The Bechuanaland Native Reserve Disposal Act"（Number 8 of 1908）.

[2] NAR NA 223 1/1910/F527, Inspector of Native Reserves Purchase, July 1909, September 1909.

[3] UG 22 - 1916, *Report of the Natives Land Commission*, *Volume* 2, 104.

[4] NAR NTS 7752 22/335, Teleshe Mongonarin, October 24, 1921.

到1924年,政府土地测量师报告说,由于穿过下库鲁曼原住民保留地到石棉矿和喀拉哈里地区的交通的需要,放牧场地"严重不足"。[1] 他的建议导致购买在下库鲁曼保留地两臂之间较低的"马掌形地块"。[2] 1937年当地事务委员会的证词强调,拥堵是一个问题。[3] 随着1936年的"信托和土地法"的实行,进一步的土地购买是由国家政治而不是地方需求驱动的。

尽管存在牧场短缺的迹象,但是有限的井眼开发将会使地区人们远离临河草原。然而,20世纪40年代以后的钻井开发在更广泛的地区增加了水分和放牧压力。在这一时期,畜产量也在上升。在1927年(完整数据可用的第一年)至1969年期间,山羊数量增加了67%,绵羊增加了95%,牛的数量增加了176%。[4] 大型家畜单位统计,从1929年的21 837大型家畜单位增加到1969年的45 551个。食草动物有108%的增长率,但是对应水井和畜产在土地上的分布密度和放牧压力统计不足。

记录内容中对草地组成成分的描述很少。当地官员关于大草原质量记录的资料最关心的是有毒植物。[5] 事实上,对过度砍伐的关注导致政府限制砍伐活树。20世纪10年代和20年代库鲁曼地区通过规定:人们只能收集家用的干木。[6] 1951年取消了禁止砍伐具蜜金合欢的规定。[7] 1949年有一则观察说,具蜜金合欢取代了其他物种:"在一些地区变得如此之盛,已经不可能实现从一个地方

---

① NAR NTS 7752 22/335, Surveyor Roos, April 16, 1924.
② 通过1929年10月25日发布的1885号政府公告,库伊斯保留地的面积也同样扩大了。
③ Testimonies are recorded in NAR NTS 3007 368/305 I.
④ 见附录B中的统计资料。驴和马不包括在这个计算中,因为它们的数字只是不规律地记录了下来。
⑤ NAR NTS 7351 176/327 (1), Agriculture Extension Officer Hensley November 20, 1933; NAR NTS 1947 256/278, Agricultural Officer Hattingh, March 31, 1940.
⑥ 关于该地区木材使用条例,参见Setlagoli Reserve in Vryburg, NAR NTS 57/321。1998年,土地事务部保存了这一档案。
⑦ CTAR NTS 2/KMN 20 N 1/15/4 II, minutes of quarterly meeting of Chiefs, Head men and People, March 28, 1951.

到另一个地方的顺利通行。"①到 20 世纪中期,不论是干燥地区,还是潮湿地段,当地环境条件均有利于灌木丛而非草地生长。燃烧依然是非法的,有报道说:"保守派人士每年都想要把这些付之一炬。"②虽然白人和黑人都有燃烧灌木行为,但有些燃烧则是在雷击之后开始的。之后燃烧被加以控制,并不再是人类塑造大草原的常见方式了。此外,到 1960 年,CO_2 排放量已经上升到 317 ppm。③当然,CO_2 本身并不能作为解释灌木丛增加的原因,但是随着使用量的增加,大量的雨水,有效的繁殖时间和更少的火烧,使得草原更加灌木化。

确定植物学变化的时间和程度是困难的,因此评估它也是很困难的。克罗农评论说:"我们想知道环境变化是好还是坏,只能用我们自己的对错感觉来回答这个问题⋯⋯历史叙述,即使是那些关于非人类世界的叙述,仍然侧重于肯定人类价值观。"④虽然没有人迫使我们对土著知识或观点进行评价,但我们必须了解经历过这段历史的人所持有的价值观。现在生活在这个地区的人们不认为灌木丛是放牧环境退化的明证。被问及相对灌木茂盛地,草和灌木的恰当比例问题时,有人说:"动物没有问题。没关系,因为牛有草,绵羊和山羊有灌木丛。"⑤人们一直重视草,称其为"宝藏"或"格拉斯",是牛的最佳放牧场。但是,他们也重视在主流范畴管理上看来是不合需要的物种。他们说,具蜜金合欢亚属——拘榴是金合欢丛生之地的祸害,却是山羊最好的饲料。同样被认为是受害地区常见的另一种物种的西柯(赫比克拉搭)也被认为是绵羊

---

① NAR NTS 6022 213/312, Chief Native Commissioner, November 12, 1949.

② NAR NTS 1947 256/278 (3), Agricultural Officer Hattingh, October 13, 1938.

③ Michael Begen, John Harper, and Colin Townsend, *Ecology: Individuals, Populations and Communities*, 2nd ed. (Boston: Blackwell, 1990), 709.

④ Cronon, "APlace for Stories," *The Journal of American History* 78(1992): 1369 – 1370.

⑤ Interview D at Batlharos in Appendix C3.

最理想的饲料。① 人们在保留地所拥有的绵羊和山羊的比例很高，这是对这些物种的强烈认可。此外，这些和其他灌木丛甚至也被认为是重要的，它们是养牛必需品，因为叶子枯萎后草仍保持绿色。当被问及对所有动物的理想牧草是什么时，一组被调查者回应说最重要的是"宝藏"，但在表达同意观点之后，其中一名女子迅速地说，理想的草地必须包括树木，她解释说："如果草死了，还有树。"②牛可能被认为是轻食者而不是吞食者，但在饥饿的时候，牛也可以改变。由于牛群更大的功能是投资，而不是作为商品在高峰期出售，即使瘦但只要有也可以被业主接受。

当地的这些植被直观分布例子是了解环境变化对保留地生存重要意义认知的关键。对灌木的认知避免了这一争论：环境变化使得粮食生产不太可持续并导致雇用劳动增加。灌木丛的逐渐出现不能与帝国征服、殖民统治、低工资和隔离主义政府作为贫困和经济依赖的原因相提并论。当代库鲁曼牧民们对灌木丛的赞赏表明，它们甚至不是一个环境作用因素。事实上，灌木丛让人们继续以最能承担得起的方式放牧。这引起了一些生态学家对人们不恰当草原偏好的批评。对草原的热情综合了经济和生态论证，因为支持草原的宣传不仅仅来自保护顶级社区的关注，也是为了促进资本化的牛肉生产。由于公共土地上的大多数人没有办法获得放牧的牛，并且在维护它们方面有困难，草原联合和较高的承载难以实现。

粮食生产：粗放耕作和保留地的间或灌溉

约翰·麦肯齐如果发现在世纪之交以后就不会有这样的情况是会非常绝望的。这位传教士于 1899 年去世，他在南部茨瓦纳一直是灌溉种植的冠军，他也一直希望牛会失去它的重要性。毫无

---

① Interview E at Ga-Mopedi in Appendix C3 and Interview E at Ncweng in Appendix C3. 只有一组讨论了许多种灌木的缺点（Interview I at Ga-Mopedi in Appendix C3）。他们报告说，他们已经与农业推广官员讨论了不再将蒙加纳用于营地而用于饲养牲畜的可能性。
② Interview B at Sedibeng in Appendix C3.

疑问,他会发现 1896 年至 1903 年灾难所带来的痛苦,但他也将看到一个灌溉农业的解决方案。在 1900 年之前是真实的,今天也是如此,不同的家庭按照不同的方法在他们的种植园进行耕作,但大多数居民并不满足于麦肯齐的梦想(见图 6.6)。据估计,1964 年有 3 名耕种旱地的农民,75 名灌溉者(明显低估),而在库鲁曼的公共土地上则有 2 434 名牧民。①②关于水资源的开发,耕种者投入了一些沟渠和水井,但更倾向于在建有灌溉工程的潮湿河谷中种植。③ 这种做法减少了劳动,但如果可用的水被用于更广泛的地区进行种植,收成就会高于现有的水平。除了潮湿的山谷,人们继续耕犁大草原。然而,这个旱地种植与 19 世纪前的种植不同了。首先,所有迹象表明,人们不是锄作而是犁耕了。此外,到 20 世纪 40 年代,玉米已经取代高粱成为主食。玉米具有产量较高的优点,需要较少的努力保护其免受鸟虫侵害,可用于多种准备。④ 选择玉米的好理由不包括对半干旱环境的适用性。夏季也许有一半时间,人们在雨养田上种植玉米显得太干了。只有在降雨充足的情况下,耕种机才能耕种干旱的土地。然而,即使种植后,降雨也可能会失约不至,农民也会因此浪费劳动和种子。⑤ 所以,在干旱地区种植玉米比种植高粱有更大的风险。有偿劳动的存在或许允许耕种者承担这种风险。

① 这个数字可能只包括那些在政府项目上的数字,但不平衡性仍然是明确的。
② CTAR 2/KMN 46 7/9/2, Agricultural Supervisor Prichard, October 26, 1964.
③ CTAR NA 657, Inspector of Native Reserve Purchase, July 1904; NAR NA 223 1/1910/F527, Inspector of Native Reserves Purchase, June 1909; Interview with M. Seipotlane in Appendix C1.
④ 有报道称,20 世纪头十年,开始出现鸟类恐慌,这表明人们仍然主要种植高粱。CTAR NA 657, Inspector of Native Reserves Purchase, March 1905; NAR NA 223 1/1910/F527, Inspector of Native Reserves Purchase, February 1907; GPP G 24 - 1908, *Blue Book on Native Affairs*, 19; CPP G 36 - 1907, *Blue Book on Native Affairs* 26. 根据政府民族志学者的说法,到 20 世纪 60 年代早期,还没有种植高粱。Breutz, *Tribes of Kuruman* (1963), 64. 此外,1997 年,中年妇女将高粱食品作为她们童年很少吃的食物(Interview D at Ga-Mopedi in Appendix C3)。没有采访表明高粱是人们记忆中的主要作物。论高粱在其他地方的衰落,参见 Beinart, *Political Economy of Pondoland* (1982),99。
⑤ CTAR NA 657, Inspector of Native Reserves Purchase, November 1904; NAR NA 223 1/1910/F527, Inspector of Native Reserves Purchase, April 1910, March 1907, April 1910; LMS 74/5, J. Tom Brown, November 4, 1912; Interview with Prince Setungwane in Appendix C1.

为了准备春季种植,简(Jan)和伊芙琳·贝莱(Evelyn Bele)精心修建了护堤和沟渠,将巴塔拉洛斯之睛的水引到他们的种植园。这种专门的园艺在今天很少见。(照片由彼得·海伍德提供)

图6.6 巴塔拉洛斯附近为数不多的灌溉园地(1998)

作为目睹这一切的行政人员——政府官员对这些农业做法不屑一顾,更没有增加任何灌溉设施。例如:

> 保留地有本地最好的土地,如果适度耕种的话,也不应该有任何补贴需求。供水充足、不算拥挤;但大多数家庭一年下来还要依靠蝗虫、浆果或块茎填饱肚子,身体状况不佳往往归因于粮食供应不足。①

又一次,这些关于"懒惰"和"落后"的描述可以通过一些记录者的偏见获悉,他们批评这里的人们有一种怕吃苦的旧逻辑:"他们所

---

① UG 17-1911, *Blue Book on Native Affairs*, 8.

接受的是不怎么需要费力的耕种。"①根据1909年在保留地的检查员说法:"库鲁曼当地的小麦田看起来长势喜人。然而,遗憾的是,他们弃置了这么多的土地,没有耕种。"②同样的主题在50年后的报告中又有反映,当时农业部门报道说,盖-莫比迪的种植园已经3年没有被耕种了。动物践踏未围定的地块,有围栏地块内的芦苇疯长。当然,也有人采购电线来围栏他们耕种的地块。③ 这些地块想必具有官员们没有认识到的价值。

政府文档没有记录耕种对家庭生活的重要性,但人们今天证明了这一点。出生于20世纪40年代末的一些受访者声称,他们的土地是最重要的食物来源,而且他们父母中的一些人通常只用现金购买生产不了的东西:盐、茶、咖啡。④ 生产食物的能力各家各户有所不同。像19世纪一样,库鲁曼人没有专门为市场生产粮食的"农民"。尽管他们确实售卖少量在灌溉条件下种植的高价值作物,但这需要与他人合作。虽然纪录中没有提到,但人们今天仍然记得,他们种植水果和烟草既自用,也出售。在所有的村庄中,巴塔拉洛斯最为人所知,因为它有果园,甚至被称作"绿色巴塔拉洛斯",人们种植葡萄、柑橘、无花果、苹果和梨。女孩们带水果到库鲁曼镇出售,他们的父母赶驴车到采矿中心出售水果。⑤ 人们还在河谷中种植烟草,并在干旱保留地和农场上进行交易。大概到了20世纪60年代,水果贸易逐渐减少,因为在商店中经常随处可见,加之小贩经营还需要获得许可证。⑥ 最后,矿场在附近开了起来,保留地的妇女还有了另一个收入来源:酿造啤酒,可能是用自己的

① NAR NTS 4368 268/313, M. C. Vos, August 26, 1911.
② NAR NA 223 1/1910/F 527, Inspector of Native Reserves Purchase, August 1909.
③ CTAR 2/KMN 33 N 2/11/4 II, Agricultural Officer, July 26, 1954.
④ Interview C at Ncweng in Appendix C3.
⑤ Interview B at Batlharos in Appendix C3. 关于烟草,参见 Interview A with Isaac Seamecho in Appendix C1。
⑥ Interview A at Batlharos in Appendix C3.

粮食。[①] 没有人声称贸易水果、烟草或啤酒是非常有利的,但他们回忆说,自己的生产提供了很大一部分主食,还有一点现金。种植园有时候也不景气,但人们仍然耕作,因为他们认为这是正经的事情,或者因为喜欢耕作。

与 19 世纪一样,这里也有不利于强化种植的强大因素。首先,环境条件构成了限制,因为在某些地区,例如沿着马拉沃昂河的下库鲁曼保留地或在盖-图斯,供水量不足。[②] 下库鲁曼原住民保留地的库鲁曼河遭遇了与在库鲁曼周围发源的"库鲁曼之睛"同样的问题:周边地区的用水消耗增加(见第七章)。在所有河谷中,100 年的灌溉耕种已使河谷的土壤贫瘠。施肥很困难,因为畜产稀缺,动物放牧范围太大。此外经济状况也不利于强化生产。建设灌溉工程、从沼泽引水、建设沟渠和水坝都需要资金,这是一个特别稀缺的资源。购买肥料种子和犁也需要钱,在 1935 年,估计每十个家庭只有一张犁。[③] 在一些泉源地区,增加灌溉土地的数量要求农民拥有更先进的技术和工程技能。[④] 接下来,对劳动力的要求也会很高,他们根本无法承担更多的耕种工作。随着移民人数的增加,男性劳动力在国内一直缺乏。只有具备足够劳动力的家庭才能清理出新的地块进行灌溉种植。[⑤] 最后,由于殖民地占领之前的灌溉是一种随意而不是集约化的实践,粗放生产的传统对更彻底的灌溉实践有制约影响。

虽然干旱是库鲁曼环境史上压倒性的主题,但洪水有时候也会阻碍耕作。1974 年,暴风雨就在库鲁曼和其他河谷造成了巨大的灾难,灌溉者经历了进一步的自然创伤。在奥兰治河的普里斯

---

① Interview C at Ncweng in Appendix C3; Interview with Gladys Motshabe in Appendix C2; and Interview A at Maphiniki in Appendix C3.

② CTAR NA 605, Resident Magistrate Lyne, September 18, 1903.

③ NAR NTS 7351 176/327, Extension Officer Hensley, June 1935.

④ CTAR NA 605, Resident Magistrate Lyne, September 18, 1903.

⑤ Interview B with Mosiane Kgokong in Appendix C1. 另参见 Interview with N. Gaetsewe in Appendix C1。

卡（Prieska），曾不到五个小时就下了 150 毫米的雨。经彼得·斯奈曼证实，有这样一则经常重复的当地故事，河流水量充足时，开机动船可以从库鲁曼前往 100 多公里外的范齐尔斯堡（Van Zylsrus），这实在是令人难以置信，因为在正常年份中，河谷并无水。[①] 对于在山谷里生活或耕种的人来说，这是一场毁灭性的灾难，它摧毁了树木、犁沟和房屋。洪水滞留了三四个月，当大水退去时，表层土被厚厚的泥或暴露的岩石所取代。[②] 结果是土壤水分饱和，而 1975 年又出现异常高的降雨量，1976 年的降雨量甚至更高（见图 1.3）。当我的研究助理和我在 1997 年到访耐克文的田野时，我们看到了 1974 年的洪水冲毁了栅栏和沟槽，截断了渠道，挖出了深坑，留下土墩和裸露的岩石在田野上。[③] 人们多次说 1974 年发生的洪水终结了人们的种植，这种自然灾害迫使他们放弃了农业生产。[④]

麦肯齐可能会感到失望。在整个地区，政治、经济、文化和环境方面的力量一起阻止了黑皮肤的库鲁曼人实现麦肯齐强化种植的梦想。不论传教士和政府官员持何种思想，河谷中的人们只能继续实践他们所能承受的耕种强度。与放牧的情况一样，他们的方法不产生最高的收益或大量的商业报酬，但确实提供了一些生计。

出售劳动换取薪金和其他报酬

交换劳动换取报酬的故事不仅仅是男人去挖矿。在 20 世纪的第一个十年中，男性移民到矿区务工是外出劳动最重要的形式。

---

① Snyman, *Kuruman* (1992), 5. 描写奥兰治河上普里斯卡的洪水，请参阅 Hocking, *Kaias and Cocopans* (1983), 166。

② Interview with Murial Tsebedi in Appendix C2. Interview with the Barnette siblings in Appendix C2.

③ In Appendix C3, Interview G at Ncweng, Interview A at Batlharos, Interview E at Batlharos, and Interview H at Ga-Mopedi.

④ 同样地，巴林戈的伊尔香梅经历了一场灾难性的洪水，停止了灌溉。参见 Anderson, "Ecology and Economy among the Il Chamus of Baringo," *The Ecology of Survival* (1988), 254。

随着进入新的世纪,男人和女人发现了其他出售劳动的方式,很明显,他们想要寻求类似广泛生产的有偿劳动。作为玉米采收者、作为辅助石棉矿工,或作为石棉遴选人员,人们不会特别劳累,风险小,不像在矿山、白人农场或城里人家庭中受监视。在这些工作中,他们以家庭为生产单位,到现场工作。这些工作都不会按时间支付工资,有些甚至没有现金支付。这进一步表明,即使放牧和耕种无法支撑人口,人们也不会立即依靠现金,他们实际上是找新的贴补方式。

出售劳动力现象的增加直接导致维持生计的困难越来越大。在英帝国兼并之前,塔拉坪人不愿意作为移民劳工,更愿意出售木材(一种延续到 20 世纪的做法),或只是将他们的儿子送到矿山。[1]早期移民中的性别特点是出于资本的需要。贝琳达·博佐利(Belinda Bozzoli)对这一假设提出质疑,认为这是农业牧民社会中妇女作为劳动者的从属地位导致的。[2] 然而,伯杰对这种解释提出了质疑,他指出妇女"具有相当经济实力,尽管缺乏社会权力",并且说妇女的经济和控制能力可能使她们能够避免成为移民劳工。[3]环境创伤和对应的反应都是有性别特殊性的。男性生产的失败使男性,而不是妇女大量进入劳动力市场。由于男子仅在耕作期间才参与种植,所以驴可以有效补救牛力损失和男性劳动力缺失。

阶层分工也决定着谁成为通勤上班者。1898 年的证据表明,较穷的人比那些可以生产一些粮食的人有更少的选择余地:

> 大多数年轻人都去金伯利工作,他们不喜欢在区里

[1] Interview D at Ncweng in Appendix C3.

[2] Belinda Bozzoli, "Marxism, Feminism and Southern African Studies," *Journal of Southern African Studies* 9 (1983): 139 - 171. 另参见 Cherryl Walker, "Gender and the Development of the Migrant Labor System c. 1850 - 1930: An Overview," in Cherryl Walker, ed., *Women and Gender in Southern Africa to 1945* (Cape Town: David Philip, 1990), 168 - 196。

[3] Berger, "'Beasts of Burden' Revisited," *Paths toward the Past* (1994), 127.

自谋职业。农业社区①的劳动力供应通常来自维贫斯，即那些没有保留地土地赖以为生的人或者由于缺少食物而被从保留地赶出的人。②

同样，到了 1911 年，"没有庄稼的人"大多依赖于工资。③ 在食物供应不足的时期，男性农民工和整个家庭在其他地方寻求更安全的生活。少数家庭对出售劳动力瞻前顾后。④ 1907 年，移民劳工是库鲁曼的"主要资源"，估计有 75% 的年龄在 15—40 岁之间的男子在矿山工作过半年以上。⑤ 1911 年，20—49 岁的黑人人口普查显示男子只有 39%，表明许多男子外出务工了。⑥

男子能够选择自己赚钱的地点，他们对此表现出明显的喜好。钻石矿和附近的"河流挖掘"，奥兰治河上较小的冲积钻石矿床，是迄今为止最受欢迎的移民劳工目的地。⑦ 政府记录报道，1908 年，有 646 名男子去金伯利矿，602 人去奥兰治河上的钻石矿挖掘，42 人在其他地区的农场工作。1911 年，有 778 名工人去了金伯利矿，576 人去了其他的开普省矿山（大概是河上的挖掘），没有人去其他城市或矿山。1912 年，在库鲁曼发出的所有 1 508 张通行证都是前往金伯利或其他开普矿。没有移民到维特沃特斯兰，这是因为工人偏好，而不是矿务招聘原因。在南非战争之后，金矿削减了非技术性外来务工人员的工资，这导致其对当地的男子几乎没有了吸引力。⑧ 1903 年，第一批在约翰内斯堡（Johannesberg）工作的人

---

① "农业社区"是指白人农民。
② CTAR 1/KMN 10/3, November 15, 1898.
③ NAR NA 223 1/1910/F527, Inspector of Native Reserves Purchase, April 1911.
④ Shillington, *Colonisation* (1985), 248 - 289.
⑤ CPP G 36 1907, *Blue Book on Native Affairs*, 27.
⑥ UG 32 - 1912, Census of 1911.
⑦ CPP G 19 1909, *Blue Book on Native Affairs*, 33; UG 10 - 1913, *Report of Native Affairs Department*, 80 - 81.
⑧ Beinart, *Twentieth-Century South Africa* (1994), 64 - 66.

员返回了,声称在矿区受到了虐待。[1] 所记录的反对意见包括饮食问题和每月 30 天的工作时间表。他们担心维特沃特斯兰矿区可能让人们工作的时间超过他们的合同,他们不信任维特沃特斯兰本土劳工协会的代表。[2] 此外,他们认为金矿很危险。[3] 即使在 1908 年,当金伯利的减产导致当地的就业困境时,也没有人去约翰内斯堡。相反,他们在河床上从事钻石挖掘工作,工资只是金矿所支付的一半。[4] 避免去约翰内斯堡的决定是一个非常本地化的决定,在塔拉坪人中并不常见,弗雷堡和塔昂人至少像往常一样去往德兰士瓦矿地和金伯利。[5]

　　工资低,经常不与工人签约,阻碍了人们(除了最贫困者以外)在当地农场工作。[6] 但在"玉米三角"农场的采摘工作则是完全不同的。向德兰士瓦西部和奥兰治自由州的季节性迁徙劳作是库鲁曼保留地的"半数或更多"人口的主要生计来源。[7] 这种迁移劳作在 1935 年前确立,当时"几乎所有身体健全的人、货车和跋涉动物"都加入了收获行动。[8] 1954 年,一个报告说 2 059 个成年人在进行采摘劳动,德拉里维尔(Delareyville)是最受欢迎的目的地。[9] 工作如同在家里种植,这是家庭劳作。男人、妇女和孩子在收获时间里离家几个月。他们通常保有 5% 的收获。[10] 收获玉米是移民劳动,而不是工资劳动,参与者的报酬是以实物支付的。他们带回家

① CTAR NA 657, Inspector of Native Reserves Purchase, March 1904.
② *Bechuanaland News*, Letter by "Old Resident," March 3, 1908. UG 17 - 1911, *Report of Native Affairs Department*, 224.
③ Interview B with Isaac Seamecho in Appendix C1.
④ NAR NA 223 1/1910/F527, Inspector of Native Reserves Purchase, January and February 1908; G - 19 1909, *Report of Native Affairs Department*, 34.
⑤ UG 33 - 1913, *Report of Native Affairs Department* 110 - 111. 南部茨瓦纳以避免地下采矿而闻名。参见 Comaroff and Comaroff, *Of Revelation and Revolution*, 2(1997), 206。
⑥ UG 17 - 1911, *Report of Native Affairs Department*, 224.
⑦ CTAR Kuruman Native (and Bantu) Affairs Comissioner Series [hereafter 2/KMN] 54 II, 8/21/4 Agricultural Report, June 20, 1951.
⑧ NAR NTS 7351 176/327, A. E. Hensley, Agricultural Extension Officer, June 1935. 关于季节性收获工作,参见 van Onselen, *Seed is Mine* (1996), 140, 215, 252。
⑨ CTAR 2/KMN 22 N 1/15/6 II, Bantu Commissioner, July 13, 1954.
⑩ Breutz, *Tribes of Kuruman* (1963), 63 - 64.

数千袋玉米,有时足以养活自己一整年,甚至有剩余出售。① 然而,那里的饮食不均衡。返回时,许多人在巴塔拉洛斯的教会医院寻求治疗皮肤病(糙皮病,一种蛋白质缺乏症)。② 玉米收获是主食的重要来源,它为库鲁曼家庭提供了对现金依赖的缓冲。它对人们经营自己土地的方式也有很大的影响,因为人们不可能马上再参加一次玉米采摘。1997 年的人们证明,在家里生产食物的能力决定了谁去从事玉米收获。③ 然而,不管家里的情况如何,出门劳作都是有必要的。它使得人们在潮湿的环境中分享种植的红利,无须等待降雨,无须承担河谷地带的灌溉成本风险。因此,德兰士瓦的劳作也构成了另一个在库鲁曼进行更加密集种植的阻力。

男性移民劳工还有另外一个重要的选择。库鲁曼人在许多南非黑人中有个优势,他们可以在家园附近采石棉矿。蓝色石棉或青石棉位于从奥兰治到莫洛波河一带。④ 在库鲁曼地区,最好的矿藏是在下库鲁曼,盖-图斯和马尔门保留地。在这些保留地,从 19 世纪头十年到 40 年代,人们将挖石棉作为贴补家用的工作,将"[所获取的]尽可能多的材料"卖给石棉商。⑤ 像自给生产和玉米收获一样,这是一种全家人参加的事业。男人们挖掘岩石,而女人和孩子则负责磨石(从坚硬的岩石中剥出石棉),使纤维平滑,并按长度和颜色进行分类。一个政府官员指出,"通常是家庭,而不是个人构成劳动的单位"。⑥

---

① NAR NTS 7387 305/327(5),Deputy Director of Native Agriculture Trip Report no. 44,Western Areas,Winter 1950. 1953 年,据估计库鲁曼工人运送了 15 000 袋 20 磅重的玉米,并用自己的货车运送了 5 000 袋玉米。CTAR 2/KMN 22N 1/15/6,Part Ⅱ,Native Commissioner,July 15,1953.
② Cosmos Desmond, *The Discarded People* (Harmondsworth: Penguin, 1971), 207. 回归的采收者也寻求治疗性病。
③ Interview F at Ga-Mopedi in Appendix C3.
④ P. H. R. Snyman, "Safety and Health in the Northern Cape Blue Asbestos Belt," *Historia* 33(1988): 33; Hocking, *Kaias and Cocopans*, 39 - 43.
⑤ UG 23 - 1915, *Department of Mines Report*, 22.
⑥ A. L. Hall, *Asbestos in the Union of South Africa*, Union of South Africa Department of Mines and Industries, Geological Survey, Memoir No. 12, 1930, 92.

早期的石棉行业在这些保留地被称为"石棉农业"[1],这个说法很准确。像农业一样,石棉开采包括以家庭劳动换取产品。在石棉工作中,人们将广泛生产的逻辑应用到一个新的过程中。这是可能的,因为在石棉开采的早期阶段,保留地人员自行组织自己的生产和控制自己的劳动。即使在私人土地上,矿工也拥有相当多的自主权。1921 年,库鲁曼山的 7 名石棉富矿白人农场主抱怨说,"本地人的开采是无法控制的"。[2] 当地人开采不进行注册,但只是挖掘他们选择的地方:"本地人一般自己寻找最适合的开采点,或可能收到过暗示,但遵循他们自己的采矿方法。"[3]他们有足够的工程技能开展浅层的地下劳动:"这些人准确地沿着青石棉矿脉进入山丘。他们以露天或地下的方式工作,开采过后,一路都是碎石。"[4]采矿业显然没有休耕的做法,但在某种程度上它与种植轮作类似。人们尽量节约劳动和资本,而不是最大限度地榨取:"许多农场(或一个农场内的许多地方)无数次发现石棉纤维提供了很多牟利机会,一旦无利可图,他们就将转而去到其他地方。"[5]此外,官员们对石棉生产方法的采矿模式不屑一顾,让人联想到他们对当地种植方法的批评:"除非在白人的指导下,他们没有任何尝试发展新方法或取得实际发展的念头。只是想要含石棉多的大矿块,而丢弃半英寸以下的东西。"[6]

库鲁曼人的石棉采矿类似于全国其他地区的农民粮食生产,家庭可以将产品卖给贸易商。付款方式有利于交易者的利益,因

---

[1] Snyman, "Blue Asbestos," 34.

[2] NAR MNW [Department of Mines Series] 461 1420/19 Dec. 1921 or January 1922; March 9, 1922; October 25, 1921.

[3] Hall, *Asbestos in the Union of South Arifca*, 92. 艾萨克·席默库在盖-莫比迪长大,他证实了这一点:那里有许多矿场(见附录 C1,采访 B 和 C)。法安·里克特有类似记忆。他是在下库鲁曼保留地梅平附近的一位矿长,参见 Hocking, *Kaias and Cocopans* (1983), 67 – 69。

[4] Union of South Africa, Department of Mines, *The Mineral Resources of the Union of South Africa* (Pretoria: Government Printer, 1930), 285.

[5] Hall, *Asbestos in South Africa* (1930), 92.

[6] Union of South Africa Department of Mines, *The Mineral Resources of the Union of South Africa* (1930), 285.

为工人所收到的现金和货物的组合,或"购买"凭证,只能用于在商人店内兑换货物。[1] 支付预付款的方式使这种做法延续下来:"货币以商店售品的方式到本地人手中,他们必须接受,不然会被饿死。一旦人们偿还不了,他们就很容易被扣留,而留在雇主手中的土著地位可能比奴隶好不到哪里。"[2]席默库先生回忆起童年时的这种经历,非常愤慨:"这是可怕的,那些人凭证券让你干活,然后你想去买东西、衣服或者什么东西⋯⋯ 你得到一张票,然后你支付,最终你不会拿到一分钱!"[3]尽管报酬低,还有债务风险,但合同石棉工作仍然对一家之主有吸引力,因为他们工作时不受白人监督,还可以控制小辈的工资。[4]

松散控制制度对石棉公司具有吸引力,因为他们只为实际产品付款。由于成本低廉,他们的收益高企。1916 年,他们平均每吨支付 18 英镑,但每吨售价达 35 英镑。然而,采矿存在时间短暂。石棉生产的第一个十年由于需求波动,质量控制不佳,因此受创。而 1918 年流行性感冒与良好运输方式的缺乏也对石棉生产产生了影响。[5] 此外,由于易开采层耗尽,获取需要更多的资本。[6] 到 20世纪 20 年代中期,行业开始变得越来越有利可图,资本投资增加。1927 年,第一家资本公司开始在库鲁曼支付工资。它获得了保留地的采矿权,并开始雇用男性矿工作为工资劳动者。资本化采矿开始后,贴补采矿生产继续。公司负责从地下开采出富含石棉的岩石,妇女继续以非正式形式工作,以零工的方式付费。工资劳动也是 1929 年在库鲁曼以南的新城镇波斯特马斯堡采锰矿(用于硬

---

① Hocking, *Kaias and Cocopans* (1983), 68; Snyman, *Kuruman* (1992), 91–92.
② 1916 年助理矿务督察,引用自 Snyman, *Kuruman* (1992), 93。
③ Interview C with Isaac Seamecho in Appendix C1.
④ 贝纳特将世代利益作为家庭接受较低的非现金预付款的原因之一。类似的阻力可能在这里起作用。Beinart, *Political Economy of Pondoland* (1982), 63–69.
⑤ Snyman, *Kuruman* (1992), 93–94; UG 38–1919, *Department of Mines Report*, 4; UG 30–1927, *Department of Mines Report*, 187.
⑥ Interview B with Isaac Seamecho in Appendix C1.

化钢铁)的做法。① 20 世纪 20 年代后期,矿区为库鲁曼周边的人提供了近乡工资劳动的好机会。

大萧条对这些新兴工业,从而对它们的工人产生了可怕的影响。锰矿在 1931 年 10 月份停产,几乎所有的工人都被解雇了。据估计库鲁曼地区的失业率为 80%,而石棉生产之前就已经停止了。② 由于可怕的干旱与失业相叠加,大萧条的影响很大。1932 年和 1933 年南非的破坏性干旱更是雪上加霜。河谷种植还在继续,但旱地种植是不可能的了,许多家畜死于饥饿和干渴。德兰士瓦玉米作物绝收,所以没有采摘劳动的需求。针对口蹄疫的检疫阻断了有牲畜的人进行交易。③ 即使在大萧条之前,也有人报告说,库鲁曼保留地的男人"在大型劳工中心不受欢迎",因为饥饿和疾病使他们"根本无法从事真正的体力劳动"。④

1932 年,开年就遭遇饥荒。头人大卫·L. 马克洛克(David L. Makgolokwe)在一月份描述了当时的情况:

> 我恳求你正视我人民的痛苦喊叫。他们抱怨饥荒太严重。这些人每天蜂拥而至,对我求要食物。先生,请协助政府帮帮忙。人们正在因缺乏食物而死亡。由于饥饿,牛、绵羊和山羊已经荡然无存了。所有土地都干透了,一直没有下雨。⑤

① Snyman, *Kuruman* (1992), 116 - 117; Hocking, *Kaias and Cocopans* (1983), 54 - 66; Snyman, "The Northern Cape Manganese Fields: Development and Effect on the Surrounding Agrarian Community," *South African Journal of Economic History* 3, 1 (March 1988): 71 - 88.
② NAR NTS 7846 36/336, Superintendent of Natives, November 18, 1931.
③ NAR NTS 7846 36/336, Native Commissioner Fritz, May 1, 1933; Native Commissioner Fritz, May 18, 1933.
④ NAR NTS 6318 23/128, Superintendent of Natives Brent, April 10, 1928; Superintendent of Natives Gladwin, September 7, 1929.
⑤ NAR NTS 7846 36/336, David L. Makgolokwe, January 21, 1932.

贫困和饥饿人口大约在 3 000 人。① 保留地居民粮食短缺,只能重拾采食作为应对手段,但还有新的痛苦,他们的石棉采矿要搜索很长的时间才能找到长度可售的矿藏:

> 检查石棉工作地点的总监[在下库鲁曼原住民保留地]遇到了一名在石棉矿上工作的土著。他说,以他收到的石棉,他每天只能赚 3 便士,饿得他只能勉强站稳脚跟。这个人说这话的时间是下午六点三十分,当时他还在干活。②

很显然,当时人们只有依赖有偿劳动才能免遭饿死。

1932 年 2 月,库鲁曼地方官记录了第一例死亡事件,并预测说75% 的人口需要紧急配给。③ 如艾利夫在津巴布韦方面所观察到的那样,饥荒在 20 世纪 30 年代已经改变了,殖民地社会出现粮食短缺但也有救济行动。④ 与 1903 年的粮食短缺相比,在大萧条期间,劳动失业是造成库鲁曼人痛苦的主要原因。与 1903 年相比,政府没有动力或能力借助工资劳动作为救济政策,所以只是给饥民些许食物。成年人的配粮是一磅玉米,儿童减半,这是一种“临界量,勉强维持或半饥饿配给”,旨在鼓励接受者另寻食物来源。由于人们已经依靠工资劳动,政府的政策也与 1903 年推动强化种植的政策不同了。1931 年期间的一次到访,本地事务秘书向弗拉克方丹赠送了小麦种子,该政策似乎已经奏效,即使种子没有平均分配,1932 年也没有弗拉克方丹居民申请救济。⑤

政府对 1932—1933 年度饥荒的反应与 30 年前相差甚远。在

① NAR NTS 7846 36/336, Native Commissioner Fritz, January 28, 1932.
② NAR NTS 7846 36/336, Native Commissioner Fritz, May 26, 1933.
③ NAR NTS 7846 36/336, Acting Magistrate Lombard, February 12, 1932.
④ Iliffe, *Famine in Zimbabwe* (1990), 80–88.
⑤ NAR NTS 7846 36/336, Director of Native Agriculture Thornton, May 20, 1932.

19、20 世纪之交的危机期间,地方官莱恩已经认识到配给不能为造成饥荒的问题提供长期的解决办法。然而,政府却只想增加劳动力,不考虑他提出的改善粮食生产的建议。那些想要安全劳动力的人有办法,因此 20 世纪,许多男人成了移民工资劳动者。相比之下,这场饥荒是由于工资劳动和粮食生产失败的综合作用。因此,政府终于愿意投资补救粮食生产不足。

石棉和锰矿运营于 1936 年后恢复,之后规模大大扩增,因为在欧洲的战争准备提高了需求。[①] 由于失业率仍然很高,1936 年,当地的空军处官员派人去约翰内斯堡,但报告说,所招募 100 人中只有 17 人被认为能够胜任工作。[②] 政府还在 1942 年的干旱期间提供了粮食救济,一名 87 岁男子将 1942 年描述为"库鲁曼人地区历史最差"。[③](实际上,1933 年和 1938 年很少降雨。)粮食短缺持续到第二次世界大战结束。这最终使男人们大量来到约翰内斯堡。[④] 锰矿继续发展,1950 年开始在库鲁曼镇以西的锡山开采铁矿。[⑤] 这些矿井从本土保留地中吸引一些劳动力,但许多库鲁曼人回避锰矿的工作,部分原因是他们不喜欢深入地下。[⑥] 到 1961 年,招聘机构与维特沃特斯兰矿山签订合同。大约 3 300 人离开了该区,而 6 100 名男子迁入该地区在当地的矿址工作。[⑦]

与其他地区相反,没有迹象表明非洲男人和殖民地政府合作,

① Snyman, *Kuruman* (1992), 141; Hocking, *Kaias and Cocopans* (1983), 70 - 89.
② NAR NTS 3007 368/305, Assistant Director of Native Agriculture, Northern Areas, n. d., probably October 1937.
③ 关于 E. H. Chapman 的纪念性报道,参见 NAR NTS 7846 36/336, Native Commissioner Coertzee, March 2, 1942。
④ MMT Kuruman Mission Annual Report for 1945. NAR NTS 1948 256/387(3), Agricultural Officer, March 31, 1940; NAR NTS 7846 36/336, Native Commissioner Coertzee, April 4, 1942.
⑤ Hocking, *Kaias and Cocopans* (1983), 90 - 100.
⑥ 1961 年的统计数字是,库鲁曼矿共有 7 538 名黑人工人,其中有 1 224 名来自本土保留地。参考斯奈曼《库鲁曼》(Kuruman,1992)第 176 页,以及附录 C3 中在耐克文的采访 C。关于本地优先避免地下开采,见附录 C3 中对艾萨克·席默库的采访 C; 1973 年 11 月 8 日,NAR Commissioner General Mafikeng(KGM) 87 (7) N11/2/3(6),托托总干事在区域管理局会议记录上的声明。
⑦ Breutz, *Tribes of Kuruman* (1963), 79.

将妇女留在库鲁曼的家里。① 20 世纪以来，有更多的妇女出售劳动力。有些女性在城市做过家务活，但是在当地的石棉矿中也有很多女性在工作。事实上，一些知情人士称，在石棉矿上工作的女性比男性多。② 从贴补家用劳动到工资劳动的转变，女性开始时以计件工资、零散加工的方式渐次加入劳动大军，这一过程一直延续到 20 世纪 70 年代。③ 今天的妇女们报告说，她们把自己的收入与他们丈夫带回家的现金汇集在一起，并管理家庭资金。④ 此外，她们还在收获后继续管理粮食。⑤

石棉开采的不可预见反弹是石棉相关疾病（ARDs）的巨大负担。矿山开采沿着库鲁曼山行进，风载纤维传播到生活在下面的人们身上。有一个令人不寒而栗的例子，耐克文村特别靠近采矿场。不幸的是，它的小学就坐落在距离被青石棉垃圾覆盖的山坡下方（见图 6.7）。今天，我们知道接触石棉可能是致命的，石棉会导致三种致命的疾病：肺癌、间皮瘤和石棉沉滞症。在库鲁曼地区，没有对石棉相关疾病的流行病学研究，但传统的观点是，仅生活在靠矿山附近的村庄，其风险就高到其他地方通过危险职业接触才能达到的程度。一个粗略但令人震惊的估计是，这些村庄中有多达 25%—50% 的人受到石棉相关疾病的影响，这些疾病的严重程度取决于他们与矿场的接近程度。⑥ 泰莱特（Talent）等人的一项关于生活在库鲁曼 100 公里以内的 735 名前石棉矿工的研究表明，有 35% 的人患有肺部疾病。该研究还表明，在巴塔拉洛斯医院寻求治疗的女性矿工，54 名中有 12 名患有间皮瘤，本来这是一种非常罕见的疾病。巴塔拉洛斯医院的医生经常诊断到间皮瘤，其

---

① 这一主题在妇女向城市地区迁移的历史上占主导地位。Elizabeth Schmidt, *Peasant Traders and Wives: Shona Women in the History of Zimbabwe*, 1870—1939,（Portsmouth：Heinemann, 1992）.
② Interview B at Ga-Mopedi in Appendix C3.
③ 参见附录 C3 中在盖-莫比迪的采访 A，在耐克文的采访 A。石棉工人的统计数据显示，很少雇佣女性，这表明计件工人不包括在总数中。
④ Interview C at Ga-Diboe in Appendix C3.
⑤ 参见附录 C3 中在巴塔拉洛斯的采访 A，在盖-西博罗的采访 B。然而，男人可能控制着一切可出售的谷物。
⑥ Ahmed Randeree, "Asbestos Pollution: What Needs to Be Done," unpublished paper dated April 5, 1998.

中包括从未在矿山中工作但在日常生活中暴露于危险水平石棉的人群,其发病率很高。[1] 讽刺又可悲的是,尽管石棉对健康有可怕的影响,这个时候男人却更喜欢它,因为这个过程比黄金开采更安全。席默库先生解释说:"你只会死于肺结核,但不会有石头滚落事故发生。"[2] 当然,石棉吸入不会导致结核病。然而,这一领域的结核病也很普遍,而石棉相关疾病通常被归为是结核病。幸存者很难证明导致死亡的原因是石棉相关疾病而不是结核病,因此很多人没有得到赔偿。[3]

孩子们在无人认领的青石棉采矿场下方的学校场地玩耍。矿工在村庄以上的山上工作,并出售石棉给贸易商店。政府在 2001 年底用土和植被覆盖了这个矿。(照片由彼得·海伍德提供)

图 6.7 耐克文小学上侧无人认领的石棉矿渣堆(1998)

选择在石棉矿或锰矿工作的男人和女人都是出于这样的考虑,他

---

① J. M. Talent, et al. , "A Survey of Black Mineworkers of the Cape Crocidolite Mines,"*Biological Effects of Mineral Fibre* 2(1980): 723 – 730.

② Interview B with Isaac Seamecho in Appendix C1.

③ 关于库鲁曼石棉相关疾病的康复、补偿和卫生保健,参见 Lundy Braun, et al. , "Asbestos-Related Disease in South Africa: Opportunities and Challenges Remaining Since the 1998 Asbestos Summit," http://www. brown. edu/Departments/African—American Studies/Asbestos/ titlepage. html。

们重视家里的生活。在附近工作让他们可以在周末回家,能够与家人保持密切联系,还可以参加放牧和种植。并不是所有的保留地都有石棉矿,但他们的居民也在家园附近寻找劳动机会。1937 年之后,弗拉克方丹的人们就近在雷菲洛(Reivilo)的奶酪厂找到工作。① 不幸的是,一种令人喜欢的工作在 20 世纪 50 年代以后就垮掉了,农业上日益增加的机械化减少了对德兰士瓦州季节性采摘人员的需求,数量在 20 世纪 70 年代大幅度下降。② 至 20 世纪 60 年代,库鲁曼妇女开始在中央农场从事赚取现金的季节性工作——在奥兰治河中部采摘葡萄和棉花。③

利用其三重保护的基岩(石棉,锰和铁),库鲁曼经济从 20 世纪 50 年代到 70 年代经历了采矿业的温和繁荣。毋庸置疑,黑人工人的经济受益低于白人。今天的黑人工作人员证明,他们需要现金但只能接受他们可以得到的东西。④ 当被问及石棉工资是否公平的时候,一个人回忆说,工作条件很艰苦,而他推上轨道的采矿车(椰子罐)非常沉重。

> 但即使生活对你来说很困难,你所得到的一切都是公平的,因为家人们也生活在挣扎中……因为关乎家里的孩子和他们如何生活……他们衣不遮体、食不果腹,所以他们被迫在这种艰苦的环境下生活。时至今日我看到那些椰子罐仍然会感到痛苦不堪。⑤

邻近的矿山没有给保留地带来繁荣。事实上,饥饿和疾病主导着科斯

---

① Snyman, *Kuruman* (1992), 120; Interview A at Kagung in Appendix C3.
② 关于玉米带迁移的历史,参见 Michael De Klerk, "Seasons that Will Never Return: The Impact of Farm Mechanization on Employment, Incomes and Population Distribution in the Western Transvaal," *Journal of Southern African Studies* 11(1984): 84 - 105。
③ Interview with Vivian Ditlholelo in Appendix C2; Interview A at Ga-Sebolao and Interview A at Maiphiniki in Appendix C3.
④ Interview B at Ga-Mopedi in Appendix C3.
⑤ Interview D at Ncweng in Appendix C3.

莫斯 · 德斯蒙德(Cosmos Desmond)1969 年对库鲁曼保留地的描述。[1]此后,随着石棉危险日益为人所知,青石棉需求下降,这种现金来源不复存在了。石棉生产从 1977 年的200 966公吨,下降到 1987 年的 7 320吨。[2] 到 1997 年,最后一批矿关闭,许多人对石棉行业的就业机会丧失感到遗憾,尽管它们往往是致命的。

"如果人人平等,就不会有合作达成"

显然,种族决定了人们如何与环境和经济相关。然而,20 世纪的南非,种族重要性不应掩盖非洲社会中阶级和性别关系的持久重要性。由于广泛自给生产的失败,农牧民阶层状况极端恶化。酋长失去了政治和经济权力,财富分配不均衡持续进行:根据 1903 年估计,"大约八分之七的畜产只由一半的居民拥有"。[3] 酋长和头人继续有权分配土地,1908 年至 1911 年间在保留地就存在若干争议。[4] 来自朗厄保留地的忠诚难民和长期居民之间,一名头人和他的下属之间,以及在土地上有相反要求的家庭成员或邻居之间均有冲突。政府文件记录说,居民委员会可能会在这种争端中发挥积极作用。[5] 然而,关于盖-莫比迪和盖-图斯的文件也明确表示,土地分配不平等,头人和其支持者均要求最好的地方。[6] 盖-莫比迪的男子告诉我,一位以前的酋长为他的儿子没收了别人的土地,一些人的地距离太远,无法使用。[7] 本地人保留地检查员 H. J. 珀蔡斯(H. J.

---

[1] Desmond, *The Discarded People* (1971), 206 - 207.

[2] Snyman, *Kuruman* (1992), 142 - 143, 173 - 181; Hocking, *Kaias and Cocopans* (1983), 104 - 108.

[3] CTAR NA 605, Resident Magistrate Lyne, September 18, 1903.

[4] 有一种观点认为,这些土地纠纷是由于富农剥夺了穷人的土地,参见 Comaroff and Comaroff, *Of Revelation and Revolution*, 2(1997), 143 - 147. 相比之下,贝纳特则认为,出于政治考虑,蓬多兰的酋长们积累土地,限制其他人获得土地。Beinart, *Political Economy of Pondoland* (1982), 126 - 130.

[5] 关于居民委员会在巴塔拉洛斯土地纠纷中的作用,参见 CTAR 1/KMN 17/18, Record of Inquiry, September 24, 1908。

[6] 有关于社区在土地分配问题上存在分歧的报道。举个盖-图斯的例子,参见 CTAR 1/KMN 10/13, Magistrate, October 16, 1911。例如下库鲁曼保留地的盖-莫比迪,参见 CTAR 1/KMN 17/18, Record of Inquiry, April 23, 1908。请参阅该文件中关于个人之间土地纠纷的其他信函。

[7] Interview B at Ga-Mopedi in Appendix C3.

Purchase)记录了 1908 年某些人投诉巴塔拉洛斯的穆西,他们的头人。"他们哭诉自己的负担,他们像牛一样,政府是他们的主人,穆西是狮子,而他们的主人,不是赶走狮子,而是将牛推进狮子的嘴巴。"[1]1938 年,一个官员观察到不平等的土地分配,并且认为这是由于 50 年前的分配不公造成的。他建议重新抽签和分配土地。[2] 但是没有出现关于重新分配的记录。

社会发展的另一极——巴拉拉和巴特兰卡阶层的瓦解,源于殖民地法以及对佃户劳动的需求减少,全职采食行为最终结束了。像以前的其他时期一样,野生食物补充着每个人的饮食,[3]但是保留地外的采食对开普省的土地持有和法律制度不合适。1913 年,在朗厄山脉的白人农场,一群盗窃牲畜的"布什曼人"被捕,两人遇害。这就是库鲁曼最后提到的丛林人。[4] 到 20 世纪,维贫斯越来越多地被发现生活在喀拉哈里,在那里采食更加可行。[5] 随着牧民和采食阶层的消失,巴拉拉更多地成了一个坏名声的代名词。[6] 政府民族学家报告说,到 1960 年,人们不再有义务在酋长的田里干活。[7] 虽然广泛自给生产的失败使得最富有和最贫穷的阶层趋于中和,但邻里们继续在农业上开展合作。在互惠互利的家庭之间的这些合作关系存续,但是仍然具有不平等性。[8]

---

① NAR NA 223 1/1910/F527, Inspector of Native Reserves Purchase, December 16, 1908.
② NAR NTS 1948 256/278(3), Agricultural Officer Hattingh, October 13, 1938.
③ NAR NA 223 1/1910/F527, Inspector of Native Reserves Purchase, February 1911. 许多采访显示,人们今天仍然吃野生食物。
④ CTAR 1/KMN 10/6, Resident Magistrate Lyne, November 11, 1903. 1912 年的一篇文章声称,真实的布什曼人依然存在,但是正在快速灭绝。Lilian Orpen, "The Natives of Griqualand West," *The State*, February 1912, 154.
⑤ NAR NTS 7752 22/335, Surveyor General Bowden, January 24, 1908.
⑥ Interview at Manyeding and Interview G at Ncweng in Appendix C3. Interview with Muriel Tshebedi in Appendix C2. Interview with M. Ditshetela and Interview B with John Molema in Appendix C1.
⑦ Breutz, *Tribes of Kuruman* (1963), 67.
⑧ 在这里,关于旧形式的分层和互惠关系耐久力的论述,我与科马洛夫观点不同,科马洛夫认为传教式生产的农业转型发生在 19 世纪中期,那时茨瓦纳社会逐渐被资本主义关系所主导。关于资本主义生产开始后的前殖民时期土地动力的耐受力,参见 Jack Lewis, "The Rise and Fall of the South African Peasantry: A Critique and Reassessment," *Journal of Southern African Studies* 11(1984): 1-24.

养牛是在广泛生产的失败中遭受最大损失的方面。20 世纪 90 年代的当代知情人士回想不起来有过什么畜产出借。[①] 不仅牛少,而且这么多男子加入到挣取雇佣工资的行列时,规模经济的优势就明显了。

> 如果你照顾一个很小的牧群,你会饿死的。你必须离开它们去上班。一会儿你回来了,牧群中的一部分已经消失了,一部分已经死了,因为没有人照顾它们。但是,如果你有大约 20 头的话,那就会非常非常有利可图了,你会生活无忧,而且可以更好地照看牧群,另外你知道,它们会增加,所以你知道了吧,在那个国家,真的,富人会变得更富有,而穷人则变得越来越穷。[②]

在这些条件下,在放牧者之间再做划分就没有意义了。

但是,在种植方面,单独的家庭仍然可以开展合作。该系统被称为"thusana",即"互相帮助",或更常用的"letsema",字面上的意思是"收获",因为为收获季节最常见他们一起工作。我的受采访对象普遍认为,至少在 20 世纪 50 年代,这些非资本主义的安排在所有类型的家庭中都是共同存在的。男人参与了犁耕过程中的"收获"环节,这仍然是他们的责任,而女性在整个季节一起工作。男人之间的"收获"围绕获取役畜(用它们拉套),而妇女则分享人力。跟我说话的人回忆说,在他们年轻时代的互惠安排中,不只是现金,役畜动物和农耕设备在富人、穷人、中间阶层都

---

① Interview A at Seodin in Appendix C3.

② Interview with Johannes Itumeleng in Appendix C1.

会有共用和分享。① 一名男性回忆说:"如果你有很多牛可以拉犁用于田地耕作,人们自然会来帮助你,所以当你耕种完自己的土地的时候,他们可以借用你的资源去帮自己犁耕。"②另一位男子用男人的话描述了互惠帮工。

> 既然是"letsema",说明你没有耕牛,只有一块地,劳作的时候你去帮工,我们都去帮工。有农业设施的人自己地里农活忙完了,他们会想到你,因为你一直在帮他们干活,他们到你地里干活不计任何酬劳。③

合作劳动为那些没有饲养大型家畜的农民提供了耕作手段,但对借用者仍然不利。④ 一个富有者的孙子回忆说:

> 如果人们没有牲畜,他们会来帮助我的祖父进行犁耕之类的,然后祖父会借给他们牲畜去帮他们犁耕。明白吧,你们可以猜到,雨一下,人们就要求将土地在好时节犁下来,这样我祖父的农作物就有充足的时间生长。但是,这些人来聘请或求助他,他们的土地将会在后面耕种,因为他们中有那么多人需要帮,他们不可能耕种大量的土地,你明白吗? 总有人会错过好时节……不是要欺骗他们,而是作为主人,他们首先要帮助自己,只有当他们自己的任务完成时,才会去别的地方帮忙。而只有在下雨的时候才能进行耕作。一旦土壤干润,你就必须停止耕作。你

① 关于这些关系是建立在金钱基础上的论点,请参阅 Comaroff and Comaroff, *Of Revelation and Revolution*, 2(1997), 453–454, note 122。然而,在他关于博茨瓦纳食品生产的历史中,威廉·达根提供了证据,证明人们更多地是在互惠的基础上共享劳动而不是金钱。参见 Duggan, *An Economic Analysis* (1986), 103–128。
② Interview with Johannes Itumeleng in Appendix C1.
③ Interview with M. Ditshetela in Appendix C1.
④ 另参见 Duggan, *An Economic Analysis* (1986), 111–112。

等雨来,如果进入不及时,那么你就得等啊等,最终你可能根本没有犁过地。①

席默库先生记得一个没有牛产的家庭,在错过季节之前自己拉犁耕种的情形:"当时我是一个小男孩,我看到一个男人,一个大块头的男人,他什么都没有,没有牛,或什么的。他的妻子扶小犁,他在前面拉套。没有人可以借给他牛,因为每个人都很忙。没有办法,他只能自己干。而气候正在变化。"②

除了耕种,妇女负责大部分的养护工作。她们的任务包括播种、除草、驱鸟和采摘,她们像男人和犁加入以前一样进行这些工作。③ 男性投身于对外劳动使得补充生产的负担落在妇女肩上,虽然有些妇女在远离保留地的地方从事石棉开采工作。有时候,男人难以通过互惠渠道寻找帮工,女性只有向邻近的男人支付现金求助。④ 也许因为生产劳动在当地只是许多生存来源之一,所以没有多少证据证明环境资源的性别冲突。⑤ 事实上,犁耕的引进开启了性别义务的模糊阶段。⑥ 女性与牲畜接触的限制被缓解:如果没有男孩,女孩就会饲养家畜,至少如绵羊、山羊以及牛。⑦ 甚至在男人人手不足的时候,女性也参加犁耕和挤牛奶的工作。⑧ 人们认为,性别已经不再是农业和家庭工作分工的决定性因素。"现在的

---

① Interview with Johannes Itumeleng in Appendix C1.
② Interview B with Isaac Seamecho in Appendix C1.
③ In Appendix C1, see Interviews A and B with Mosiane Kgokong, Interview with M. Lekalake, Interview with Simon Moeti, Interview with Evangelist Moholeng, and Interview with Marry Seamecho.
④ Interview C at Ga-Diboe in Appnndix C3.
⑤ 在《砍伐树木》(Cutting Down Trees,1944)中,沃恩和摩尔利用殖民人类学研究中丰富的证据分析了赞比亚的性别、粮食生产和移民劳工。他们的情况与此不同,因为在现实中,库鲁曼的农民和男性不能完全控制土地和劳动力。
⑥ Belinda Bozzoli, Women of Phokeng: Consciousness, Life Strategy, and Migrancy in South Africa, 1900—1983 (Portsmouth: Heinemann, 1991), 45 - 47.
⑦ Interview B at Batlharos in Appendix C3.
⑧ Interview B with Isaac Seamecho in Appendix C1; Interview B at Batlharos and Interview C at Ga-Diboe in Appendix C3.

角色分工已经融合了。"[1]男人和女人现在都可以在种植园劳作,但是男人通常只是犁耕,只有少数妇女才有畜产。

就妇女生产而言,最重要的关系仍然是相互帮扶的关系。与以前一样,人们仍然在对方的田地劳作,那些有土地者和没有土地者的合作继续开展。[2] 妇女的合作和男人的不同。在耕作中,获取家畜和农具是生产的主要制约因素,而在除草和收割方面,人力劳动是最大的问题。因此,互惠义务对女性的要求多于男性。在种植的各个阶段,农场主可能会为帮工者提供食物。[3] 一些受采访者已经不记得在彼此的田地工作的田地业主,他们说所有的帮工者都是无地的人,他们会为自己的付出收到一点庄稼作为回报。[4] 其他人则认为,田地业主共同合作,但他们只是分享劳动而不是收获。[5] 与其他田地业主分享劳动的好处是,收获可以留在家里,但是,与无田者相比,有田地业主与其他人的合作积极性不高。

> 以前,任何人都可以喊他们"letsema",你只需喊他们为自己工作就可以了。这样做无须付款,因为明天别人会喊你去为他工作。但那是有一天的事情,或者最多两天,你有了"letsema",如果你让某人不断地为你工作,那么你必须以某种形式付酬给他。[6]

因此,太多的帮手可能是昂贵的。一位女士回忆说,她只要求两个人帮助她打理河床上的种植园,因为如果更多的话,食物就不够了。然而,由于她的旱地面积比较大,所以在多雨的时候,需要更

---

[1] 这段话是圣公会牧师约翰内斯·伊图梅伦神父说的。女性在接受采访时表示同意。参见附录 C3 中在盖-迪波耶(Ga-Diboye)的采访 C。
[2] Interview B at Ga-Mopedi in Appendix C3. 参见 Duggan, *An Economic Analysis* (1986), 203–204。
[3] Interview with M. Ditshetela in Appendix C1.
[4] Interview with Rose Ilanka Peme in Appendix C2.
[5] Interview B at Batlharos in Appendix C3.
[6] Interview with Johannes Itumeleng in Appendix C1.

多的帮手来帮忙耕种。[1] 田地业主通常会与几个家庭建立关系,这些家庭年复一年地给他们做帮工。[2]

一位 1901 年出生的男士回忆道:

> NJ:我想问你关于"letsema"的事……它是如何进行的？……人们互相帮忙犁地了吗？
>
> MK:是的,要耕地的时候,人们会互相帮助……但人与人是不平等的,有些人有牛,有些人则没有……
>
> NJ:你能解释一下穷人是如何变穷的,而富人又是如何变富的吗？
>
> MK:是上帝让人们变得不平等。如果人人平等,就不会有合作达成。
>
> NJ:你可以解释一下吗？
>
> MK:如果我向你求助,你不会帮我,因为我们都很富有,不需要合作。[3]

其他受访者,特别是成功的农民,对人们如何变得富裕或贫穷更为侧重道德角度的理解,他们常常会把穷人描绘成不够节俭。

在我的采访中,人们一直解释说,这些关系通常不是基于现金。长者们回忆说,没有田地的人们可能会接受牛奶、肉类或者粮食。[4] 头人和居民委员会向穷人分发食物。[5] 然而,人们可能不太愿意与那些没有在收获季帮忙的人分享收成。一个老人回忆在 1906 年纳米比亚叛乱之后来到库鲁曼的"达马拉"(Damara)难民

① Interview C at Ga-Mopedi in Appendix C3. 埃尔德雷奇还指出,工作分工对女性更不利。"Women in Production," Signs 16(1991):722.

② Interview with Violet Orapeleng and Interview with Gladys Mokosi in Appendix C2.

③ Interview B with Mosiane Kgokong in Appendix C1. "NJ" is Nancy Jacobs.

④ Interview B at Batlharos in Appendix C3.

⑤ Interview B with Isaac Seamecho in Appendix C1.

时,说起很多工作道义。他回忆了一则对话,他和没有在田里提供过援助,就想要食物的人进行交谈:

> 达马拉们,他们不喜欢为自己努力。他们分成小组,挨家挨户去要。如果你的房子很大,他会来要食物,你说:"我没有食物。我不能给你们那么多人食物。他们会说:"为什么?你的房子很大,你有耕地。你为什么说要我跟你来犁耕?"[所以我说]"我会支付你的,但我不能给你食物。"①

这个人的措辞表明,工资劳动不是为他们付出的时间提供现金,而是拒绝给予没有帮工过的人以食物。他的嫂子也赞同这一看法,即不是所有的报酬都是现金。"没有土地的人只能去乞讨。这是一种真正的乞讨……他们去帮忙,所以这个地块的主人会帮助弄点吃的。"②来自没有土地的家庭的人们描述了他们的父母如何努力工作,帮助邻居,并得到食物援助。③ 因此,协调、耕作,取决于农牧社会中存在的不平等现象。它不会削弱我们对资本主导地位的认识,即认为人们一起工作的方式影响力较小。

随着对现金的依赖增加,粮食生产的社会组织变得不合时宜,所以其在20世纪中期后衰退。更贫穷的人可能选择了工资劳动而不是雇佣,因为这种工作方式有更好的回报。科马洛夫夫妇认为,茨瓦纳的价值观重点是财富积累、社会地位和影响力。④ 这是一种夸张的说法,但传达了核心价值观,他们认为:"没有合作关

---

① Interview B with John Molema in Appendix C1. The "Damaras" were refugees from violence in South-West Africa before 1910. Hocking, Kaias and Cocopans (1983), 40. 另参见 NAR NTS 7770 122/335, J. P. Frylinck, March 14, 1930. 他们通常是茨瓦纳保留地石棉厂的工人。

② Interview with Irene Molema in Appendix C1.

③ Interview with Vivian Ditlholelo in Appendix C2; Interview D at Ncweng in Appendix C3.

④ Comaroff and Comaroff, *Of Revelation and Revolution*, 1(1991), 140–144.

系。他们不会为另一个人工作的。"①这个不再参与不平等相互关系的决定,可能是转变为更加依赖现金工资的核心,也可能是补充粮食产量下降的主要原因,这在 20 世纪中叶以后变得明显。随着人们变得更加平等,或者同样贫穷、同样需要现金,他们的合作变少,因而生产出更少的食物。在 20 世纪 70 年代的博茨瓦纳,格拉加迪选择了在矿井中工作,以逃避克瓦纳的统治。②同样的想法也激励了较穷的居民,如一些保留地妇女,但更多的是男子。一个头人带着明显的沮丧解释说:

> 在那段时间里他们互助互爱。这不像今天,如果我有一辆拖拉机,我不能帮助另一个人。他来找我要求帮忙,你要付钱给我。如果我说我们一起工作,帮助我耕种,我也会帮助你,他不想要。他认为我试图让他成为一个仆人。今天的人都使唤不起来了。③

今天,"letsema"已是过去的事情了。合作耕种(除了家庭成员之外)是罕见的,出售产品换取现金更为常见。④人们一直将"letsema"与矿山的衰落联系起来,特别是 20 世纪 50 年代以后在库鲁曼开放的新矿。⑤另一个经济变化是,在德兰士瓦采摘时期,机械化开始减少雇佣劳工,所以能够维持生计的一揽子活计变得具有竞争性,正如新的工作更便于提供现金的家庭。⑥对于妇女来说,作为石棉砂石工赚取现金变得比种植作物更有吸引力。⑦随着

---

① NAR NTS 1948 256/278(3), Agricultural Officer Hattingh, October 13, 1938.
② Hoyt Alverson, *Mind in the Heart of Darkness: Value and Self-Identity among the Tswana of Southern Africa* (New Haven: Yale, 1978), 77.
③ Interview B with John Molema in Appendix C1.
④ Interview F at Batlharos in Appendix C3.
⑤ Interview B at Ncweng, Interview F at Batlharos, and Interview F at Ncweng in Appendix C3.
⑥ De Klerk, "Seasons that Will Never Return," *Journal of Southern African Studies* 11(1984).
⑦ Interview B at Batlharos in Appendix C3.

现金变得更加便利，在自己或其他人的田里干活挣取食物变得不那么有吸引力了。"在过去的日子里，如果一个人来帮助你，他不会期待你口袋里有任何现款。现在，因为大部分人（地块持有人）都没有钱，所以大多数人都不情愿来帮助你耕种。"①盖-迪波耶的人表示，巴拉拉在 20 世纪 70 年代要求现金支付工作出现后才消失。② 此外，男女双方都可以赚取现金，随着户内现金数量的增加，甚至没有出外工作多次的人也没有动力参加"letsema"。20 世纪 50 年代的另一个发展可能阻碍了"letsema"的改进。克里斯·德·韦特（Chris de Wet）在希斯凯的研究表明，将人们从小集群转移到平地村庄会干涉合作劳动。③ 人们告诉我们，通过限制种植，改良运动破坏了合作劳动。④ 另外，像上面引用的头人的话，有些人认为，人们只是因为他们比今天的人"相爱"而更多地合作。⑤

在库鲁曼保留地的资本转型确实发生了，但是这一过程被推迟到 20 世纪中叶，扩大了当地人赚钱的机会。转型的最终结果之一是，由于田地业主和受雇人员投入力量在其他地方赚取现金，基于互惠的补充生产彻底灭绝。随着他们的兴趣减少，种植业也是如此。今天，河谷中绝大多数的地方年复一年被弃耕，长者们则对以前农场的变少感到痛心。

然而，20 世纪人们与环境相互作用的历史不能仅仅通过经济和生物物理因素来解释。国家对黑人居住地方以及他们在那里的生活习惯的干预使许多人不可能继续原有的耕种。国家以两种方式破坏了黑人与环境之间的关系。首先，通过实行隔离政策，政府直接减少了黑人获得土地和水的机会。此外，保留地政策也限制

---

① Interview with White Koikanyang in Appendix C2；Interview with Simon Moeti in Appendix C1；Interview F at Ncweng in Appendix C3.

② Interview B at Ga-Diboye in Appendix C3.

③ Chris De Wet, *Moving Together*, *Drifting Apart*：*Betterment Planning and Villagisation in a South African Homeland* (Johannesburg：University of Witwatersrand Press, 1995), 75 – 76, 106 – 107, 198.

④ Interview C at Ncweng in Appendix C3.

⑤ Interview D at Ncweng in Appendix C3.

了人们如何利用他们所保留的土地和水。政府也建立了为数不多的商业性质的生产。这不是 19 世纪南非的农民生产,而是通过隔离主义国家的干预而产生的一种新形式。以下两章讨论国家对库鲁曼环境史的影响。第七章分析割离的水和土地如何影响人与环境的关系。第八章解释隔离保护政策的影响。

分配水源,分隔土地:种族隔离,1910—1977

　　进入这个地方,人们真的会死于饥饿,而且,肺结核、
坏血病和各种形式的营养不良非常普遍,为了实现地理
上的分隔方便,成千上万的人一直被移来移去。[①]

　　1910 年,一个新的国家,南非联盟,由四个省份组建而成:前英
格兰开普殖民地、纳塔尔殖民地、前布尔人奥兰治自由州和南非共
和国。一开始就存在的隔离联盟治理原则,在接下来的 40 年中,
发展得更加明确和极端。联盟成立后,连续几代的隔离政策越来
越多地决定着人们相互之间,人与国家、人与经济和人与环境的关
系,尽管最后一点不易发现。在种族隔离历史的许多方面,环境的
驱动因素很明显。由于隔离空间的生活发生于真实环境中,某些
环境可能使用方便,而另一些则是困难的,因此在分配种族之间的
领土时,隔离主义者会考虑环境质量及其潜在用途。不仅仅是环
境质量,现有的用途也是考虑因素,非洲土地利用的粗放方式使得

---

① Desmond, *The Discarded People* (1971), 209.

土地和供水源的充公更为容易。此外,种族隔离的结果是依托环境的。不断的拆迁和重新安置迫使人们适应不同的新环境,这些调整使受害者付出高昂代价。在库鲁曼地区,环境隔离就是没收黑人充分灌溉的土地和水源,并将其授予白人。对库鲁曼黑人的影响是人口向喀拉哈里转移,导致大型保留地的水资源枯竭,粮食生产进一步减弱。库鲁曼的隔离历史,毫无掩饰地暴露了不同类别的人群所享权力在背后真正决定着其所享用的环境条件。事实上,这些关系是通过暴力来确立的。它还展示了环境考量如何大大影响现有的历史状态。

部族的环境权利

环境隔离把非洲人作为部落主体看待其与国家的关系。马姆达尼认为,非洲人的部族定义是由管理殖民财产所面临的挑战确定的。因此,殖民地政府将非洲人归到了"无法逃脱的固有惯习世界"。[①] 惯习法和间接统治将农村非洲人与国家关系特别化,截然不同于欧洲殖民者或非洲城市精英。通过扭曲部落习俗的两个方面推行了强制移民的过程:公共土地占有制和间接统治。土地的公有权属使得国家可以直接处理社区问题,而不需要与可以为自己的权力争取谈判机会的个人打交道。因此,对数千人的驱逐比对个人更容易,因为他们的集体命运可以由一个过程决定,一个最终的决定。公有权属也缓和了农村社会的市场力量,便于国家利用劳动力。间接统治使得非洲人不具有公民式权利,并将其委托给一个没有社区问责制的专制政府。

因此,若要了解库鲁曼地区的环境隔离,有必要首先考虑联盟的领土、行政和政治隔离发展及其在开普省的变异。[②] 1910 年建立

---

① Mamdani, *Citizen and Subject* (1996), 21.

② Dubow, *Racial Segregation* (1989); Marion Lacey, *Working for Boroko: The Origins of a Coercive Labour System* (Johannesburg: Raven Press, 1981); Deborah Posel, *The Making of Apartheid*, 1948—1961 (Oxford: Oxford University Press, 1991).

南非联盟的协议规定了三个省的竞争性专营权。它限制了开普省非洲人基于财产的特许经营权,仅通过治安法官对白人和黑人实行统治,并仅限于该省。因此,其政治和行政制度在越来越趋向隔离和间接统治的国家中属例外。1913 年"当地人土地法"确立了黑人可以合法拥有土地的"预定"地区范围时,隔离主义的冲动已经变得非常明显。其对土地购买的限制对南非许多地区的黑人种植产生不利影响,尽管其不在库鲁曼地区。贫穷使得库鲁曼地区的黑人很少能获得土地——1911 年,黑人在整个地区只拥有四个农场。[1] 1917 年,当地法院裁定,当地人土地法不正当地干扰了公民权,在开普省其条款则被搁置。[2] 由于开普省的政治权利是通过土地所有权获得的,所以废除这些权利对于领土分割是必要的。在随后多年的时间里,白人政治家、他们的选区、黑人精英和官僚主义的不同形式在隔离程度和土地划分范围的谈判和斗争旷日持久。[3]

随着 1927 年"土著管理法"的通过,行政隔离越来越多,取代了家长式的咨询传统,并将惯习法和政府公告作为统治非洲人的基础。它宣布总督是"所有当地人的最高酋长"(在德兰士瓦,纳塔尔和奥兰治自由州,但不包括开普省),并赋予他通过法令来统治非洲人的权利。它将非洲人置于本土事务部的管辖,而不是司法部的管辖之下。它没有将酋长作为治理非洲人的关键,而是通过割离司法制度,将惯习法与非洲人的法律准则隔离开来,赋予非洲

[1] UG22 - 16, *Report of the Natives Land Commission*, Vol. II, 104 - 105, 107. On the Natives Land Act, see Sol T. Plaatje, *Native Life in South Africa: Before and Since the European War and the Boer Rebellion* (Johannesburg: Raven Press, 1982); Lacey, *Working for Boroko* (1981); Keegan, *Rural Transformations* (1986), 182 - 195.

[2] Dubow, *Racial Segregation* (1989), 132.

[3] C. M. Tatz, *Shadow and Substance in South Africa: A Study in Land and Franchise Policies Affecting Africans, 1910 - 1960* (Pietermaritzburg: University of Natal Press, 1962), 27 - 37; Lacey, *Working for Boroko* (1981), 19 - 35; Laurine Platzky and Cherryl Walker, *The Surplus People: Forced Removals in South Africa* (Johannesburg: Raven Press, 1985), 82 - 93; Murray, *Black Mountain* (1992), 122 - 128.

酋长和头人所把控的非洲法院对少数事务具有管辖权。[1]然而,开普省基于财产的公民权属继续为黑人参与国家政治提供不一致的可能性。1936 年,两件立法取消了这一例外。首先,"代议人"法案废除了非种族性财产权。这样可以使土地所有权与投票权无关,同时通过的"土著信托和土地法"禁止非洲人购买私人土地。为了补偿对公民权的废除,"信托和土地法"规定国家将分配给黑人的地区从 7% 增加到 13%。[2][3]"信托和土地法"还赋予南非土著信托基金(SANT)非洲土地所有权,使其成为国家在土地事务中的代表,并约束黑人如何使用土地。虽然公民权和私人土地所有权的结束对库鲁曼人几乎没有任何影响,因为很少有黑人拥有过土地、投过票,但这些权利的丧失使得这个地区变得更加简单。为了弥补失去的投票权,该法案规定政府在"释放"地区购买用地供黑人使用,但在库鲁曼这一土地的数额不成比例。释放地区的购买削弱了黑人对河谷保留地的控制。在未来的几十年中,隔离变得更加极端,20 世纪 20 年代和 30 年代的这些以种族为基础的权利限制足以使当地白人在水权斗争中胜过黑人,并开启强制移民进程。

"库鲁曼之睛"的白人化

1910 年以后的十年里,一种种族和空间的特定结合,在库鲁曼河谷上游造成了一个异常的情况:在这里,人们通过私有制和现代工程实现了更多的水资源利用,但由于种族隔离,唯一可以实现这一目标的是白人。无可争议,"库鲁曼之睛"是该地区最宝贵的资源,因此,1886 年的"土地清理计划"在"眼睛"上设置了一个城镇。

① Lacey, *Working for Boroko* (1981), 97 - 101; Dubow, *Racial Segregation* (1989), 115 - 116; Rich, *State Power and Black Politics* (1996), 31 - 36; Evans, *Bureaucracy and Race* (1997), 168 - 169, 178.

② 这片土地是渐次购买的。到 1960 年时,信托基金购买了 4 107 369 公顷; 2 102 098 公顷释放区域未购买。

③ Tatz, *Shadow and Substance* (1962), 99 and 204, note 6.

最终,白人定居在那里时,他们利用种族特权,使自己生活在干旱地区最大河流的源头。在喀拉哈里的边缘地带,"库鲁曼之睛"是一个令人印象深刻的景象,但它实际上只是巨大干燥环境中的一缕涓涓细流。不幸的是,由于白人在上游开发了水和土地,所以居住在下库鲁曼原住民保留地的黑人,发现自己处于一个更加干燥的环境中,而且根本没有办法进行任何类型的灌溉。"库鲁曼之睛"白人化的故事,中断了库鲁曼地区原有的故事叙述,使得人们的目光聚焦在上游河谷。

英国贝专纳兰土地委员会认可了伦敦宣教会对"库鲁曼之睛"的水权,但将其和 27 677 公顷的周边地带作为库鲁曼皇家预留地,等待国家未来的处置。有人建议政府在索丁伦敦宣教会财产以下的皇家预留地建设灌溉工程,并将其向所有种族的农民出租或出售。不过,英属贝专纳兰政府并没有采取这一计划,考虑到伦敦宣教会的反对意见,即该项目将会取代现有居民。[1] 正如第四章所讨论的那样,居住在库鲁曼皇家预留地的人对土地拥有不保险的权利。1895 年马修斯委员会允许在帝国吞并之前的居民仍然作为租金付款人,但该地区的最终处置仍然悬而未决。1898 年,库鲁曼皇家预留地进行了地图绘制,并对可能的工程进行了分析。[2] 然而,由于对贫困白人补贴农业的矛盾心理,官方推迟了行动。地方官在 1903 年解释说:

> 当地条件不利于欧洲人定居。产品市场有限。资本无法得到有效的投资回报,唯一可能的欧洲人将是"贫困白人"。在这样的地区,引入这个阶级的后果将是令人尴尬的。他们将被类似职业的当地人包围,其中许多人会

① BPP C 4889, *Land Settlement in British Bechuanaland*, 95 – 96; CTAR BCC 116, Surveyor General Watermeyer, December 17, 1895.

② LMS 55/1/A, J. Tom Brown, June 20, 1898; CTAR LND 1/1730, Secretary for Public Works, February 2, 1900.

比他们富裕,有更高的生活水准。[①]

开普政府在"库鲁曼之睛"和伦敦宣教会庄园之间调查了 31 个地块;然而,他们仍然不开发,只临时出租,没有种族条件限制。[②] 1911 年,M. C. 沃斯(M. C. Vos)的开普省委员会维护了库鲁曼皇家预留地的居民权利。[③]

援助贫困白人的非种族主义和矛盾心理,与隔离主义无法兼容,在联盟成立后无法维系。[④] "开普敦殖民地私人地方法"(1909 年第 32 号)增加了税收,迫使传教区于 1910 年驱逐居住者。[⑤] 1913 年,伦敦宣教会南部的库鲁曼皇家预留地设立了管辖权超过 6 380 公顷的库鲁曼村管理委员会,导致了突变。1916 年,库鲁曼成为一个有议会和市长的行政市[⑥],这个机构给当地白人提供了追求他们在皇家预留地中利益的机制。

1917 年,为传教活动,市政府要支付 9 500 英镑的灌溉服务时代结束了,尽管社区保留了 17 公顷上的教会和其他建筑物所有权[⑦],但市政府拆除了莫法特的原始大坝并在"库鲁曼之睛"下面建造了新的灌溉工程。市政灌溉项目中第一批的 130 多个地块于

① CTAR 1/KMN 10/4, Resident Magistrate Lyne, June 29, 1903; CTAR LND 1/730, Native Affairs Assistant Secretary, January 21, 1902.

② LMS 64/2, J. Tom Brown, April 4, 1904 and August 10, 1904; CTAR Public Works Department 1/5/28, B44 Annexure J, n. d. 1905; NAR Land Department (hereafter LND) 1/710, Surveyor General, December 7, 1908; NAR NTS 4368 268/313, M. C. Vos, Report on the Kuruman Crown Reserve, August 26, 1911; NAR Irrigation Department Series [hereafter IRR] 801/08, map "Kuruman River Irrigation," February 2, 1917; NAR LND 1/710, Surveyor General, December 7, 1908; and Snyman, *Kuruman* (1992), 87 – 88.

③ NAR NTS 4368 268/313, M. C. Vos, August 26, 1911.

④ 关于分离库鲁曼保留地和"库鲁曼之睛"水源的讨论,参见 Jacobs, "The Flowing Eye: Water Management in the Upper Kuruman Valley, South Africa, c. 1800 – 1962," *Journal of African History* 37 (1996): 237 – 260。

⑤ The act was Number 32 of 1909. On Cape Location Laws, 参见 Bundy, *Rise and Fall of the Peasantry* (1979), 134 – 137。邦迪认为 1909 年的法律是 1913 年土地法的前身。Lacey, *Working for Boroko* (1981), 123 – 124. 关于这次任务中的事情,参见 LMS 72/5, J. Tom Brown, March 14, 1910; LMS 72/7, J. Tom Brown, September 1, 1910; LMS 72/8, J. Tom Brown, October 10, 1910。

⑥ Snyman, *Kuruman* (1992), 100 – 101, 106.

⑦ Snyman, *Kuruman* (1992), 107; MMT, Memorandum of Agreement between the London Missionary Society and the Municipal Council of Kuruman, February 7, 1917.

1918 年投放市场。① 库鲁曼镇的隔离伴随着这一发展,1918 年,城市驱逐了"库鲁曼之睛"中的盖斯葛尼恩、茨瓦纳人和有色人社区,理由是洗手间设施不足,以 400 英镑补偿。② 城镇中心确保了白人领域地位,剩下的皇家预留地则成为斗争地带,黑人使用,白人想要得到,联合政府对谁应该拥有付诸空谈。

库鲁曼皇家预留地的地位不明确。它有许多黑人居民,其中包括被削减的传教区之下的索丁社区。1920 年地政总署出售其辖下的 9 105 公顷皇家预留地,包括索丁,市政当局通知居民必须接受赔偿并离开,索丁社区了解到 1895 年马修斯委员会所赋予的权利和 1911 年的沃斯裁决后予以拒绝。市政当局在金伯利的格里夸兰西部最高法院提起诉讼。伦敦宣教会传教士 A. E. 詹宁斯(A. E. Jennings)组织了一次有力的防守,1919 年,沃斯担任内政部长,③1921 年回到了调解方案。沃斯对该市没有多少同情,称其行动构成了"市政拿伯葡萄园,毫无疑问"④⑤,取消销售,他允许该市只有所购买的伦敦宣教会遗产的东西方 2 570 公顷的牧场。在河谷沿岸的索丁黑人被允许留下。他还把库鲁曼皇家预留地纳入了空军空军处的管理,尽管领土并没有正式成为本地人保留地。⑥⑦

---

① NAR NTS 4638 268/313, Director of Irrigation, June 19, 1924; *Northern News* (Vryburg), "Kuruman Kuttings," February 6, 1918 and August 3, 1920; Snyman, *Kuruman* (1992), 149.

② Snyman, *Kuruman* (1992), 107.

③ Dubow, *Racial Segregation* (1989), 79; Rich, *State Power and Black Politics* (1996), 26, 29.

④ 参见《圣经·列王记上》第 21 章,1—2 页关于以色列王亚哈设计了拿伯之死,以方便继承其葡萄园的故事。

⑤ NAR NTS 4368 268/313, M. C. Vos, July 15, 1921.

⑥ 1925 年市政府试图购买保留地的北部,拟议的 1927 年"当地土地(修订)条例草案"将其定为白人地区,但该法案未获通过。尽管一直有人试图扭转沃斯的决定,但他定下的分界线一直保留着。1977 年,它成为博普塔茨瓦纳和"白人"南非的边界,自 1994 年以来,它把新的西北部和北开普省省份隔开。

⑦ 参见 correspondence in NAR NTS 4638 268/313。相关地图可参见 2/KMN 13/43 N 9/15/3/2, July 9, 1948。

泉眼地区的种族隔离

　　土地分配解决之后,环境细部分配的斗争随即开始。库鲁曼皇家预留地的居民保留了对土地的权利,但居住在下游的黑人无法阻止白人享有优先水权,在其上游使用水资源。库鲁曼地区,夏天是雨季,但也是高热和高蒸发的季节。在 1923—1924 年的夏季,市政工程的超量用水造成了索丁的严重缺水。[①] 在城市灌溉工程建设之前,季节性短缺已经存在[②],但"库鲁曼之睛"在皇家预留地的的北部总体上是可靠的水源。1917 年的测绘地图显示距离原教区边界超过一公里的莫法特大坝渠沟清晰可见。下面是另一座水坝,几条短沟,以及沿河的耕地,直到库鲁曼皇家预留地的北部边界(见图 7.1 和图 7.2)。[③] 1918 年的市政灌溉项目开始于"库鲁曼之睛"下方,服务于比教区渠沟更多的庄园。因此,垄沟通常在城市边缘处是干燥无水的。索丁的头人加尔博 1941 年这样描述了这个问题。

　　　　冬天有足够的水用于家庭用途和牲畜,但对我们的小麦作物来说还不够。在夏天,我们没有得到任何水,我们必须从教务站取水家用[④]……在白人到来以前,曾属于教区的田地,泉眼里的水可以流到玛罗坪——距离这里十英里,那时我们有足够的水用。[⑤]

---

① NAR NTS 7933 165/337, A. E. Jennings, December 3, 1923.
② D. G. Beare,库鲁曼地区勘测,1897 年,"库鲁曼之睛"的水在下游40 英里处流动。CAB KMN 10/1, February 16,1897. 相比之下,传教士布朗在 1900 年报告说,缺水,他不得不在晚上灌溉。LMS 58/3, J. Tom Brown, September 18, 1900.
③ NAR IRR 801/08, map, February 2, 1917.
④ 他提到的教务站是由传教士组成的原始庄园的一小部分:有教务舍房、学校和教堂。这是莫法特使团现在的所在地,系伦敦宣教会将灌溉土地出售给市政当局后的仅有保留。
⑤ NAR NTS 6882 165/337, Galeboe's testimony to the Native Affairs Commission, May 16, 1941.

这张地图和图7.2显示了库鲁曼河及其沿岸1917年的田地。注意图
7.2中的"乡村"(西岸的索丁)和下游的"耕地"。图7.1中的黑线显示了拟
议的城市灌溉计划,这将剥夺非洲耕作者下游的水源。

图7.1　测量师所绘制的"库鲁曼之睛"和库鲁曼河谷上游的地图(1917)

图 7.2　测量师所绘制的位于教区之下的库鲁曼河谷地图

　　大部分教区的出售已经将水权从伦敦宣教会转移到了市政机构。[1] 这种转移忽视了这个事实，即一个世纪的使用所确立的黑人耕种者的索求权。对索丁的合法权益的认知可能鼓励了市政府的

---

[1] MMT, Memorandum of Agreement between the London Missionary Society and the Municipal Council of Kuruman, February 7, 1917.

谈判。1924 年他们提出，如果索丁人分担改善成本的五分之一，以防止水源渗漏，并通过用混凝土沟渠来增加供水，则可以参与五分之一水量的共享。① 詹宁斯反对该计划，认为"如果他们支付 600 英镑来维修别人的财产，那么他们可以被允许享受无可争议的水权"。此外，他继续指出，索丁人"没有这么多的财富，即使算上他们全部的畜产"。② 他们 20 世纪 20 年代一直在谈判，但水权斗争从未进入法庭。政府部门给予了考虑但拒绝提起诉讼，有人认为，即使索丁的第一批灌溉者确立了先前的权利，土地所有者是否可以继承水权仍然是不确定的。③

1939 年的情况发生了变化，当时包括索丁在内的库鲁曼皇家预留地的北部最后被指定为非洲人地区，并交给了南非土著信托基金。④ 詹宁斯于 1930 年离开库鲁曼，最后一个在库鲁曼的伦敦宣教会传教士汉弗莱·汤普森（Humphrey Thompson）没有政治主张。他只是认识到隔离发生在更大的范围，并担心积极主张黑人权利的后果，担心从上游河谷彻底清除黑人土地的问题。他反对对水权的诉讼，反对对黑人社会的妥协，哪怕只是"库鲁曼之睛"的五分之一水量。⑤

相反，他提出了一个新的方案来解决争端，既不是诉讼也不是调停，而是一个技术性的解决方案，为索丁钻井替代水供应。政府同意这样做。事实上，原住民事务处接受了这一昂贵的解决方案，大自然提供了充足的水资源，下游用户已经建立了权利，而那里几乎无法通过种植的方式牟利，揭示了法律解决方案的高政治成本。官员们确认了五分之一水量，并说这是由索丁人提出要求

① NAR NTS 4638 268/3/3, Director of Irrigation, June 19, 1924.
② NAR NTS 6882 165/337, A. E. Jennings, September 1, 1924.
③ NAR NTS 6882 165/337, Native Affairs Acting Under Secretary, May 27, 1931；CTAR Provincial Administration［hereafter PAS］2/747 L52 C4, Cape Provincial Secretary, June 23, 1924.
④ NAR NTS 6882 165/337, Native Affairs Secretary, October 18, 1939.
⑤ MMT, H. C. Thompson 1939 report for Kuruman；NAR NTS 6882 165/337, H. C. Thompson, January 25, 1940.

提供的水量——但不是来自"库鲁曼之睛",而是通过钻孔。索丁社区的领导人反对放弃伦敦宣教会和原住民事务处的法律要求:

> 我们得到了超过市政府许诺的水量,但我们没有为我们的耕地争取到足够的水……汤普森先生向我们建议,要求政府给予我们独立的供应,打下井眼……但我们不能靠钻井灌溉我们的土地,我们希望政府能够给我们来自"眼睛"的一部分水来灌溉我们的土地。我不记得有人说,如果我们有钻井,我们将放弃对"眼睛"供水的要求,以避免与欧洲人的摩擦。我们希望钻井确保我们的家居用水,但我们仍然希望从"眼睛"中获得一定份额的水用于灌溉。[1]

尽管加尔博反对,鉴于政治气候,如果索丁要求任何水源,它将只能来自工程师而不是律师。1948 年,一名白人居民对自然界的隔离直言不讳:"这里没有足够的水来进行道德划分。"[2]今天下游 30 公里外的耐克文人将市政用水列为造成他们目前困难的一个原因。[3]

　　不幸的是,技术无法代替大自然的慷慨。在白云石中找水是困难的,而且在 20 世纪 40 年代更是如此,因为找水技术很简单,且伴有干旱。[4] 从 1941 年到 1948 年,原住民事务处搜索并发现距离"库鲁曼之睛"不到 8 公里地方的地下水很少,在钻了两个成功的井之前有五个以失败告终。规划师将园地的预计面积从

---

① NAR NTS 6882 165/337, Galeboe's testimony to the Native Affairs Commission (NAC) May 16, 1941.

② NAR NTS 6882 165/337, Testimony of J. Robinson of Landbou-Unie to the NAC, December 9, 1948.

③ Interview A at Seodin and Interview F at Neweng in Appendix C3; Interview with Edward Motlhabane in Appendix C2.

④ Interview with Eddie van Wyk in Appendix C1.

30 公顷缩小到 24 公顷。一旦抽水开始,井下水位下降,水资源供应就会减弱。[1] 原住民事务处补充了农业灌溉钻井,人们开始沿直线生产,但在 1942 年,只有五十分之一或者六十分之一的索丁持地者得以靠种植成功谋生。[2] 到 1959 年,只有 32 名土地拥有者,粮食产量低于其他库鲁曼保留地的农民。[3] 技术解决方案不足以维持广泛生产或创造密集的粮食生产。

同样,对市政灌溉系统的投资也没有能够创造出强大的商业生产。从一开始,当地的农产品市场就很小。此外,运输不足、规模小、水资源分配不均衡使得只有少数生产者成为商业农民。[4] 许多生产者只得在干旱的土地上靠养殖谋生,并在库鲁曼河沿岸种植苜蓿(南非的"苜蓿"),但苜蓿的种植获利无法平衡建设市政工程的成本。

库鲁曼的灌溉设施改善,南非白人农业成功,而当地黑人粮食生产停滞。原因不是市场,而是国家支持和维护白人灌溉,授予他们土地和水,剥夺黑人权利。更重要的是,它使得白人独占水源。因此,白人实现了黑人无法实现的发展。强化灌溉需要资本、精密技术,以及负责建设共同基础设施和调节水权的中央机构。这些要求造成了大规模灌溉与强权国之间的密切历史性关联。[5] 来自"库鲁曼之睛"的灌溉程度与古代亚洲或现代美国西部的巨大工程无法比拟,当然库鲁曼也有小规模的灌溉没有国家干预。然而,在南非,是国家动员起来改变种族和自然景观。联盟政府不是大规模地开发灌溉,而是依据种族,通过授予土地,融资开发,提供专业知识,分配土地和调节用水。这种协助使白人能够强化他们的生

① NAR NTS 6882 165/337, correspondence on Seodin boreholes, 1941—1948.
② NAR NTS 7846 36/336, Native Commissioner Coertzee, April 4, 1942; CTAR 2/KMN 54 8/20/2, Additional Native Commissioner, May 20, 1948; and CTAR 2 KMN 54 8/20/3, Tussentydse Komitee Besproeiingskema, Kuruman Distrik, October 21, 1951.
③ Breutz, *Tribes of Kuruman* (1963), 64.
④ Snyman, *Kuruman* (1992), 110, 230.
⑤ 关于水利协会环境意识论文,参见 Worster, *Rivers of Empire* (1985)。

产并以剥夺黑人土地和水权为代价。虽然早前的制度对于"贫穷白人"有价值地使用灌溉地块,态度是矛盾的,但到 20 世纪 20 年代,联盟政府正在加大投资,并使其获得相对于黑人耕种者的进步优势。①

粗放农业遭遇农业扩展

白人在库鲁曼上游地区的强化种植愈演愈烈,库鲁曼皇家预留地下游黑人地区的地位受到质疑。1924 年,裁判官提议移除下库鲁曼保留地居民,并将土地转移给白人定居者。作为交换,他建议给予保留地人员适合放牧的旱地。他对自己的建议提出了一贯的辩护,即黑人对保留地利用率不高:"本地人几乎不做任何种植,尽管他们拥有该地区最好的农地。"②联盟政府没有认真地接受这个提案。土著事务委员会(NAC)以一篇强化种植历史的讲演给予了拒绝。

这些借口不是新的,也不仅仅发生在库鲁曼地区,在联盟的许多其他地方都有无数次的提出。尽管如此,它们可能看起来还是很有吸引力,但还有应该和必须予以考虑的其他方面。确实,贝专纳兰本地人(和他在其他地方的兄弟一样)是牧民,而不是农业人员,但这在很大程度上是过去的影响和环境的结果,不应该归结说贝专纳兰始终保持不变。例如,随着人口的增加,获得必要的生存资料、教育所需的钱,迫使联盟其他地方的本地人扩大

---

① 库鲁曼市政灌溉计划是大萧条时期在塔翁附近为白人提供救济而建造一个更大的瓦尔-哈茨项目的前身。Shillington, "Irrigation, Agriculture and the State." *Putting a Plough to the Ground* (1986), 311 - 335.
② NAR NTS 7752 22/335, Magistrate Viljoen, October 2, 1924. 关于泛化耕作和土地转让之间联系的观察,参见 Bundy, *Rise and Fall* (1979), 188; Ballard, "Rinderpest," *The International Journal of African Historical Studies* 19(1986): 449。

农业活动,成了必要。这些力量,没有或至少在很小程度
上受到了当地英属贝专纳兰的重视。

代表家长式的道德观,土著事务委员会重申了强化种植的希望,声
称政府援助可以改善灌溉。

> 非营利性占有不仅仅是当地人所犯的常见"罪行",
> 而且在每个社区,如果这样的罪行不被起诉,几乎不能挡
> 住这种"犯罪"的原住民,并将其替换为欧洲农耕者,自联
> 盟成立以来,当地人一直不积极利用政府设施。大量直
> 接用于欧洲人农业发展的公共财政支出之巨与当地农业
> 需求之微不可比拟。应该采取步骤,不仅在下库鲁曼保留
> 地,而且在所有本土地区,敦促、教授和鼓励当地人充分利
> 用农业可能性,并采取"质量"标准来限制他们对牧区家畜
> "数量"的追求。[1]

在 1904 年,茨瓦纳作家索尔·普拉杰(Sol Plaatje)就促请政府
通过投资水资源和推广服务来促进更加密集的农业生产。[2] 第一
位当地农业总监 R. W. 桑顿(R. W. Thornton)1929 年被任命[3],但是
在联盟早期,白人之间的土地和劳动力不足不利于保留地的粮食生
产投资。面对这样的压力,家长式和同化主义观点很难为非洲人建
立推广服务。是 20 世纪 30 年代的重大经济和环境危机,引起对农
村崩溃的担忧,才促进对库鲁曼地区的投资。1930—1932 年间的国

[1] NAR NTS 7752 22/335, Native Affairs Commission, November 5, 1924.
[2] South African Native Affairs Commission, Volume 4, *Minutes of Evidence* (Cape Town: Cape Times, Government Printers, 1904), 265 - 256. 关于库鲁曼,另参见 *Northern News*, "Natives and Dryland Cultivation," December 3, 1913; NAR NTS 6318 23/218, Superintendent of Natives Brent, April 10, 1928。
[3] Dubow, *Racial Segregation* (1989), 95.

家经济委员会(NEC)对这种可能性表示了担忧。在全国各地的保留地调查中,国家经济委员会观察到了大萧条的严重后果。它于1932年发布了一份报告,描述了低产量和不可靠的方法。最重要的是,它警告说,农业不良可能会使黑人人口从保留地迁移到城市,而城市是白人地区。桑顿警告说,"黑人贫困问题严重",他提供了投资非洲强化农业的新动力。[1]

1931—1932年的粮食短缺期间,国家发放紧急援助。1932年,桑顿访问了库鲁曼,并建议国家采取行动,确保更稳定的粮食生产。[2] 政府部门的水利工程师也检查了保留地并评估了改善灌溉的可能性。基于这些建议,1933—1934年间,原住民事务处在玛罗彭、波切切莱萨、曼尼汀、科农、巴塔拉洛斯和弗拉克方丹/卡贡建立了专门的工程项目。工程师通过测量水流量,计算出可以灌溉的土地面积,并根据其位置高度和坡度规划周边建造了混凝土沟,以消除渗漏。一份1937年的报告称,这些项目的水量已经可以灌溉469公顷田地。地块面积从四分之一摩根(Morgen)到一摩根[3]不等,每个项目都雇佣了黑人农业种植示范者。[4]

但这些灌溉地块的产量并没有被拿来与白人农地或农业示范者种植的地块相比较。据推测,白人农民和示范者更多地使用肥料和除草剂,而建设灌溉工程并没有为黑人家庭创造足够的条件来实施这些密集技术:

> 在很多的情况下,这些工程项目没有得到充分利用,是因为当地人不会充分利用灌溉地。可能他们得到

---

① 引用自 Dubow, *Racial Segregation* (1989), 69. See also Beinart, *Twentieth-Century South Africa* (1994), 117 – 118.

② NAR NTS 7846 36/336, Director of Native Agriculture Thornton, May 20, 1932. 这个档案中有许多关于建立灌溉项目的信件。

③ 土地面积单位,合 0.856 5 公顷。

④ 参见 NAR NTS 7930 159/337。

更好的培训后,才能够从自己旧有的心理中走出。引用一个例子,在曼尼汀这个地方,我们看到运河水量充足,但实际上人们没有充分使用,只是让它白白地从干旱的草原上流过而已……去年,曼尼汀当地人于 60 摩根土地只是收获了约 10 袋小麦和不足 100 袋的玉米。而威塞尔斯(Wessels)先生,拥有毗邻的农场马格佩雷,于 10 摩根土地收获了 300 袋小麦,180 袋土豆和 155 袋玉米。[1]

到 1939 年,所报告的灌溉面积已经下降到 197 公顷。[2] 1940 年,一个原住民事务处农业官员对比了农业示范者和保留地人员的粮食产量:"示范者平均每英亩收获 5 袋玉米,而在相邻的地块上,按照土著的方法,平均每英亩只有 2 袋的产量。当地人开始意识到有必要正确地耕作,因此在这方面有很大的改善。"[3]

强化种植没有发生,因为在前几十年中反对的力量仍然很强。这些力量包括贫困地区对必要的肥料资本的缺乏,劳动力短缺和使用权不稳定。政府推广政策也很失败,只是指向谋生。官方预期是:灌溉会增加食物供应、改善饮食结构、提高健康水平,并因此增加人口的能量和生产力。所以,国家大力推动蔬菜种植项目,尽管事实上"他们说,烟草种植更有利可图",而且人们似乎并不喜欢吃除包菜之外的任何东西。[4] 今天读来,当时对蔬菜的种植推广也是令人困惑不解的,且具误导性:

---

① NAR NTS 3007 368/305, Assistant Director of Native Agriculture, Northern Areas, n. d. , probably October 1937.
② NAR NTS 7930 159/337, Deputy Director of Native Agriculture, April 12, 1939.
③ NAR NTS 1947 256/278 III, March 31, 1940. 在第二次世界大战期间,因为粮食短缺,政府提供种子和围栏,人们种植蔬菜。NAR NTS 7351, 3, 176/327,参见 1941 年和 1942 年的农业扩展报告。
④ NAR NTS 7351 I, 176/327, Extension Officer Hensley, November 1933.

　　当地人种植一季的蔬菜，但不吃它们。当他们发现
人们对蔬菜的需求很小后，拒绝再次种植，并投入烟草种
植，因为他们找到了现成的市场。这个小插曲使得他们
对于为自己和家庭的长远利益所做的暂时努力都不感
兴趣。[1]

相比之下，烟草可用来与农场白人和干旱保留地的人民以货易货。
与19世纪20年代一样，日益增长的烟草和换取牲畜是将易腐烂的
收成转变为持久财富的方式。[2] 即使种植的农业生产力低于政府期
望，灌溉也只是有助于库鲁曼人的补充生存。巴塔拉洛斯的人们告
诉我们，社区参与了维护灌溉工程项目，而且当地头人控制着水资源
的分配。[3] 烟草和水果对于家庭的预算来说非常重要，而耕作只是
增加了一些粮食。

　　1944年一份关于保留地天然水源的报告重申了利用不力和滥
用的问题，并提出了进一步发展泉水"沙漠宝石"（gems of the
desert）的计划，用于灌溉和为人员、牲畜提供清洁用水。[4] 1951年，
一个委员会在库鲁曼进行了灌溉项目调查并给出了一份批评报
告，对灌溉者的监督力度不足，一直是传统旧式耕作。正确灌溉和
"疏于管理"之间的对比老调重弹，它强调失去的机会："非常遗憾
的是，灌溉计划对本地干旱地区的重大改善作用已被忽视。"[5]这是
最后一次家长式说教：非洲人应该转变为集约化的生产，委员会坚
信这个国家可以引起变化。

　　与前几十年一样，官方认为，粗放的农业生产是非洲贫穷的深

---

① NAR NTS 3007 368/305, Assistant Director of Native Agriculture, Northern Areas, n. d., probably October 1937.

② Interview B with Isaac Seamecho in Appendix C1.

③ Interview A at Batlharos in Appendix C3.

④ NTS 7931 159/337, Assistant Native Commissioner, Kuruman, November 22, 1944.

⑤ NAR NTS 7933 165/337, Tussentydse Komitee Besproeiingskema, Kuruman Distrik, October 3, 1951.

层原因,而不是其表面症状。在许多方面,关于粗放种植的原因(懒惰)和后果(贫穷)的讨论是 20 世纪初的创伤期白人对非洲种植方式的反应重现。在白人观察家的眼中,非洲人对灌溉资源的忽视一直是一种失败。传教士认为,这有道德上的后果,家长式的行政人员对经济后果感到担忧,但隔离主义国家与之前不同:惩罚灌溉不力。随着隔离政策的加强,宣教/家长式强化生产方式推广退步。种族隔离政策开始实行强制拆迁和改造,河谷地区的强化生产与隔离政策之间的矛盾越来越明显。一份 1952 年的备忘录指出:"不能说维持这样小的灌溉计划是与信托地区的农村规划相契合,那里的本土居民密度过大。"[1]裁定官 1924 年关于从河谷移除非洲人并将他们安置在干旱高原上的论点在本节开头已经引用,正在获得认可。在种族隔离期间,政府干预黑人与环境之间的关系绝大部分是为了促进牧作和实现更大程度的隔离。粗放的耕种代价高昂,几个河谷保留地深受其害。

失掉信任

"土著信托与土地法"规定,联盟政府购买 6 209 625 公顷土地加入非洲地区,其中包括开普省的 1 384 104 公顷土地。在库鲁曼地区,信托最初提议购得 399 384 公顷。因此,开普 43% 的释放地区和全国 6% 的释放地区都在库鲁曼,1936 年的人口普查显示库鲁曼的黑人人口只占黑人总数的 30%。[2] 事实上,原住民事务处要求如此之多的土地着实令人好奇。即使是在 1937 年就这个问题举行听证会的土著事务委员会也对这个原因感到困惑,我们只能猜测其动机。也许这个信托在库鲁曼地区寻求这么多土地,是因为金

---

[1] NAR NTS 6882 165/337, unsigned memo in Afrikaans, May 1952.
[2] 按省划分的信托区域,参见 Tatz, *Shadow and Substance* (1962), 99。库鲁曼土地收购的统计数据来源于 NAR 3007 368/305, Native Affairs Commission, October 6, 1937. 1936 年库鲁曼的官方黑人人口普查统计了 24 477 人(见图 6.1)。全国总数为 6 595 597 人。参见 Beinart, *Twentieth-Century South Africa* (1994), 262。

合欢丛生之地比降水更多、更拥挤的地区便宜。或者,动机可能是
为了减轻库鲁曼地区不成功白人农民的财政困难,但如果是这样,
释放农场购买黑人地盘的意想不到的后果是降低土地的市场价
值。受南非土著信托基金购买土地消息的影响,当地白人农民立
即申请其土地被购买。

　　1938 年,土著事务委员会提出了明确的建议,即减少库鲁曼地
区的土地释放面积,并利用这些资金在需要更大的东开普省购买
更多土地。① 在 1939 年至 1941 年期间的库鲁曼,南非土著信托基
金购买了 93 处地产,达104 493 公顷。② 此后,土地购买进展缓慢,
到 1963 年,信托已经获得了124 676 公顷,加之267 776 公顷在保留
地,皇家土地和"马掌形地块"农场土地。③ 到 1964 年,全国范围内
释放的土地已有4 469 992 公顷,其中641 562 公顷在开普地区。因
此,南非土著信托基金所构买的全部土地中,库鲁曼拥有全国范围
内的 3%、开普省内的 19%,在释放地中占很高比例。④ 大多数采
购农场位于该地区东北部的高原并界临下库鲁曼、曼尼汀和波切
切莱萨保留地。这些南非土著信托基金土地最终为来自该地区东
南部保留地和邻近地区社区的重新安置提供了空间,从而使库鲁
曼的黑人人口向喀拉哈里转移。

　　虽然库鲁曼保留地的人们已经申请更多的土地,而且他们的
畜群也在增长,但是他们没有利用他们本可以利用的新领土。
1941 年,只有 20 个家庭生活在信托所购买的104 493 公顷土地。⑤
事实上,因为很少有人在南非土著信托基金的土地上定居,20 世纪
40 年代初,原住民事务处提出补贴来自希斯凯过度拥挤的人民的定

---

① NAR NTS 3773 2328/308, "Purchase of Land by the Trust in the Kuruman District," March 14, 1938;
　NAR 3007 368/305, Native Affairs Commission, October 6, 1937.
② CTAR 2/KMN 22 N 1/15/6, Assistant Native Commissioner, September 30, 1945.
③ Breutz, *Tribes of Kuruman* (1963), 57-59.
④ Muriel Horrell, *A Survey of Race Relations in South Africa, 1964* (Johannesburg: South African Institute
　for Race Relations, 1965), 161.
⑤ CTAR 2/KMN 22 N 1/15/6, Assistant Native Commissioner, September 30, 1945.

居,但访问过库鲁曼地区的政府代表团推荐不力,结果只有两三个家庭申请。[1] 官方的解释是,人们不愿意搬到农场,"他们似乎像其他人一样受到国家的打击"。[2]

人们从保留地转移到南非土著信托基金农场显然不利。最初的原因是环境,缺乏可灌溉的土地。此外,国家强制要求对南非土著信托基金土地的使用实行严格限制:禁止旱地犁耕,保留地就没有限制(见第八章),这是阻止志愿者向南非土著信托基金农场自愿迁移的主要因素。较大规模的畜群主也有犹豫的其他原因:只有首先达到 25 大型家畜单位者才可以免费放牧,与保留地不同,那里费用只适应于较大的畜群。然而,大多数家庭没有 25 个大型家畜单位(如图 6.3 所示)。较小规模的牧民本来就很不愿意让销售威胁到其畜群的生存能力,因此,在南非土著信托基金土地市场上,农民不情愿追求畜产的峰值。畜群构成也是让人们留在保留地上的一个因素。由于草食山羊和绵羊的数量远远超过了放牧牛,即使河谷比南非土著信托基金土地更繁茂,大多数畜群主也不愿意寻求草原牧场。1927 年时,牛与绵羊和山羊的比例为 1∶2.9∶7.3;1946 年时,它是 1∶2.7∶6.5;1969 年是 1∶2∶4.4。[3] 山羊的持续主导地位和驴越来越多的实用性使人们生活在一个更为繁茂的环境中。从保留地转移到南非土著信托基金农场还有其他成本:离开亲戚、社区、学校、教堂和河谷花园。放牧的好处不能挽回这些成本。

由于库鲁曼人没有移往信托土地的动力,而来自其他地方的人也没有动力前往库鲁曼,所以政府遇到了问题。南非土著信托基金土地采购意图是提供更大规模的隔离空间。从长远来看,他们的定居点需要清理"黑人点",仅指定小块保留地划定白人区域。

---

[1] See correspondence in NAR NTS 3079 1003/305 I.

[2] NAR NTS 1947 256/278 Ⅲ, Agricultural Officer Hattingh, October 13, 1938. 他指的是在大型信托收购之前收购的马掌形地块农场土地。

[3] 参见附录 B。

同时,土地和其上的草地也不致浪费。1942 年发生的可怕干旱促使原住民事务处将库鲁曼,弗雷堡和麦非肯的未使用南非土著信托基金农场租给白人畜群主,而到 1946 年,信托农场的白人拥有的动物数量比黑人更多。库鲁曼的南非土著信托基金土地成为常规的放牧源,通常是以低价提供给白种人,直到 20 世纪 60 年代。[①]一些白人农民游说购买这些农场,原住民事务处的这些官员表示担心非洲人要么使用,要么失去它们。[②]

隔离政策的发展给库鲁曼河谷保留地的居民带来了新的压力。到 20 世纪 40 年代止的巨大发展是,国家对促进非洲人民集约用地的兴趣不大,而南非土著信托基金已经获得了适合广泛牧作和非洲人使用的巨大领土。库鲁曼的黑人生存环境已经变得很脆弱,他们在充分灌溉的环境中被聚集起来,分散到南部的喀拉哈里。强化隔离最重要的一步是在 1948 年种族隔离平台——南非国民党(National Party)选举之后。非洲国民主义者的愿景在 1961 年南非联邦成为南非共和国时得到验证,共和国取代了南非联盟,该联盟曾经是英国统治地。在那段时间前后,分隔政策进入了最后的、极端阶段——分离发展阶段。

黑人居住点搬迁和白人农场,1943—1963

对库鲁曼地区的强制清除,是干涉环境关系的国家隔离政策最令人震惊的一个例子。它显示出对国家制约力的不足,这种清除不考虑当事人们自己的愿望、福祉或财产。他们对受害者产生了巨大的影响。对重新安置人员所采用的强制手段多种多样,具体对待。在思茅斯文,狄格文(Dikgweng)以及其他涉及白种工人的情况下,移除后采取更容忍的条件减轻了这个过程中的痛苦。

[①] 关于出租土地给白人农民,参见 8134 377/340 Parts I-IV 中的信件。白人农民还在塔巴恩楚租用信托土地。Murray, *Black Mountain* (1992), 163.

[②] 有关这些关切的记录,参见 NAR NTS 7933 165/337, Meeting at Dikgweng with Native Affairs Commission, December 10, 1948。

在其他情况下,如科农,卡贡/弗拉克方丹,盖-图斯和马尔门,采用暴力威胁恐吓人们,补偿标准不一,而且在其新定居地上的协助也不够。清除过程显然是一个环境过程。黑人失去了想要的理想的河流区块,得到的却是特别不适宜居住的环境区域。从黑人手中夺取的土地与规定给黑人或分配的土地之间的环境差异导致了补充生计耕作条件的不断削弱。然而,强制移动对粮食生产的影响是显著的。人们的正常生活被破坏,丧失归属感和与环境的关系,种族隔离统治国家对黑人既利用、又榨取。

在库鲁曼,强制移民是重新整理地图的大任务。事实上,1886年土地委员会所分配给黑人的所有河谷环境中,只有三个——下库鲁曼保留地,巴塔拉洛斯和曼尼汀——在隔离主义时代幸存下来。根据库鲁曼的说法,隔离主义国家废除了在库鲁曼皇家预留地的七个黑人保留地和村庄——思茅斯文,狄格文,库伊斯,科农,弗拉克方丹/卡贡,盖-图斯和马尔门,并迫使8 500人移往南非土著信托基金农地(根据官方统计),虽然实际数字可能是两倍(见图7.3和表7.1)。此外,其他地区社区的大约1.2万人也在库鲁曼信托土地上加以重新安置。[①] 最后,整个地区的白人农场有数千人迁入保留地。

历史学家认识到隔离政策早于1948年南非国民党的胜利,但那之前的隔离政策不总是涉及清除。1942年6月,包括268人在内的45个家庭离开了思茅斯文保留地,就获得了理想的南非土著信托基金农场地块,它们位于波切切莱萨和下库鲁曼东部保留地的马拉沃昂河谷之间,称为新思茅斯文或埃伦德尔,这在信托所购

---

① "富余人口项目"(the Surplus People Project),Forced Removals in South Africa (1983),3,89。据报道,从波斯特马斯堡、金伯利和弗雷堡地区迁出的人口有2 000人来自芦苇区,3 101人来自迪塔瓦宁,3 000—6 000人来自施密特和斯克方汀。表7.1所示的1936年人口统计来自国家档案馆本土事务系列1947年256/278 Ⅲ,农业官员哈廷格,1938年10月13日。1960年以来的人口来自布卢茨《库鲁曼部落》(Tribes of Kuruman,1963),第47页。

买的农场之后。^① 他们告诉社区与农村发展协会的调查人员,他们
使用自己的驴车搬迁,政府没有提供临时住宿或货币补偿。新的
土地有良好的运输条件和开放的水源,人们适应得很好。虽然他
们希望能够得到政府的更多服务,但他们认为,他们在新领土上的
生活实际上比旧思茅斯文保留地有所改善。^② 幸运的是,新旧地块
都是河谷,而且新的地块并不是很遥远。但这对于后续搬迁的人
来说,则越来越困难。

图 7.3　库鲁曼地区的隔离土地

---

① 19 世纪 80 年代,它们是该地区第三个、第四个、第五个白人定居农场,这很明显地说明了这些是
理想的地方。Snyman, *Kuruman* (1992), 57.

② AnCRA, Peter Mokomele, n. d., "Community Profile of Smouswane-Preliminary Information Gathering
Meeting at Ellendale."

表 7.1　库鲁曼地区的土地隔离

保留地	面积（公顷）	1936 年的人口	最后记录的人口（年份）	搬迁至
未搬迁保留地				
1　下库鲁曼	83 993	5 918	—	
2　曼尼汀	18 733	630	—	
3　波切切莱萨	14 582	665	—	
已搬迁保留地（搬迁年份）				
4　弗拉克方丹/卡贡（1996）	5 006	329	492（1960）	新卡贡
5　思茅斯文（1942）	2 770	200	268（1942）	埃伦德尔
6　科农（1959）	10 711	363	679（1956）	丘吉尔
7　盖-图斯（1976—1977）	47 308	1 700	6 340（1969）	本德尔
8　马尔门（1976—1977）	11 383	946	和盖-图斯一起	本德尔
9　库伊斯（1968）	19 576	189	618（1959）	彭林
从库鲁曼皇家预留地分配给白人的部分搬迁的社区				
狄格文（1953）			127（1947）	盖-纳特朗
索丁（1962—1968）		809		索丁-朗厄

　　在实施种族隔离之前遭遇搬迁的另一个社区是狄格文村,其位于库鲁曼皇家预留地上,土地被分配给库鲁曼市政作为公地之用。索丁与市政府的斗争在于水源,而市政府和狄格文之间的问题是畜牧权利。该村靠近泉源,其向库鲁曼河注入小支流。人们曾经用其灌溉,但到了 1911 年,泉源枯竭了,其后很多人到城里工作。[1] 沃斯 1911 年的裁决维持了村庄留在库鲁曼皇家预留地的权利,其居民占地 557 公顷,大约是公用地块的十五分之一。[2] 1941 年,公有地块被宣布为畜牧改良区,市政府要求阉割狄格文村的"矮小"公牛,并威胁说违规行为将导致整个村庄被拆除。然而,事实上狄格文村已经阉割了他们的公牛,并在配种上求助邻近农民

---

① NAR NTS 4368 268/313, M. C. Vos, August 26, 1911.
② NAR NTS 6082 268/313, Native Commissioner, October 17, 1941.

的公牛,所以当地的专员认为,公牛问题是胡扯:只是从公有地块清除黑人的一个借口而已。① 1944 年,市政当局扣押表面上造成交通危险马和的驴,这使畜产主陷入困境。② 尽管当局许诺有新牧场、学校和补偿,社区仍然拒绝搬迁并聘请了一名弗雷堡律师,但是当他们耗尽了钱财时,就放弃了。像思茅斯文人一样,他们收到了一份相对可取的可用房产,于 1953 年 3 月迁移到盖-纳特朗(Ga-Ntalelang),这是用于提供给南非土著信托基金的库鲁曼皇家预留地部分。③ 他们收到的是部分货币补偿和重建房屋的一些木头。④ 当然,城镇还是需要劳动力供应的,在这个被清理的地方,该市建立了一个有色人乡镇"Vaaldraai"(后来是"Wrenchville")。这就是后来 1963 年将前库鲁曼皇家预留地黑人小镇拆迁到莫替彼斯达特的前因。⑤

　　这个时候开始的是一批南非土地上白人领地内黑人的分散移除,许多黑人工人离开了白人农场。这个迁移过程长达数十年,因为包括从白人领土的许多地点到黑人领土的众多新址的数千个单独的移动,很难总结。这个过程于 1949 年开始,当时丹尼尔斯凯尔(Danielskuil)的伦敦宣教会报告说他们正在失去从白人农场转移到信托地区的教区成员。⑥ 南非土著信托基金土地和保留地也吸引来自附近波斯特马斯堡、金伯利和海农场的人们,那里没有广泛的公共土地。我找到了很多以前的劳力,他们原住在巴塔拉洛

---

① NAR NTS 6082 218/313, Kuruman Town Clerk, July 11, 1941; NAR NTS 6082 218/313, Native Commissioner, August 11, 1941.

② CTAR 1/KMN 13/43 N 9/15/3(2), correspondence from 1944.

③ CTAR 1/KMN 13/43 N 9/15/3(2), June 20,1948. CTAR 1/KMN 13/43 N 9/15/3(2),minutes of meeting,December 10,1948. AnCRA,Dikgweng correspondence,Peter Mokomele,"Dikgweng Profile," n. d.

④ AnCRA,Dikgweng correspondence,Moonawadibe Mmolaeng,"Land Claim Form." 该表格将赔偿金额定为 40 卢比。这当然是在兰特成为货币之前,可能是 20 英镑。关于狄格文,参见 Snyman, *Kuruman* (1992), 100, 150 - 151, 154 - 156, 162, 198。

⑤ Snyman, *Kuruman* (1992), 196.

⑥ MMT, LMS Annual Reports for the Kuruman District, B. J. Haai, March, 1950, 4; December 1951, 7.

斯河以西五公里处,下库鲁曼保留地,他们向我解释了自己的经历。盖-西博罗直到20世纪60年代政府才有所设置,以前一直是一个牛站。这里农场的消亡不同于保留地的被迫"强制"清除,而农场的压力越来越大,人们遭受经济胁迫,只能选择离开。[①] 有几个人说,他们的父母或他们的祖父母离开农场,因为业主要求他们出售自己的畜产。"在农场,你不可以拥有十只山羊。"一个人说。[②]

接下来的一次强迫拆迁发生在1959年,这发生在实施种族隔离政策之后,规模更大,暴力胁迫更甚。科农保留地有许多泉源,距离与"库鲁曼之睛"最近。[③] 它有一个政府建设的灌溉项目,一项持久投资,但其农业价值和居民的泛作生产模式使其地位受到质疑。1935年和1946年间,邻近地区的农民试图在保留地边缘购买土地,1948年,库鲁曼农民联盟呼吁取消保留地。[④] 这个问题在1949年进入了土著事务委员会(NAC),当时自由党议员投票反对取消,但是多数人通过了一项议案,补偿了科农居民"有水灌溉的两倍土地",主席D. L. 斯米特(D. L. Smit)称之为"虔诚的希望"(a pious hope)。[⑤] 无法获得足够的土地导致搬迁拖延,白人农民再次提出了这个问题,他们说粗放农业的条件——人口少,草原焚烧,放牧而不是种植,使搬迁合法化。[⑥] 当然,哪种农业合适旁观者清。我们的访谈表明,科农人已经种植了谷物、水果、蔬菜和烟草,并没有看出他们的农业生产力不足。[⑦] 一名妇女回忆说,1959年的拆除有一个故事,足以印证这个过程的强制性和暴力程度:

---

① 关于自愿离开农场和被赶出农场之间的细微差别的评论,参见 Murray, *Black Mountain* (1992),214。
② Interview A at Ga-Sebolao in Appendix C3. See also Interview with Joseph Kopman in Appendix C2.
③ 科农的官方人口数据。参见 NAR NTS 7791 228/335, Chief Native Commissioner, April 20, 1956。
④ 1935年、1946年以及1948年白人农民的要求和回应,参见 NAR NTS 7791 228/335。
⑤ NAR NTS 7791 228/335, minutes of meeting of the Native Affairs Commission, October 7, 1949.
⑥ NAR NTS 7791 228/335, Attorney Barnard, March 8, 1955.
⑦ Interview A and Interview B at Churchill in Appendix C3.

那天,第一批到达的卡车有三辆,他们停在一间屋前,有人问房子里的人,自己知道他们那天要搬家吗? 人们说他们不知道。他们说,你看到这些车就是要搬东西啦,现在就搬。然后货车越过河流到村庄的另一边。我的房子是村头的第一个。他们在泉源那里找到了我,我正在汲水。他们对我说,都要搬家了,你还取水干什么?我什么也没有说,只是这样站着,鸡还在那里。我想带走它们,但它们在外面,他们说等不及我把鸡从灌木丛中捉回来。他们将我的房顶扔到卡车上,把人们赶进货车,把我房子的墙壁推倒。①

许多牲畜在旅途中被遗弃或死亡,但是当他们回去取被遗弃的财物和动物时,被以非法入侵的罪名逮捕。② 到达南非土著信托基金农场的人们发现,规划者还没有规划街道和划分区块,他们只有自己组织了。他们告诉我们,安置地没有房子、水量少、环境不利于畜产、没有学校、没有运输服务,并且他们认为补偿不足。③ 1960 年以后,科农保留地被分为 12 个农场,卖给了白人。④ 一位居民回忆说:"我们被强制搬离的原因是,这些官员想要开一个钻石矿……以及一座煤矿,但最终没有开采,只是把土地交给了白人农民。我们相信他们是在有意欺骗大家。"⑤

在此期间,有一个保留地改变了其黑人居住点的属性定位。实际上在戈登尼亚地区,库伊斯是库鲁曼管理的最北端保留地。这个村庄跨越南非与贝专纳兰保护区(Bechuanaland Protectorate)

① Interview B at Churchill in Appendix C3.
② 引用自 AnCRA, "Kono correspondence," Konong Community Committee, Land Claim. 在我的采访中,人们证实了这些说法。
③ Interview B at Churchill in Appendix C3.
④ AnCRA "Kono correspondence",未注明日期,未签署的文件。
⑤ AnCRA "Kono correspondence",引用自 Kate Owen,Deneys Reitz Attorneys [n. d.], 3。

之间干涸的莫洛波河。喀拉哈里的运输和钻井取水费用使得这个保留地特别令原住民事务处头疼。[1] 1953 年,事务处提出把边界南非一边的库伊斯人民搬迁到信托土地,但人们拒绝了,说提供的马掌形地块区域堪比流放地。[2] 显然,搬迁和水源开发都不值得尝试,1959 年政府官员们放弃了搬迁的问题,而且停止了钻井取水。[3]

隔离发展和各种移除,1963—1977

1960 年的时候,可以说,库鲁曼的隔离过程已经完成了。南非土著信托基金农场连接了中央保留地之后——下库鲁曼、波切切莱萨和曼尼汀——土地获取减速。[4] 有理由认为剩下的四个卫星保留地可依然存在。移除库伊斯的想法已经被摒弃了。西南地区的马尔门和盖-图斯(61 829 公顷)非常大,在 1953 年,市政当局明确表示,东南部的弗拉克方丹/卡贡不能成为黑人居住点。[5] 尽管如此,到 1960 年隔离意识形态也发生了很大的变化,分离发展的新政策为进一步清拆行为提供了力量。独立发展是寻求民族和种族分离的更大设想。虽然早期政策强调保护白人特权,但独立发展声称是为了非洲人自己的决定权,这改变了黑人的隔离经验。最终,虚假的"独立发展"导致了种族定义的"独立",包括博普塔茨瓦纳——"联合茨瓦纳土地"(The Land of the United Tswana)。[6][7]

---

① NAR Bantu Administration and Development Series (hereafter BAO) 7761 44/335.

② NAR BAO 7761 44/335, minutes of meeting, January 12, 1954.

③ NAR BAO 7761 44/335, notes from undersecretary, October 7, 1959. For the 1959 census, NAR BAO 7761 44/335, June 23, 1959.

④ 比较 1949 年以前购买的农场(found in 2/KMN 30 2/7/2 II)以及 1963 年购买的农场(Breutz, *Tribes of Kuruman* [1963], 59 - 62),只发现了 5 处额外的财产。然而,一些 1949 年以前的农场可能只是财产的一部分。

⑤ 1941 年,当地事务部长裁定马尔门不是一个黑人定居点。NAR NTS 7806 316/335 I, Secretary of Native Affairs, October 31, 1941. See also NAR NTS 7791 228/335, Secretary of Native Affairs, March 26, 1955; NAR NTS 3126 1746/305, Secretary of Native Affairs, November 9, 1953.

⑥ 独立发展意识形态借用"班图"语言群体名称,作为南非黑人的通用术语。由于是种族隔离当局的归类,因此被认为是令人反感的。

⑦ 关于博普塔茨瓦纳,参见 Jeffrey Butler, Robert I. Rotberg, and John Adams, *The Black Homelands of South Africa: The Political and Economic Development of Bophuthatswana and KwaZulu* (Berkeley: University of California Press, 1977)。

博普塔茨瓦纳由 19 个保留地组成,因为要表现为一个自治国家就需要一些连续的领土,这些地区在 1977 年之前通过征地拆迁合并为 7 个地块。[①] 这个过程将库鲁曼人和弗雷堡的所有剩余保留地连接起来,最终把黑人进一步推向了北部地区。

　　独立发展的总设计师 H. F. 维尔沃德(H. F. Verwoerd)总理似乎在确定库鲁曼黑人与白人之间的土地分配方面发挥了积极的作用。1962 年,他派遣接班人到土著事务委员会——班图事务委员会(the Bantu Affairs Commission)[②]调查进一步土地购买的可能性。[③] 随后,1963 年 10 月他主持了一次关键会议,重组了库鲁曼地区的黑人和白人地区,要求南非土著信托基金购买在下库鲁曼保留地以北的农场,包括一些位于弗雷堡边界尚未包括在原始释放区域的部分。他还切断了未经购买的南非土著信托基金农场,弗拉克方丹/卡贡与释放地区核心保留地的联系,并决定将弗拉克方丹/卡贡,马尔门和盖-图斯移交给北方的信托农场。[④] 结果导致大部分人被移往不适宜居住的地区。

　　像科农保留地一样,弗拉克方丹/卡贡位于一个令人印象深刻的泉源之旁,格鲁特·布萨普河的源头,向东南部先是流入哈茨河,然后是瓦尔河。附近是一个白人小镇雷菲洛,这里是一个干酪工厂的所在地,奶酪厂主要经营者是白人奶农,大面积贩售奶制品。[⑤] 雷菲洛并没有自己的水源地,在 1954 年,它自己请愿取消保留地。[⑥] 政府在 1963 年与保留地的黑人举行了会议,但人们告诉

---

① Thompson, *A History of South Africa* (1990), 191.

② 因为更多的"非洲"命名被视为适当的,土著事务委员会成为班图事务委员会(BAC)。同样地,在 1958 年,原住民事务处成为班图经济与发展部(南非共和国班图管理发展部联合会,也以其南非荷兰语首字母缩写为 BAO)。

③ NAR BAO 4437 D4/1363/01, Prime Minister Verwoerd, February 7, 1962.

④ CTAR 2/KMN 31 II N 2/7/2 5, Secretary BAO, October 31, 1963; Desmond, *The Discarded People* (1971), 207-218.

⑤ Snyman, *Kuruman* (1992), 144, 183.

⑥ NAR NTS 3126 1746/305, Reivilo Town Management Board, March 10, 1954. 关于取消保留地的决定,参见 NAR NTS 3126 1746/305, minutes of meeting, September 23, 1963。在 20 世纪 60 年代,政府的记录有时把这个保留地称为梅西马蒂,是保留地上的一个村庄。

我们,这些都是不公开讨论。"我们不同意! 我们受到了压迫! 我们被逼无奈!""如果在那个会议上你有很多话要说,要问很多的问题,你被要求坐下。"①政府警告他们,清拆卡车于 1966 年 10 月 15 日及 16 日过去,最好在拆除之前,尽力挽救他们的房屋建筑构件。有些居民选择前往塔昂保留地,有些人前往新的雷菲洛乡镇,因为在那里他们可以继续在奶酪厂工作,但大多数人去了政府提供的安置区卡贡,在库鲁曼镇以东的信托地。这个地点的优势在于它位于库鲁曼和弗雷堡之间的主要道路上。卡贡的安置相对较为有序,设立新社区的创伤似乎不及科农或盖-图斯和马尔门地区。政府根据房屋的类型给予人们赔偿,铺设街道,划定分区,并提供了临时房屋。动物跋涉到新址,但是向盖普高原上迁移导致家畜死亡率高企。②

库伊斯于 1965 年再次成为一个官方关注的焦点,博普塔茨瓦纳前一年获得独立,政治家们担心的是一个跨越独立黑人国家边界的村庄。据报道,"外来班图人"(foreign Bantu)正在过境库伊斯,前往南非寻求工作。③ 此时,沿着莫洛波河的一个畜类检疫隔离栏已将库伊斯人与该村的博普塔茨瓦纳人分开。尽管村民仍然可以在国家之间移动,但围栏限制了牧场和水源,阻断了其一半的放牧环境。无法渡河,围栏构成了严重问题,人们无法移动。这一迁移是自愿的,因为他们认识到必要性。正如头人所解释的:

> 我们早就听说我们必须搬迁,但我们从来没有抱怨过生活在这里的麻烦。当局说我们从这里搬走是明智的……我们必须遵循法律,我们是守法民众。如果我们

---

① Interview B at Kagung in Appendix C3.
② AnCRA, Kagung Correspondence, March 23, 1996; Interview B at Kagung in Appendix C3.
③ See correspondence in NAR BAO 3319 c43/1363.

拒绝法律所说的话,我们将会遇到更多的麻烦……我放
弃过,现在同意,我们在这里的麻烦是这里的检疫栏。如
果我们离开这里,我们就会过得更好,上帝会给我们更多
雨水。①

1968 年 3 月,库伊斯人迁移了彭林(Penryn)——位于北部边界的
下库鲁曼保留地和弗雷堡区西南边界之间的南非土著信托基金地
区,以及其他定居点。作为一个象征性的战略举措,南非警方将一
个边界站设置在了清空的保留地上。②

马尔门和盖-图斯的领土和人数是库鲁曼境内迁离地区中最
大的,根据一个非政府组织统计,人口数量估计为10 000 到 20 000
人。③ 大概是由于喀拉哈里地区的这种拆迁规模和挑战性的安置
环境,南非政府推迟了对这些保留地的清除工作,直到 1976—1977
年。④ 规划者无法获得足够的水,无法铺设管道到许多供应点。最
大的定居点是本德尔(Bendell),大约有79 502 公顷,需要 100 公里
的新道路,但是在沙滩上搞建设困难重重。⑤

如此大规模的迁移表明,国家愿意支付高昂的隔离费用,但是
盖-图斯人和马尔门人却独自承担了大部分的费用。他们到达新
家园时,遭遇了粮食和水资源短缺,设施不完整,学校还没有准备
好的问题。⑥ 搬迁到不毛的沙漠营地使他们受到很大的伤害。35
个孩子在安置过程中丧生。除了水和卫生条件欠佳外,本德尔和

① CTAR 2/KMN 233 N 2/10/3/(5), minutes of a meeting, July 17, 1967.
② AnCRA 84/1995 "Khuis correspondence."
③ The Surplus People Project, *Forced Removals in South Africa* (1983), 3, 89. 官方人口数量,参见 Department of Cooperation and Development 8/7/2/2/K69/43, September 16, 1969. 1998 年,国土资源部的调查人员与我分享了合作与发展部以及区域与国土资源部的档案。
④ 在此期间的一份报告,参见 Desmond, *The Discarded People* (1971),114－115。
⑤ 有关规划迁移过程的记录,参见 Department of Cooperation and Development 188/1363/46, volumes 18 and 24。
⑥ Department of Cooperation and Development 188/1363/43, report of visit by Tlharo Chief J. B. Toto, October 1, 1976. 关于缺水的抱怨仍在继续,参见 1976 年 11 月 8 日本德尔会议记录。

邻近社区的人们还将其健康问题归咎于新址上一个寄生虫侵扰的沙地,但是医疗专业人员却没有确定这种蠕虫。[①] "过剩人口研究项目"(The Surplus People Project)1982年访问本德尔地区后指出,南非最糟糕的地区在库鲁曼北部。威克斯、本德尔、迪尔沃德[②]和巴塔拉洛斯饱受贫困、干燥、多尘困扰,被其他区域所孤立和遗忘。水源获取消耗性非常强。"过剩人口研究项目"人员被本德尔的一个"巨大坟墓场"所震撼。[③] 由于受影响人数过巨,政府准备不足,喀拉哈里环境恶劣,盖-图斯和马尔门在库鲁曼地区的所有黑人清除中代价最高,包括人的死亡率。清拆后,南非国防军获得前保留地——洛哈特拉作为军事基地。

环境历史与种族隔离

库鲁曼案例揭示了南非隔离史中的环境因素。而对南非及其他地区的研究则进一步揭示出影响隔离过程和结果的环境特质。但是,环境因素必须纳入我们对隔离政策的认识之中,这只是本章最基本的观点。本章最重要的结论涉及社会类别,社会制度和环境史上的权力问题。这些因素从最早的金合欢丛生之地的历史上就清晰可见,酋长、普通男人、女人和巴拉拉之间的生产特权划分就是如此。这些制度性限制使得开普前沿的革新对于受酋长制约的男性具有吸引力。殖民统治将欧洲血统和现代国家引进到了南部非洲。从殖民统治开始,就存在着对环境的干预,以种族差异化分人们与水、土的对应关系。在20世纪的南非,白人和黑人之间

---

① Department of Regional and Land Affairs 6/7/2/K19/43, Case no. 958/93. 5, 1992. Affidavit by Bokhutlo Denis Holele in the Supreme Court of South Africa (Northern Cape Division) in the matter of the Minister of Defense and Joseph Free and 44 others.
② 迪尔沃德是1973年撤离的弗雷堡的迪塔瓦宁保留地安置点。威克斯是盖-图斯和马尔门的人员的安置点。
③ Platzky and Walker, *The Surplus People* (1985), 55, 285; The Surplus People Project, *Forced Removals in South Africa* (1983), 3, 89.

的隔离成为国家的主要焦点。在隔离的过程中，发展和行使了干预主义的权力，重塑了黑人与水、土的关系。在强制拆迁的过程中，国家对于白人的福利争取，动用了迄今为止在环境领域最集中的权力手段。

改良运动和博普塔茨瓦纳驴屠杀：部族人的环境权利，20 世纪 40 年代至 1983 年

> 牛和土地应该得到照顾。我们是政府的牛。我们给政府提供牛奶。税金是牛奶。政府应该给予它的牛绿色牧场，否则他们就会中断供应。[①]

强制拆迁是国家干预黑人与环境关系的一种显性和粗暴形式，隔离不是影响环境的唯一方面。保留自己土地的黑人在成为国家干预的对象时，也受到包括环境权在内的种种权利限制。20 世纪 30 年代之后，国家实施的保护项目，成为黑人与环境关系中积极和通常不受欢迎的推手。关于非洲保留地，保护手段是通常被称为"改良运动"发展方案的一部分。改良运动是要对非洲人在土地上生活的方式进行全面和强制性改变，最初于 1939 年立法，1949 年修订，是按照现代农业生产和科学保护原则"规划"非洲地区的政策。它将非洲农民和牧民描述为破坏土壤、森林和放牧的浪费者。高度技术官僚化，改良运动授予原住民事务部 [NAD, 后

---

① CTAR 2/KMN 20 N 1/15/4 I, statement by Headman Smous Holele of Ga-Tlhose at meeting of Headmen and Councilors, April 13, 1943.

来的班图管理与发展部(BAD)]官员权力,通过规划土地利用来补救推定的滥用行为。它也旨在通过最大限度地利用公共土地来支持隔离政策实施。这涉及将人员搬迁到紧凑型村庄,划定和圈定特定区域进行种植和放牧,在耕地上实行土壤保护措施,并计算牧草的承载能力(以大型畜类单位确定)。对受影响人士来说,最重要的是,改良运动涉及剔除畜产,将畜类数量减少到计算所得的承载能力范围之内。[1]

虽然改良运动是农村规划项目,但对于大都市社会来说意义重大,而且许多历史都是通过讨论这个改良运动项目计划的背后推动力和后果来考察当时的宏观时代国家背景的。国家力量包括政治控制和对廉价劳动力的需要,以及降低威胁的意识形态。[2] 这些政策考量可以使人深入了解改良运动背后的动机,但是使激进干预成为可能 的条件更值得评论。因此,我将探讨国家隔离宏观环境和间接统治背景。我将讨论全国范围内的问题,但不仅仅是重视决策者的目标,而是将重点放在国家与农村黑人的关系上。在本章中,我还将研究改良运动的当地效应。一些作者已经强调了改良运动对人们生活方式的改变,包括伊莎贝尔·霍夫迈尔(Isabel Hofmeyr),探讨其对口述叙事的影响,以及克里斯·德·韦特,他讨论了影响社区关系的方式。像这些一样,我自己对改良运动的讨论将侧重环境、农业和社会影响。[3]

本章从联盟和共和国政府开始讨论,并随黑人家园发展演进。

[1] 总体了解改良历史,参见 De Wet, *Moving Together, Drifting Apart* (1995), 39–57, 196–203。
[2] 论政策动机,参见 De Wet, *Moving Together, Drifting Apart* (1995), 57–67。关于廉价劳工及改良,参见 Fred Hendricks, *The Pillars of Apartheid: Land Tenure, Rural Planning and the Chieftaincy* (Uppsala: Uppsala University Press, 1990)。关于政治控制,参见 Joanne Yawitch, *Betterment: The Myth of Homeland Agriculture* (Johannesburg: South African Institute of Race Relations, 1981)。关于环境退化担忧,参见 Beinart, "Soil Erosion, Conservationism and Ideas about Development: A Southern African Exploration, 1900—1960," *Journal of Southern African Studies* 11(1984): 52–83。
[3] Isabel Hofmeyr, "*We Spend Our Years as a Tale That Is Told*": *Oral Historical Narrative in a South African Chiefdom* (Portsmouth, NH: Heinemann, 1993), 80–83; De Wet, *Moving Together, Drifting Apart* (1995).

与南非其他地区相比,博普塔茨瓦纳的保护政策特别严厉,甚至暴力,最终导致 1983 年的驴屠杀行为。在库鲁曼附近特别极端,博普塔茨瓦纳军队和警察杀死了多达 10 000 头驴。对于这个地区的许多人来说,这是种族隔离最具创伤性的经历。虽然它针对动物,却是对穷人和被剥夺权利者的国家权力之暴力展示。在 20 世纪 80 年代的暴力事件中,驴屠杀是一种极端而不是特殊的保护措施。它是由实施改良运动的政府机构执行,并以其原则为基础。正如家乡政府从殖民结构发展而来,博普塔茨瓦纳的保护手段是改良运动的野蛮生长产物。

间接统治和环境权利

据马姆达尼说,改良运动只是非洲殖民国家对农村生产者采取的许多强力行动之一。他认为,习惯上的土地使用权为市场力量提供了一些保护,导致殖民国家转而强制实现其发展规划。将非洲农村人作为部族主体的定义使得强力实施成为可能。马姆达尼的观察对于殖民地非洲的环境史研究至关重要,因为他提出了殖民地国家不同环境干预背后的共同逻辑:种植、土壤保持、农业发展和畜能淘汰。[1] 要了解改良运动干预措施,有必要探索这个为部落主体而创造的惯习世界是如何形成的。在南非,它是强加隔离的大力推手。

自 19 世纪 80 年代以来,殖民地的共同权属已经就位,但间接统治是在南非联盟于 1910 年成立之后的 50 年中建立起来的。在 1910 年至 1936 年间,开普省在联盟中是个例外,因为它保留了基于财产的而不是以种族为基础的公民权。为了实现隔离目标,联盟政府根除了平等参与政治的可能性,废除了开普体系,因为其倾向于直接统治。1927 年的"当地人管理法"是这一进程中的重要一

---

① Mamdani, *Citizen and Subject* (1996), 124, 138 - 179.

步,尽管它并没有使得开普体系与该国其他地方完全保持一致。

这个地区没有酋长,因此通过酋长统管是库鲁曼的一个问题。1897 年的反叛之后,开普政府废除了塔拉洛的酋长制度。19 世纪 20 年代,塔拉坪酋长从库鲁曼搬到了塔昂,虽然他表面上对所有的塔拉坪人都有权力,但实际上他无力作为。酋长不存在,就有必要创造,政府在 1944 年任命了库鲁曼地区的塔拉坪酋长,并于 1945 年重新任命了塔拉洛酋长。[①] 在重建酋长制时,政府选择了 19 世纪统治者的后裔,但没有为公民治理委员会——所有人的集合体制定官方身份。政府还为非传统的社区领导人建立了结构关系。1948 年,当地的一个由塔拉坪人和塔拉洛代表组成的理事会于该区成立。官员任命 3 名成员,还有 6 名由新成立的区推选。酋长和头人在理事会中没有任何正式职位,尽管他们很可能是成员。[②] 当地议会在开普省人口较多的科萨地区使库鲁曼治理归于该制度,但这个地方政府并不是基于传统的结构。相反,1948 年掌权的非洲民族主义者的种族意识形态要求部落进行宪政治理。种族隔离制度的力量日益增长,很快挑战了议会制度。[③]

全国建立隔离行政区划进程的下一步:1951 年"班图当局法"通过,部分是出于执行保护问题。1944 年以后,所有南非土著信托基金土地自动受到改良运动条例的约束,但是对旧保留地(相对于最近购买的南非土著信托基金土地)而言,实施改造需要社区的正式请求。然而,这并不是说保留地居民可以自由选择。[④] 毫不奇怪,很多人常常因不满意而反对改良措施,特别是畜产剔除。这在几个农村地区引起了显性抵抗,如 1943 年在德兰士瓦北部的佩迪

---

① Breutz, *Tribes of Kuruman* (1963), 8, 160; CTAR 2/KMN 57 11/1/2 I, Native Commissioner, November 13, 1952.
② Proclamation by governor general No. 206 1948; by minister of native affairs No. 1644, August 6, 1948.
③ 关于特兰斯凯议会体系,参见 Evans, *Bureaucracy and Race* (1997), 183 - 185。
④ UG 51 - 1950, *Report of the Department of Native Affairs for the Years 1948—49*, 6; UG 61 - 1951, *Report of the Department of Native Affairs for the Years 1949—50*, 8.

地区,1950 年在莱索托北部边界的威齐休克(后来是库瓦库瓦的家园),1960 年在特兰斯凯。[1] 国家的反应是通过班图当局加强其对保留地的存在影响——酋长参与间接统治结构的共同选择。目的是利用酋长来沟通和组织社区改良运动,这涉及到使非洲人进一步受到权利限制。反对改良运动并不是促进间接统治的唯一力量——"部落"的自决愿景已经先在,但是 20 世纪 50 年代,改良运动需要国家对保留地的更强大的代表。结果就是 1951 年的"班图当局法",为南非黑人成立了一个三级政府。1959 年,"班图自治促进法"赋予他们自治权力。[2]

班图当局的最低层次是间接统治的初级结构部件:部落当局,地方酋长和治安法官任命的薪酬成员理事会。[3] 1955 年和 1956年,库鲁曼接受了塔拉坪和塔拉洛部落当局。塔拉坪人当局有对曼尼汀、波切切莱萨、索丁、下库鲁曼保留地的一部分,以及思茅斯文人搬迁的南非土著信托基金土地的管辖权。塔拉洛部落当局对大部分的下库鲁曼保留地、盖-图斯、马尔门、库伊斯和剩余的信托地有管辖权。部落当局与地方议会制度不同,因为塔拉坪和塔拉洛的结构不同。部族当局向农村社区提供基本服务,对学校行政,诊所,改建项目进行征税,如围栏,道路建设,畜类改善和水资源开发等。然而,他们收集税款不力,所以南非土著信托银行资助了这些计划。[4] 上一级是有权管理教育、公共工程、保健和部落集群农业推广的地方当局。1958 年,塞奥卡马·迪察巴区域管理局成立,将库鲁曼和弗雷堡地区当局的所有塔拉坪人和塔拉洛部落当局统

---

① Delius, *A Lion Amongst the Cattle: Reconstruction and Resistance in the Northern Transvaal* (Portsmouth: Heinemann, 1996), 55 - 62, 69 - 71; Tom Lodge, *Black Politics in South Africa since 1945* (New York: Longman, 1983), 269 - 273, 281 - 283; Rich, *State Power* (1996), 153 - 156; Murray, *Black Mountain* (1992), 172 - 184.

② 关于种族管理的隔离政策,参见 Posel, *The Making of Apartheid 1948—1961: Conflict and Compromise* (1991)。

③ Butler, Rotberg, and Adams, *The Black Homelands of South Africa* (1977), 28.

④ NAR NTS 8963 185/362 (2) (a), Secretary of Native Affairs, June 17, 1957; Breutz, *Tribes of Kuruman* (1963), 102, 170.

管在塔拉洛首领偌班印·托托(Robanyane Toto)之下。[①] 1962 年,南非共和国的所有茨瓦纳语团体统管在第三级的茨瓦纳领土管理局,其接管了地方当局的许多职责,包括农业服务和规划。[②] 尽管采取了这些干预措施,地方酋长仍然相对较弱。[③] 塔拉坪人和塔拉洛领导人并没有成为引擎,驱动改良运动。联邦和共和国政府的官员们发挥了这一作用,但他们试图利用部落当局进行沟通协调以获取保留地居民同意。

金合欢丛生草原的改良意识

改良运动始于官方之于环境变化的意识形态,亦因亦果。要了解"库鲁曼人"地区的改良运动的具体内容,就必须讨论其本土的保护意识形态。在 20 世纪的非洲,官方环境意识形态往往发展成为"现成的智慧",而现在的学者们正在批判性地对它加以研究,认为关于环境和适当用途的知识具有米歇尔·福柯(Michel Foucault)所理解的话语权威性。[④] 退化判断常常是以选择性证据为依据,通常不了解当地人的理解。对退化的描述取决于殖民地的权力关系——哪一方有权决定和传达真相。在 20 世纪 30 年代以后的南非,对保护工作的官方立场就是非洲保留地的土壤侵蚀造成了相当大的威胁。贝纳特已说明,南非对环境退化的担忧首先针对定居者农业,其后仅针对非洲保留地。一个重要的里程碑是 1923 年干旱调查委员会的报告,他们警告说,白人农场牧区的

---

① Breutz, *Tribes of Kuruman* (1963), 10.
② Butler, Rotberg, and Adams, *Black Homelands of South Africa* (1977), 33 – 34.
③ 关于 19 世纪 80 年代塔拉坪酋长的相对弱点观察,参见 Mackenzie *Austral Africa*, 1(1887), 76。Breutz, *Tribes of Kuruman* (1963), 39; John Comaroff, "Tswana Transformation, 1952—1975," in Schapera, *The Tswana*, [4th ed]另有约翰·科马洛夫的补充章节和亚当·库珀的补充书目(London: KPI, 1984), 73 – 74。
④ 参见 Leach and Mearns, "Introduction," in *Lie of the Land* (1996), 8 – 9。

过度使用造成了沙漠化。[①] 继 20 世纪 30 年代的北美"尘暴"(dust bowl)之后,官员们对非洲地区的土壤侵蚀有了急切的关注,并且比起关注当地环境条件更加注重国际警报。保守主义话语加剧发展为隔离意识,但贝纳特认为,保护不仅仅是一个隔离主义者的惯性思维,它具有国际起源——生物物理意识和技术动力。[②]

通过谴责非洲的土地利用做法,保护主义者的话语压制了传教士或家长式管理者对非洲种植和放牧的早期意见。然而,与之前不同,隔离主义者的保护并不宣称为了寻求非洲人的道义或经济进步而进行干预,而是因为担心马尔萨斯农业崩溃会对城市和白人南非产生影响。随着从"改良"非洲人到保护白人动机的转变,对保留地的农业推广使用了更少的"胡萝卜"和更多的"大棒"。[③] 由于这个团体对个人享有特权,种族自决的意识形态支持了比早期家长式统管下可能做到的更为极端的干预。家长制不会导致极端隔离,自决和文化保护的理想在 1948 年实施种族隔离之后无法生存。它的消亡在库鲁曼非常明显,政府对灌溉计划的支持落空,畜牧产业淘汰开始。虽然改良运动背后的力量不足以发展成为隔离行动,但是这个时候,隔离的强度肯定会使对农业推广的胁迫更容易实施。

关于保留地土壤侵蚀的殖民话语中,权力/知识驱动是显而易见的,因为那些具有专门知识和权威的人就形成了"现成的智慧",并以对极少非洲人的意见征询来实施政策,几乎没有对实际环境条件的研究。国家和国际上对水土流失的过度关注,并没有轻易地进入库鲁曼,它是由沙质和泥土构成的平地,因此没有沟渠侵

---

① 干旱委员会提到的开普北部只是与中部地区形成对比。它认为,在开普北部,对草原的破坏和干旱的影响没有那么严重,因为有限的水源保护了草原不被过度使用。UG 49-1923, *Drought Investigation Commission Final Report*, 274.

② Beinart, "Soil Erosion," *Journal of Southern African Studies* 11(1984). 有关东非比较,参见 David Anderson, "Depression, Dust Bowl, Demography and Drought: The Colonial State and Soil Conservation in East Africa during the 1930s," *African Affairs* 83(1984): 321–343.

③ 想了解 20 世纪 30 年代中期以后更具强制性的发展和农业项目特点,请参阅 Beinart, "Soil Erosion," *Journal of Southern African Studies* 11(1984), 69; Rich, *Black Politics* (1996), 131; Evans, *Bureaucracy and Race* (1997), 175, 201。

蚀。尽管如此，专家们构建了半干旱土地利用的两个方面作为引发当地土壤侵蚀的原因：驴的饲养和旱地耕作，但是这种联系非常牵强。针对这些经济边际活动制定的政策没有对其效用或环境影响进行调查。

除了对土壤的影响之外，由于种种原因，官方对驴的判定极端消极。这就要求否认许多贫穷黑人对驴的使用方式：旅行、运输、耕作以及食用。他们使驴声名狼藉，官方甚至发出"驴威胁"的警告。[1] 1932年的一份备忘录详细介绍了驴被认为是一个问题的详情，说它们的尸体无人认领，藏有肉毒杆菌，从而使环境不利于牛的健康。它们通过啃掘和践踏毁坏草地；它们繁殖速度较快但没有市场价值；它们的价值不及所损坏的作物；它们造成伤害时无人承担；它们在过度放牧的牧场上消耗了大量的饲料。[2] 在1950年的这份报告中，绝无仅有地提及了驴的实用性：

> 尽管库鲁曼本质上是畜牧之地，但令人惊讶的是，当地人鲜有牛只，多有驴产（约有10 000头）。看起来牛因为需要持续给药治疗……是一种风险，还需要照管，比如食物和水的定期供应。另一方面，驴不需要看管，还是一种实用的畜力，如果死了，它们的肉将像牛肉一样方便食用。[3]

不考虑为什么它们适应人们的需要，官员们谴责驴和人的过剩。在随后的几年里，随着机动交通的普及，出现了另一个问题：面对即将到来的交通工具，驴肆无忌惮地不躲不避。佩塔·琼斯（Peta Jones）从驴的角度重构了这样的遭遇。

---

[1] CTAR 2/KMN 48 N 8/5/2 1, Additional Native Commissioner, June 30, 1947.
[2] NAR NTS 9352 19/380, Native Commissioner Vryburg, August 24, 1932.
[3] NAR NTS 7387 305/327（5）, Deputy Director of Native Agriculture Trip Report no. 44, Western Areas, Winter 1950. 另参见 NAR NTS 3007 368/305, Assistant director of Native Agriculture, Northern Areas, n. d.,（probably October 1937）。

　　一旦驴习惯了机动车辆,它就会意识到这些机器可以驾驶和停止,就像驴一样。由于驴总是停下来并绕转固定的物体,驴子期待车辆是固定物体本身,它们通常站在道路的中间,因为这样视野好。它们似乎没有意识到的是,机动车实际上可以比驴更快,因此在转向和停止方面效率较低,并且还得由人类对不合理路权判定。可悲的是,很多驴在它们被撞死的时刻才得到教训。[1]

事实上,驴对运输造成的危害是移除狄格文的一个表面上的原因。[2] 其他主张如动物是野兽、非洲人冷漠,也都确立了干预的需要。保护官员确定的第二个问题是旱地(雨养或无灌溉)犁耕。自农牧民革命以来,库鲁曼人认识到,放牧比种植更有利。20 世纪的保留地居民将自己的精力投入到德兰士瓦西部的玉米收获而不是家庭种植,使得这种可信度得到了肯定。但是,有些年份雨水充足时,他们并没有停止对灌溉园的种植。作为回应,官员认为干旱犁耕具有破坏性,扰动干旱土壤容易使其受到风蚀。1947 年的一份备忘录详细说明了犁耕问题。

　　首先是犁耕容易导致土壤侵蚀(风蚀),其次从未收获过农作物,第三,本地定居者通过在整个农场自由耕作破坏了其上所有的植被。我注意到沙丘已经在荒芜的周边形成,土壤被剥离了,只有裸露的石块和岩石。[3]

由于警觉到危险,原住民事务处高级农业官员进行了实地检查。他报告说,干燥季节的休耕还会导致“一个灰尘碗,我们实际

---

① Peta Jones, *Donkeys for Development* (1997), 12.
② CTAR 1/KMN 13/43 N 9/15/3(2). 见本文中 1944 年末至 1945 年初的通信。
③ NAR NTS 3079 1003/305 II, Additional Native Commissioner Hattingh, September 9, 1947.

上看到了一个这样的地面,低于地面 6 英寸左右,沙……已经形成了一个完整的包围圈"。① 这是目击者对退化的描述。然而,与灌木侵占一样,很难确定当地证据在何种程度上代表问题的广泛性。原住民事务处认为,该地区面临的问题,让人想起了 20 世纪 30 年代的美国尘暴。1951 年,年报报道说,沙尘暴足以使塔昂的火车脱轨!② "土壤侵蚀是有"③,但也有夸大。这种大规模的危机需要确认,我在 1951 年的库鲁曼本地专员报告或农业报告中没有发现这些极端环境条件的佐证。P. H. R. 斯奈曼的当地历史研究也没有提到沙尘暴。④ 我们知道当地农民不赞同原住民事务处关于荒漠化的威胁。一名官员说,"土著和欧洲农民均不理解",旱地犁耕会将土地变成"沙漠"。⑤ 缺乏佐证表明,关于普遍危机的警报与当地实际情况不符。

改良运动意识的最后重要方面是经济,其次是环境。最初人们的愿景是将农业权限限于数量有限的"经济单位",这些"经济单位"将拥有资源,包括永久性私有土地使用权、农业生产商业化。"经济单位"的根据是可耕地的数量或商业生产必需的畜产量。库鲁曼被认为是牧区,经济单位是 25 个大型家畜单位(LSUs)。⑥ 理论上认为,全职农民将日渐发展出对实行保护土地的理解和投资。当然,这种限制还取决于为没有农业权利的"农村"剩余人员提供一种支持手段。这个想法在汤姆林森委员会(Tomlinson Commission)1954—1955 年的报告中最为明确,他们的建议将使许

---

① NAR NTS 3079 1003/305 II, Senior Agricultural Officer, September 15, 1948.
② UG 61 - 1951, *Report of the Department of Native Affairs for the Years 1949—50*, 3.
③ Michael Stocking, "Soil Erosion: Breaking New Ground," in *Lie of the Land* (1996), Leach and Mearns, eds., 140 - 154.
④ 报告发现自 CTAR 2/KMN 22 N 1/15/6 II 和 CTAR 2/KMN 54 II, N 8/21/4。
⑤ Breutz, *Tribes of Kuruman* (1963), 63, 81. 与那些有更多耕地的潮湿地区相比,一名白人农民否认沙尘暴在库鲁曼曾经是一个问题。Interview with J. J. van der Merwe in Appendix C1.
⑥ CTAR 2/KMN 47 N 8/4/2, Chief Bantu Affairs Commissioner, Western Areas, February 6, 1962, quoting proclamation by the Secretary of Native Affairs dated July 17, 1941.

多人离开土地。[①] 它建议给予农业阶层以土地权,但是维尔沃尔德政府拒绝这样做,理由是"个人所有权属会破坏整个部落结构"的基础,委员会还呼吁进行大量投资为非农业人士提供就业机会。[②]但是维尔沃尔德政府否决了保留地上的工业开发。汤姆林森委员会的建议显示出隔离发展的局限性。虽然经济部门的规划没有得到政治上的支持,但是有改良主义思想的官员并没有放弃促进商业生产的想法。这个概念还没有被抛弃,对农业权利限制的幽灵在 1983 年的驴屠杀中重现了。

因此,主导意识形态变成驴和旱地耕作导致土壤被侵蚀,这一观念为库鲁曼地区的激进干预提供了两项基础。首先,它阻碍了补贴生计农业,支持商业生产。此外,它重塑了地貌。在这两种情形的延续下,随着时间的推移,这些行动的环境理由无人提及,人们转而重点支持政治和经济活动,规划获得了更多动力。[③]

重塑地貌

实质上,在库鲁曼,涉及房地产开发的改良运动开始于一个最不可能的地点。20 世纪 60 年代和 70 年代,改良运动极少定位于保护土地,更多的是容纳遭到清除的人口。通过创造密集的土地使用可以带来革命性的变化,这种可能性长期以来被排除在外。通过国家的资本投资,而不是居民的劳动投入,环境可以被重新塑造以支撑更大的人口。这不是通过改变种植技术来加强,而是通过建立最大化牧区使用,并留出更密集人群居住所需的空间。循

① Hendrick, *Pillars of Apartheid* (1990), 126-132; De Wet, *Moving Together, Drifting Apart* (1995), 47, 54-55; Murray, *Black Mountain* (1992), 179-180.

② 引自 Evans, *Bureaucracy and Race* (1997), 243。关于改良政策的后期发展及汤姆林森委员会发展,参见 De Wet, *Moving Together, Drifting Apart* (1995), 45-48; Evans, *Bureaucracy and Race* (1997), 203-204, 239-245。

③ 关于南罗得西亚对黑人农业干预中缺乏保护主义者关注,参见 Ian Phimister, "Discourse and the Discipline of Historical Context: Conservationism and Ideas about Development in Southern Rhodesia 1930—1950," *Journal of Southern African Studies* 12(1986): 263-275。关于保护主义的衰落是南非改良的一个机遇,参见 Hendricks, *Pillars of Apartheid* (1990), 122-140。

环放牧、钻井技术和道路建设成为强大的工具,使规划者很少考虑环境条件。重塑地貌是一项巨大的任务,它面临着严重的组织挑战。也许是因为这样的事业实在不小,或者也许是由于官僚主义的驱动,规划过程的文件记录最为完整。很明显,当地的环境和经济条件并没有激发发展,因为他们几乎没有讨论。例如,一份 1956 年的报告有两段记录了气候类型和大草原植物种属。剩下的 17 页可作为"详细"规划的一个例子,技术性信息被组织成点、分点和图表。① 该报告描述了弗雷堡边界附近41 424 公顷土地上1 658 人、3 999 大型家畜单位的发展情况。该报告提出了一个循环放牧系统,给出了所需的铁丝网里数以及钻井、手动泵、风车、浇水池和大门的数量,并附有成本估算。② 1969 年的一份报告描述本德尔附近79 503 公顷土地的开发情况,并对盖-图斯和马尔门的拆迁情况进行详细记录。它根据标签分类厘定大草原植物种属,并描述亚临界或临界状态。它关于改良计划的记录非常明确,包括一张地图,可以显示 27 个拟建村庄位置,它们以道路相连。改良计划为失去农权的人口提供了栖息地,尽管限制权利的政策从未在库鲁曼实施。③ 这些关于房地产开发的记录有用性有限,因为它们没有记录对地貌和居住在这里的人们生活之影响。这些问题的答案必须求助于其他来源,特别是那些经历过改良运动的人的回忆。

改良运动划分了独立的住宅和生产空间。空间重组最恼人的方面是将人们迁移到"临街位置上",沿四分之一或一半摩根的平铺村庄安置。我听到有关搬迁过程的不同说法,有时政府提供卡

---

① 关于"零散"和"详细"的规划,参见 Hendricks, *Pillars of Apartheid*（1990）, 107 – 119; personal communication, Derick Fay, January 30, 2001。

② CTAR 2/KMN 33 N 2/11/4 II, ad hoc planning committee, June 1, 1956.

③ Department of Cooperation and Development 8/7/2/2K69/43, 1969 年 9 月 16 日,去除盖-图斯和马尔门的报告。该档案保存在本地事务部,其发展报告和建议见 NAR NTS 10251 40/423（1）, Correspondence from 1952－8 on Vlakfontein; NAR NTS 10251 40/423（3）, Correspondence from 1952－8 on Konong; CTAR 2/KMN 33 N 2/11/4 II, correspondence on SANT farms。

车,有时候人们使用自己的驴。① 我只找到一例对索丁人赔偿的案例,额度为4 000 英镑。② 有些人没有合作,他们的房子因此被毁了。③ 人造水源对于重建至关重要。改造期间钻井数量和钻井技术效率都大幅上升。1930 年以前,库鲁曼保留地只有 6 口井。20 世纪 30 年代增加了 64 口(大约一半可以产水);20 世纪 40 年代增加了 156 口(可能三分之二产水);20 世纪 50 年代增加了 80 口;而在短短 1960 年和 1961 年两年内又增加了 72 口井。④ 其中一些井位于新建的村庄,这些村庄人口增加了很多,但还有许多井分布在草地上,这些井的存在显著扩大了可放牧的地理范围。

由于整个公共区域都获得了改善,所以这是一个合理的假设,即在20 世纪 50 年代和70 年代之间,几乎每一个农村黑人家庭(除了那些房屋恰好位于新址的之外)都经历了被迫迁移。我所看到的每个村庄,在保留地或耕地上,都是 1965 年之前在网格上重新组织而成的。⑤ 我被告知,在"改造"之前,人们"依照他们的家族姓氏分布居住,像舍特家族会留在这个地方,另一个家族则在另一个地方"。⑥ 这些宅基地间距很远,彼此相距 50—200 米,官员们批评了这种情况,理由是宅基地之间的步道造成侵蚀,这种断言在这个人口稀少地区简直荒谬。隔离相较于水土流失是开发平地村庄的明显驱动。1960 年,最大的新定居点——莫替彼斯达特在索丁东部建立,1963 年从撤出的库鲁曼市"地点"接纳了大部分人口。⑦ 隔离政策将索丁人搬迁到一个称为"索丁—朗厄"的地方。在 1962 年至 1968 年间,他们被迫从分散的房屋搬迁,因为"区域法"划定

---

① Interview I at Batlharos and Interview A at Seodin in Appendix C3.

② Snyman, *Kuruman* (1992), 198 – 199.

③ Interview F at Ncweng and Interview A at Seodin in Appendix C3.

④ 有关库鲁曼水的问题,参见 NAR NTS 7931 159/337. CTAR 2/KMN 40 N 5/1/2 IX。

⑤ CTAR 2/KMN 33 N 2/11/4 III. 1965 年的一份清单指出,除了盖-图斯和马尔门以外的所有保留地以及许多有人居住的南非土著信托基金农场都计划"95%"或"100%"列入。

⑥ Interview I at Ga-Mopedi in Appendix C3; Breutz, *Tribes of Kuruman*, 75.

⑦ Snyman, *Kuruman* (1992), 196.

他们的村庄和市政边界之间是缓冲区。① 即使人们没有被驱逐出新的白人空间,他们的搬迁也有利于隔离——巩固人口,构建更大的定居点,为黑人和来自白人农场的新移民提供空间。更紧密的定居点也有利于政治控制,高杆上明亮的夜灯很容易就可以照亮整个莫替彼斯达特。

在其他地区,改良运动引发了强烈的抵抗,政治民族学家 P. L. 布鲁兹报道说:"由于关于城镇的不良影响的消息,人们反对任何一种改良计划。"②但是,库鲁曼人却没有过多抵制。毕竟,如一个骄傲的传教士所描述那样:这个区域是"联盟最守法的土著地区"③,对于改良运动,他们缄口不言。也许 1897 年叛乱的经历使库鲁曼人心存疑虑。作为被征服的反叛分子后裔酋长托托,对班图当局作了评论,这是另一机构在其他领域引发的抵制:

> 如果这个行为已经通过,我们几乎没有什么要说……过去日子里曾经是我们土地的地方,今天不再是了。我们必须接受这一点,因为它已经生效。我们已经尝试了几次拒绝,但这并没有帮到我们。让我们省省吧。④

这并不是说每个人都是宿命论的。在弗拉克方丹保留地的 115 个家庭中,28 个人在听取了建议之后离开前往其他保留地。⑤

改良运动剥夺黑人使用土地和购买土地的权利。20 世纪 60 年代初,只有一个黑人雅各布·奥斯(Jacob Oss)拥有了库鲁曼释

---

① CTAR 2/KMN 33 N 2/11/4 I, Humphrey Thompson, November 1, 1958; Interview with Don Riekert in Appendix C1; Interview B at Seodin in Appendix C3.

② Breutz, *Tribes of Kuruman* (1963), 77.

③ CTAR 2/KMN 19 1/12/10 I, Humphrey Thompson, April 25, 1951.

④ CTAR 2/KMN 57 N 11/1/2 I, minutes of meeting, May 15, 1954.

⑤ NAR NTS 10251 40/423(1) Correspondence from 1952 - 1958.

放区的土地。[1] 汤姆林森委员会关于私人土地权属的建议被拒绝后,南非共和国班图管理发展部联合会权力机构拒绝接受黑人在信托土地上购买私人农场。重建完全系于公共使用权,而改建搬迁则赋予其有限权利。南非共和国班图管理发展部联合会已抛弃传教士和早期管理人员的信念:私人土地上的集约化使用是土地使用的最高形式。例如,E. 马坦加(E. Mantanga)在一个农场园地里钻了一口井,但是当他被分配到另一个地区的一个地块时,他被迫放弃了井,并且没有得到补偿。[2] 另一位渴望拥有财产的黑人极力辩说私人所有权将鼓励人们对土地进行改善,一个官僚骂他说:"我必须指出,贫穷的租户,不能改善他所占用的土地,以获得最大的利用机会。"[3]这样的说教对于在改良运动和被迫移民中没有赔偿,失去家园、水井和花园的人们是一种讽刺,与事实相矛盾。

村级化对社区关系提出了挑战,正如德·韦特将其放在书名中以体现"一起搬,分散安"。有人告诉我,生活在道旁的优势在于靠近学校、教堂、医院和商店。[4] 另外,这也让人们更容易相互拜访。[5] 然而,更拥挤的定居容易引发争执。[6] 一个人解释了这个问题:"当你搬到一个新的体系,你旁边生活的人可能不够人道、温和、不关照你的东西,可能对动物残酷,可能不适合与其他人一起生活。"[7]此外,新的住宅模式也有粮食生产问题:人们反对邻居的鸡和山羊吃了为自养动物所作的储备,新的定居点使人们远离他

① Breutz, *Tribes of Kuruman* (1963), 58.

② CTAR 2/KMN 30 N 2/7/2 IV, 1959 correspondence regarding the case of E. Mantanga.

③ 关于购买土地的请求,参见 CTAR 2/KMN 31 II, N 2/7/2 V, correspondence with Adam Molema from 1961—1963; CTAR 2/KMN 30 N 2/7/2 IV, correspondence with L. Gaetsewe in 1961。

④ Interview with Peace Mabilo in Appendix C2.

⑤ Interview with people from Ga-Tlhose and Interview B at Ga-Diboe in in Appendix C3.

⑥ Interview A at Logobate in Appendix C3.

⑦ Interview with White Koikanyang in Appendix C2.

们的田地和牧场,田地和牧场盗窃更为多发。①

除了改造住宅模式外,改良运动还规定了人们如何利用生产空间。由于该地区半干旱,除了在灌溉地区外,放牧成为唯一获得批准的土地使用方式,唯一批准的放牧方式是循环营地牧作。营地轮作的表面理由是土壤保护,但与村级化的情况一样,其他考虑中和了环保目的。官员们没有对草原条件进行调查,也没有进行检查,以确定如何终止"过度使用"的可能性。事实上,他们很少报道环境条件。② 正如第六章所讨论的那样,20 世纪中叶,一些压力要求草原植被丰富,但是所谓的循环放牧目标是防止侵蚀,是国家关切,而不是灌木丛入侵,一个局部过程。③ 除了划定牧场之外,改良运动还对使用牧场的动物数量进行了控制。每个系统允许的动物数量是通过将放牧面积的大小乘以设定的承载能力来确定的,根据降雨量,每 10 或 12 个摩根以上为一个大型家畜饲养单位。类型学家们现在认为"不存在单一的生物学最优承载能力",不同的经济目标——例如,一种动物是为了推向市场而养育,或者是为了作为新娘聘礼——应该允许不同的放养水平。④

除了河谷保留地的住宅区和耕地外,整个草地都是受制于营区系统的时空规约。在改良运动之前,人们晚上在家里圈养他们的动物,改良运动将人类和动物分于不同的空间。动物搬到大型围栏里,不需要牧民。如表 8.1 所示,三营三年的季节性循环牧作系统决定他们对牧场的利用安排。营区设计的逻辑是为了防止任

---

① Interview I at Ga-Mopide and Interview A at Batlharos in Appendix C3; Interview with Gladys Motshabe, Interview with Private Koikanyang, and Interview with White Koikanyang in Appendix C3.
② 关于租给白人牧民的南非土著信托基金土地上的过度放牧,参见 NAR NTS 8134 377/340,特设委员会,1958 年 9 月 3 日。
③ 见将有关食草动物引起的侵蚀和轮流放牧讨论视为解决方法的讨论。UG 44 - 1946, *Report of the Department of Native Affairs for the year 1944 - 45*; UG 48 - 1955, *Report of the Department of Native Affairs for the Year 1952 - 53*, 61.
④ Behnke and Scoones, "Rethinking Range Ecology," in *Range Ecology* (1993), 6. 关于承载力概念的讨论,见该文章第 2 - 8 页。1948 年 3 月 25 日政府第 625 号通知规定了库鲁曼储备的承载力。CTAR 2/KMN 48 N 8/5/2I。

何一个地区在两个季节内被过度放牧,并在一段时间内"休息",理论上说这样是可以防止动物选择性地过度啃食某片草地,从而防止灌木丛被侵占和侵蚀。一名由政府资助但由酋长任命的护林员负责监督营区。① 我没有发现库鲁曼地区营系冲突记录,在 19 世纪 90 年代最初抗议分界线设定后,人们要求以栅栏架设和维护,特别是在可能被白人农民侵占的边界上。在采访中,我了解到他们喜欢营区,因为营区化更容易找到走失的动物。② 人们批评营区太小,限制了放牧作业。③

表 8.1　循环放牧

	一营	二营	三营
第一年	春、冬	夏、冬	秋、冬
第二年	夏、冬	秋、冬	春、冬
第三年	秋、冬	春、冬	夏、冬

干扰生存生产,力促商业生产

除了重塑当地地貌特征之外,改良运动,像整个非洲的殖民地农业规划一样,也阻碍了补充生计农业发展。在库鲁曼,尽管灌溉栽培也被讨论,国家却把驴群饲养和旱地耕作作为攻击目标。通过限制生产活动的数量,原住民事务处有效地限制了农耕人员的人数,并通过禁止一些贴补生计活动,为商业生产开辟空间。原住民事务处还启动了促进商业畜类生产的方案。因此,汤姆林森委员会将耕作权

---

① See Appendix C3, Interview with people removed from Ga-Tlhose, Interview I at Ga-Mopedi, Interview B at Maphiniki, and Interview B at Churchill.
② 关于围篱,参见 CTAR 2/KMN 23 II, N 2 /1/2 和 CTAR 2/KMN 24 N 2/1/2 中的通信。参见附录 C3,在马菲尼基的采访 B,在盖-莫比迪的采访 I,在盖-西博罗的采访 C,对盖-图斯人的采访。在库鲁曼接受营地围栏与在其他地方的抵制形成鲜明对比。伊莎贝尔·霍夫迈尔通过写北省的瓦尔滕论证,围篱代表着"一种界定或'书写'",它固定了白人在农村的权威地位",并将围绕营地和边界的围篱斗争描述为对白人统治的挑战。Hofmeyr, *We Spend Our Years as A Tale that is Told* (1993), 68-77. 然而,我在库鲁曼的采访表明,牧民们对围栏对动物饲养影响的反应,超过了它的象征意义。他们区分了不同类型的围栏,不认为营地围栏限制了土地或伤害了羊群。
③ Interview B at Maphiniki in Appendix C3.

限定于少数人的目标是通过减少投资和无法律干预来实现的。

第一步就是于 1949 年禁止在库曼地区的土地上进行"不加选择的"旱地耕作。[①] 由于所有的南非土著信托基金农场都受到改良条例的制约，所以居民只能拥有一个很小的"园地"。就改良运动的所有方面而言，这个禁令是库鲁曼黑人与政府之间的最大争论点。非洲人知道，他们的保留地和私人土地的环境条件是一样的，而白人能够在库鲁曼区的私人农场上恣意耕作。此外，白人在相邻地区弗雷堡的耕作也是合法的。他们将这些不一致向原住民事务处进行了说明，但收效甚微。到 20 世纪 50 年代中期，水土流失成为一个官员不太关注的问题，并被对经济收入的考虑取代。[②] 由于获得了权力，开发者甚至批评在本没有风蚀危险的灌溉土地上的耕种，提出浅湖可以像牧作一样，比耕地更有价值。[③]

在整个 20 世纪 50 年代，人们进行反抗，并试图确保耕种权利。[④] 耕种者于 1960 年 5 月获得了一些优势，当时使保留地的改良者加强了对塔拉洛部落权利的承认。那时候，政治体制改革的议程安排胜过了保护主义者的关切，人们对于改良政策的抵抗引起了政府的担忧，担心这种重度手段会适得其反。[⑤] 此外，实施改良需要多方同意，部落当局成立之后，关于实施改良运动的咨询会变得更有意义。塔拉洛部落管理局不反对圈地和专门行动，但它

---

① CTAR 2/KMN 55 N 10/1/3 I，盖-莫比迪的头人 P. 盖西斯韦，1949 年 8 月 22 日。在保留地耕地是合法的，弗雷堡的南非土著信托基金农场是库鲁曼黑人的一个痛处。CTAR 2/KMN 20 N 1/15/4 II，会议记录，1955 年 3 月 30 日。

② CTAR 2/KMN 47 N 8/1/5（1），Minutes of meeting, February 15, 1951.

③ CTAR 2/KMN 33 N2/11/4 II 委员会报告特别指定，6 月 1 号，1956 年 5 月。关于是否允许在河谷地区继续耕作，参见 CTAR 2/KMN 23 II，N 2/1/2，土著专员。这封信报道了在下库鲁曼保留地的人们非常担心失去可灌溉保留地的耕种权。

④ CTAR 2/KMN 20 N 1/15/4 II，酋长和校长季度会议记录，1952 年 6 月 24 日。CTAR 2/KMN 55 N 10/1/3 I，曼坦加在 1949 年和 1950 年写了五封信，请求准许犁地。NAR NTS 8962 185/362 II，会议记录，1954 年 8 月 13 日。在准备迁移的过程中，思茅斯文人在他们的新定居点谈判耕种权。NAR NTS 7806 316/335 第一部分，美国特别委员会，1941 年 10 月 14 日。狄格文居民也试图获得耕种权，但没有成功。CTAR 1/KMN 13/43 N9 15/3/（2），会议纪要，1952 年 9 月 10 日。

⑤ De Wet, *Moving Together, Brifting Apart*（1995），51.

对畜类剔除表示关切,并拒绝让步耕作权利。① 事已至此,一个沮丧的官员不得不承认,禁止犁耕并不是环保的必然要求:"与班图人的进一步争论是浪费时间。过去两年来,我一直在做这些事情……这里的保留地并不比弗雷堡和利克田堡的风险更大。适当建立防风墙完全可以有效对抗。"②政府同意就这个问题让步,1962 年,下库鲁曼、马尔门和盖-图斯地区成为改良地区,而保留了旱地耕作权利。③ 然而,开发者通过将居民区设置在耕地上减少了旱作面积。④

畜类生产作为商业上可行的愿景需要形成非洲人畜群和市场之间的联系。第一个环节是奶制品生产,原住民事务处在 1942 年建立了示范乳畜群。⑤ 因为奶制品生产既适合牧区又兼具商业性,所以它非常适合改良地区,因此在 1951 年几个保留地建立了地区乳品合作社。男人保留了他们对奶牛的所有权,但在一个中央位置挤奶。合作社记录每个成员的生产情况,牛奶销售和每月支付的费用。⑥ 乳制品生产使得开发者对贴补生计生产提出反对意见,他们建议人们在灌溉土地上种植饲料作物而不是玉米。⑦ 但是试验并不成功。由于库鲁曼的 200 名黑人有奶油分离器(如第六章所述),问题就变成了合作关系,而不是商业性的牛奶生产本身。1975 年当地黄油工厂关闭时,牛奶的私人销售也随即结束。他们与市场的紧密联系只能通过家畜销售进行。原住民事务处还举办了大型的财富拍卖,例如 1953 年的 23 224 英镑和 1965 年的 28 428 兰特,黑人也在库鲁曼公开拍卖中卖出家畜。商业畜类生产是非

---

① CTAR 2/KMN 49 N 8/5/3 (3) IV, minutes of meeting of the Baga Motlhware Tribal Authority, May 10, 1960; March 27, 1961; April 21, 1961.

② CTAR 2/KMN 49 N 8/5/3 (3) IV, Bantu Affairs Commissioner, August 18, 1961.

③ CTAR 2/KMN 49 N 8/5/3 (3) IV, *Government Gazette*, November 16, 1962, Proclamation 1886. 宣布塔拉坪保留地改良运动开始的公告是 CTAR 2/KMN 49 N 8/5/3 IV, *Government Gazette*, April 19, 1963, Proclamation 532.

④ Interview A at Batlharos in Appendix C3.

⑤ See correspondence in NAR NTS 7546 789/327 Part I.

⑥ See correspondence from 1949—56 in CTAR 2/KMN 47 N 8/4/2.

⑦ CTAR 2/KMN 47 N 8/1/5(2), minutes of meeting, April 21, 1951.

常显著的经济发展活动,但不幸的是,并没有人记录有多少人卖出
牛或有多少家畜被出售。①

在拍卖中卖牛的人根据自己的能力和情况进行处理。限制农
业权利的愿景——仅允许拥有 25 头牛产的规定从未在库鲁曼生
效。② 1955 年,开发者拒绝限制农业权利,因为他们面临如何安置
过剩非农人口的问题。③ 1959 年准备安置丘吉尔农场科农保留地
的人们时,官僚行列中有人对这个问题有显著的怀疑。该提案以
南非荷兰语写下了难以辨认签名的内容:"我认为,在科农保留地
内没有牛量蓄养限制……新的科农保留地将有牛的数量限制。我
认为让这些人从富含水资源的科农搬到沙漠,现在又给他们这个
额外的负担只会带来苦难。这些人毫无防御能力,不应该这样对
待他们。"手写的回应(也是南非荷兰语)考虑到环境方面的影响,
减少畜群是有道理的:"如果农业做法不正确,我们真的可以使这
个世界成为一个沙漠,然后我只能看着班图是如何被清除的。"④这
些条款没有得到执行,但是这些规定继续将商业生产视为一种理想,
在库鲁曼和其他地方,"规划者仍然坚持从经济角度思考问题"。⑤

改良运动最为臭名昭著的方面是减少了畜产数量。库鲁曼的
非洲人缺少畜产,保留地通常被描述为畜产不足。因此,对承载能
力的担忧并没有导致畜产减少。国家剔除劣等动物,而不是淘汰
多余"动物",与"牛群"的"改良"品种相反,整个种类的驴群都被
认为是劣等的。驴和改良水火不容,因为国家旨在支持少数人所
经营的有效的、现代化的和市场需求旺盛的生产,而驴只是能够帮

① Snyman, *Kuruman* (1992),190;Breutz,*Tribes of Kuruman* (1963),65 - 66,77.布鲁兹似乎只以卖
牛为生。当南非成为共和国时,它用一种新的货币兰特取代了南非镑,这种货币的价值是每镑两
兰特。
② 例如,参见弗拉克克方丹的困难,NAR NTS 10251 40/423(1),1952—1958 年间的通信。
③ NAR NTS 2299 798/280,Memorandum of conversation,August 7,1955.
④ NAR NTS 10251 40/423(5) B,Margin notes on 1959 report on Konong.
⑤ De Wet,*Moving Together,Drifting Apart* (1995),67.例如,NAR NTS 5405 H 62/15/1/1363,1961
年 10 月 2 日和 1961 年 10 月 31 日。

助许多人贴补生活必需而已。

根据当时的新闻报道,当地驴的数量惊人,有记录表明库鲁曼区所有野生动物的 40% 是马或驴,在弗拉克方丹/卡贡每人有近四头驴。[1] 发生在区内的第一次宰杀是在 1949 年,就像随后那样,它只是涉及销售,而不是屠杀。1950 年,弗拉克方丹的销售商所安排的官员从国家骨粉工厂收到每只动物十先令的报价,但这个价格并没有吸引卖家。弗拉克方丹居民同意自愿限制驴的数量,他们将家庭拥驴的数量设定为 8 头,另允许驴车主人多有 8 头,官员们因此轻蔑地斥之为根本没有减控发生。1953 年,政府宣布该地区的所有保留地(即使是不符合改良条例规定条件的地方),都被设为驴限养区域。规定实施后的第一个主要措施是要求剔除 177 匹马和 969 头驴。[2] 剔除程序的目的是将被认为有价值的动物列为品牌,并安排出售或屠宰过剩劣等畜群。也许是因为殖民地行政传统的家长式气质,这些限驴措施征得了辖区共识。家长制并不是没有暴力和胁迫,而是将殖民主义的努力想像为文明使命,减弱了一些极端联想倾向。

虽然没有明显的反对意见,但对剔除程序的共同反应是不合作。官员认为人们在剔除期间藏匿了他们的家畜,并要求酋长们努力减少村庄的人口,结果是政府产生挫败感,而没有对保留地区域采取行动。[3] 这些反应强调了驴的价值。拍卖多余的家畜可能有助于现金贫乏的家庭,但人们并不总是通过出售驴换钱。例如,在 1967 年的三次拍卖中,只有 16 头驴出售,表明没有多少多余驴

[1] NAR NTS 6577 918/327, Agriculture Officer, March 13, 1956.
[2] CTAR 2/KMN 48 8/5/2 (1). 1953 年 2 月 6 日第 256 条限驴公告。更多被捕杀动物的数量参见 CTAR 2/KMN 48 8/5/2 (1), Agricultural Officer, October 23, 1953; Breutz, *Tribes of Kuruman* (1963), 66.
[3] CTAR 2/KMN 20 N 1/15/4 IV, minutes of meetings, July 1, 1959; March 29, 1966; March 23, 1967; March 28, 1968; June 27, 1968; September 26, 1968.

或野驴存在。事实上,活驴给人们提供的价值更大。① 官员们威胁采取更为激烈的措施,但是在1953年以后几乎没有发生。20世纪40年代以后,保留地的驴数量下降,但不如白人农场下降幅度大——从1946年的11 007头降至1960年的5 891头。② 急剧下降的部分原因可能是改良干预措施,部分原因也可能是货车和犁耕的消失。

没有什么直接证据记录失去驴的人们所受到的影响。会议纪要偶尔可见"酋长、头人和人们"就驴的限制开过会,也有些许评说。有些人力保这种动物,这是为了捍卫犁耕。③ 然而,这些会议的参与者并不是一致的驴的维护者。小组以66票对6票支持1953年的驴数量限制公告。1951年和1952年的会议记录对驴群有强烈的批评:

> 驴是无用的。要说有用无非就是拉车之用。如果驴子减少,这个地区的牛会更好;
>
> 驴子一无是处,还被鄙视;
>
> 在我所在地区有超过1 000只驴无人认领。驴造成伤害时,我们找不到其主人;
>
> 驴被认为正在破坏库鲁曼地区。这项法律是减少驴群数量的正确举措。我们允许拥有一些驴。我所在地区的驴四处游荡,没有人负责。如果所有的驴都烙上主人标记,这将是一件好事;
>
> 驴用尽了水,我们用于其他畜群的水所剩无几。这些驴给我们造成了很多麻烦。④

---

① CTAR 2/KMN 20 N 1/15/4 IV, minutes of meeting, June 29, 1967. 斯塔基声称,自愿在古祖鲁出售也没有成功,参见 Starkey, *Animal Traction in South Africa* (1995), 22。

② UG 77-1948, *Agricultural Census*, 1945-1946.

③ CTAR 2/KMN 20 N 1/15/4 II, minutes of meeting, September 25, 1953.

④ CTAR 2/KMN 20 N 1/15/4 II, minutes of meetings, May 28, 1951 and September 19, 1952. See also CTAR 2/KMN 20 N 1/15/4 I, minutes of meeting, April 13, 1943.

　　在后来的会议中,有些人开始抱怨对驴的限制,但与禁止犁耕相反,其他人则支持驴减少。这些会议中的人与殖民国家就驴数量议题对抗有几个可能的原因。茨瓦纳文化高度重视牛,而拥有驴是穷人的标志,没有威信。如果驴被认为在与牛竞争,就会有针对它们的情绪。此外,对妇女来说驴有用,当地习俗禁止妇女拥有牛,而她们没有参加会议。此外,政府官员和种族隔离组织也对驴用于生产提出异议。最重要的是,后来的发展表明反驴情绪根植于商业牛肉生产者的新兴阶层利益,他们是参加这些会议的酋长、头人和领导人。他们由"进步农民"组成,可以从改良运动中获益,并能够借此积累牛产。这些都是畜产拍卖的卖家,他们自然会支持这种想法,即用金合欢丛生之地养牛而不是驴。对于最大化商业生产和产品利润而言,他们更可能看到的是驴利用不足、过剩或被弃置。这个时期的纪录文件中,虽然拥有驴和牛的阶级分野并不明确,但可以推断,雄心勃勃的牛肉生产者属于反对饲养驴的人。

　　为什么会议上的人可能会同意对驴进行限制还有一个原因:即那些使用驴的人也认为驴太多可能会造成损害。当然,否定人类和驯养的动物可能会损害环境将是一种过度矫正。人们有积累大量驴群的动机和能力,加之驴贪吃,随着其数量的增加,即使是借此贴补生活的牧民,土地代价的高企也变得很明显。最近南非两个研究报告的不同之处就在于,使用驴的农村黑人是否也认为它们是破坏性的。在对纳马克兰研究的采访中,人们反馈说,驴比山羊吃得多,浪费饲料,对剩余的植被影响较大。受访者表示担心,驴,特别是野生的,会影响用于贴补生活用途的山羊蓄养。1994 年,对南非 500 多名受访者进行的全国性调查结果与此相矛盾,农村黑人对驴并没有负面评价。① 不幸的是,现在可能已经无

---

① Vetter, "Investigating the Impact of Donkeys," Honors thesis, University of Cape Town, 1996; Starkey, *Animal Traction in South Africa* (1995), 142 – 151.

法确定过去几十年来人们在多大程度上相信驴会导致环境退化。
1983 年对驴的杀戮发生后，纪录文献和记忆材料受殖民者控制，他
们有意掩盖了这段时期的声音。

改良运动的影响：来自上面的证据

迄今为止，对改良运动的分析是以口头证据为基础的，多作为
文献来源中的记载，并以口头证词的形式提供。但这还可以用其
他非语言证据对这些来源进行第三方印证——黑白航拍照片，由
测量总局提供。1958 年、1965 年、1972 年和 1981 年，飞往东西
方的飞机均拍摄了库鲁曼区。我获得了这些年份大致一致的
东—西走向所拍摄的照片，它们被选为再现公共区域的样本。我
所选择的第一个样本是从位于下库鲁曼原住民保留地西部的库
鲁曼山开始，向东经南非土著信托基金农场延伸到波切切莱萨。
第二个样本位于下库鲁曼原住民保留地的北部，始于库鲁曼和西
部的马拉沃昂河汇聚处，向东到达马拉沃昂谷和邻近的南非土著
信托基金农场。[①] 因为看懂航空照片需要专业技术，我聘请了一
名顾问，金·尤斯敦-布朗（Kim Euston-Brown）来负责解读它们。
她辨认出了照片上的耕地、灌木丛、定居点、过度放牧场、牧场围
栏和矿址，并将它们在地图上进行定位，她向我描述了其不同时
期的地貌特征，这些我将在纪录文献和口述历史的背景下进行
讨论。[②]

---

① 1958 年南部样品集照片第 10 条/工作编号 414/照片 7 714 - 7 706 和 1 899 - 1 890；1965 年第 5
条/工作编号 537/照片 220 - 210；1972 年第 6 条/工作编号 700/照片 9 599 - 9 611；1981 年第 2
条/工作编号 854/照片 446 - 435。北部样品集的照片为 1958 年第 4 条/工作编号 414/照片 2 824 -
2 802；1965 年第 2 条/工作编号 537/照片 73 - 62；1972 年第 6 条/工作编号 700/照片 9 400 - 9
385；1981 第 2 条/工作编号 854/照片 521 - 532。所有的照片都是 25 平方厘米的。1958 年的照
片是 1: 30 000；1965 年的照片是 1: 60 000；1972 年的照片是 1: 50 000；1981 年的照片是 1:
150 000。我很感激美国历史协会授予我伯纳多特·E. 施密特奖助金来购买这些照片。
② 1973 年的 1: 50 000 的南区地图分别为 2723AD、2723BC 和 2724AC；而北区地图分别为 2723AA、
2723AB 和 2723BA。

在这些航空照片所记录的南部大片区域（狭长分布）中，显示了该地区人口最多的部分，就在库鲁曼镇的北部，包括下游河谷，黑色公共区域最南端和东部的盖普高原。从1958年和1981年的第一组照片看，南部的河谷清晰可见（见图8.1和8.2）。这套照片展示了白人和黑人土地利用的差异、索丁被移除、莫替彼斯达特建立。虽然照片不完全一致，但是河谷的主要特征和标明"1"和"2"的两个点都提供了准确定位。

图8.2　1981年的库鲁曼下游河谷

　　这些照片的南部边界涉及城镇北部白人所占领的山谷。在图
8.1 中,黑人和白人区域之间的边界是可辨别的(用箭头标记)。
由于种植更加密集,白人的花园在河谷的最低处(在照片的最底
部)呈现为暗色矩形。紧临着保留地的边界,阴影减轻,因为下库
鲁曼原住民保留地的植被稀薄。1958 年,位于保留地边界北部的
最初索丁位置(标记为"S")的宅基地和牛栏在植被较薄和地表裸
露的钙质结砾岩的明亮反射中可被看见。库鲁曼河在水坝拦蓄作
用下充盈。沿河谷,远离金合欢丛生之地山谷(标示为"F")的耕
地清晰可见。图 8.2 中的 1981 年照片的变化包括索丁-朗厄(标
记为"S‐L")的新定居点的街道交错于以前的空地。此外,格栅成
为最大的黑人定居点,莫替彼斯达特已经出现在河谷以东六公
里处。

　　下一组航空照片显示了马掌形地块中的改良运动作用。在图
8.3,我们可以看到 1965 年的改良运动效果。显而易见的是,位于
马掌形地块(标有"B"和"H")的前白人农场的拜尔方丹和赫兹格
新改造村庄。拜尔方丹周围的裸地显示出更密集的土地使用,但
是赫兹格看起来变化不大。在拜尔方丹和赫兹格之间营地的一
个大斑点标明的是过度放牧(标记为"O"),周边的尖锐边缘(标
有箭头)表示在受围栏保护的邻近营地植被较厚。图 8.4 显示,
到 1972 年,营地之间的放牧压力相似,但赫兹格安置点的影响有
所增加。1981 年的更高空中照片提供了马掌形地块的更广泛视
角(见图 8.5)。道路像蜘蛛网一样延伸,而新改造村庄栖息在十
字路口,如肥胖的白色蜘蛛。1981 年更广泛地区的视图显示许
多这样的定居点,分布规律,由碎石路连接,远离城市中心或祖先
的土地。锋利的篱笆线(箭头标记)显示营地系统控制放牧
压力。

　　最重大的变化出现在 1958 年和 1972 年喀拉哈里南部的马拉
沃昂谷的东北部。与早先的几组图片一样,图 8.6 至 8.8 中的照片

图 8.3　1965 年的马掌形地块

不完全一致，但标记为"1""2"和"3"的点提供了定位，白云石堤坝显示为照线。1968 年（图 8.6），从县上地志出日的测图目的，他们在这些区域耕作。道路很少，放牧的影响是平均的，不会被围栏阻断。最引人注目的特征是沿着白云石堤坝聚集的灌木丛，水集中在其地下，草原上的灌木丛照形，灰黑也越短。到 1965 年（图 8.7），南非土著信托基金已经购买了该土地。[①] 当然，在信托土地上，耕作是非法的，而这些田野正在逐渐退化为原野。否则，该地区仍然不发达，是人口稀少的偏远角落。到了 1972 年（图 8.8），情况发生

① 购买日期在 CTAR 2/KMN 33 N 2/11/4 中给出。

了巨大的变化,因为该地区准备接待弗雷堡的迪塔瓦宁保留地居民,后者来年将被拆除。(图 8.8 中的照片是在较高的高度拍摄的,并且覆盖了图 8.6 和 8.7 中较早照片南面的较大面积。)最不一致的是,在一个方圆 1.5 公里网格上的碎石路面已经被放在了先前一块耕地上。这是迪尔沃德村的未来地址,等待着房屋和人们。此外,在南部,一个巨大的三角形死胡同将主要道路连接到两个前农场宅基地,那里将建造埃尔斯顿和盖-瑞莫特尔村。对裸露草原的野蛮开发是令人震惊的。以前的照片中没有一处表明,这个地区可以吸引人类密集地定居。道路出现的唯一原因是为新村提供服务,而唯一可能将村庄置于南部喀拉哈里的原因是南非政府不想在其他地方安置他们。

图 8.4　1972 年的马掌形地块

图 8.5　1981 年的马掌形地块

图 8.6　1958 年马拉沃昂河东北部的喀拉哈里

　　如果班图斯坦要作为现代民族国家,按照"独立发展政策"规定,其不能仅靠部落结构来管理。因此,南非的独立发展离不开间

接统治,当时赋予部落结构以现代国家假象是一种陷阱,它是殖民地机构的官僚主义和薄弱议会的结合。1968年,茨瓦纳领土管理局有了一个官僚机构,其中包括一个农业部门,其白人官员与前任主管部门保持了连续性。① 现代化政治出现在1971年的选举中,酋长在博普塔茨瓦纳保留了议会席位。1972年,博普塔茨瓦纳获得了自治地位,卢卡斯·曼戈佩(Lucas Mangope),巴哈苏特·巴·曼尼汀的酋长担任总统。1977年博普塔茨瓦纳成为第二个获得"独立"的南非黑人家园。这些家园并不独立于比勒陀利亚(Pretoria),但南非政府确实下放了一些控制权。有选举,但只有不到一半的议会席位是可以通过民众竞选产生的,并且投票经常是欺诈性的。②

虽然这些机构是为种族隔离服务而创立的,但这些机构为自己的成员获得了依照自身利益行事的能力。长期以来,间接统治和共同权属使得农村黑人任由国家干预支配。在联盟和南非共和国统治下,政府官员从未设法实行这样的政策:将农业权限限制在有限数量的农户上,以使得他们通过农业获得商业利益。在博普塔茨瓦纳,国家干预不受一个民族单位的自决意识形态限制。国家不民主,治理精英与被管理者直接就资源展开竞争。因此,博普塔茨瓦纳的驴只控制变得非常极端。此外,自1960年以来,整个南非的治理变得更加倾向于向镇压态势发展。

虽然超越了种族,但反驴的趋势仍然具有阶级特征。与其他非洲殖民地的精英相比,这里反对驴的官员有较大的权力和物质利益。

---

① 1955年的806号政府公告和1956年的1932号政府公告要求组建这个地区的部落当局。区域当局是根据1958年3月7日第358号政府公告设立的。关于他们的责任,参见 Butler, Rotberg, and Adams, *Black Homelands* (1977),28,33,157-178。关于博普塔茨瓦纳官僚机构的结构,参见 D. A. Kotze *Bibliography of Official Publications of the Black South African Homelands*, 2nd ed. (Pretoria: University of South Africa, 1983), xvi-xvii。

② 关于博普塔茨瓦纳的国土宪法和选举,参见 Butler, Rotberg, and Adams, *Black Homelands* (1977),36-37,50-55;另参见 John Seiler, "Bophuthatswana: A State of Politics," in *Transforming Mangope's Bophuthatswana*, John Seiler, ed., Electronic publication by *Daily Mail and Guardian*, 1999. http://www.mg.co.za/mg/projects/bop/ch one.html。

此外，他们很少被要求对家乡居民负责。腐败和赞助人受益制度是博普塔茨瓦纳治理的主要特点。事实上，1998 年 7 月，曼戈佩被判犯有 102 项盗窃罪，总金额达到 350 万兰特，另涉嫌三起诈骗罪，总金额 120 万兰特。[①] 矿产和玉米生产推动了博普塔茨瓦纳经济，但在库鲁曼附近最干旱的西部，养牛牧场提供了最大的财富，国家将这些财富大部分输向精英阶层。酋长的地位不明确。国家给予他们相当大的物质利益，包括议会薪资、垄断土地的能力和从政府合同中获益。然而，曼戈佩与酋长的关系紧张，有些人对他持有最强的批评和反对意见。在驴屠杀发生之前，曾担任原博普塔茨瓦纳农业部长的塔拉洛首席执行官 R. B. 托托与曼戈佩一起下台，并成为塞布森格威反对党领袖。[②]

20 世纪 70 年代，有人指责库鲁曼的政府养牛项目直接出售畜群，而不是公开拍卖，以此支持富有者和关联购买者。此外，为了准备独立，博普塔茨瓦纳获得了公共领土外的额外土地，作为私营农场。这些农场的租赁者通常会是酋长、内阁成员或总统和他的小圈子，大多数商业性牛肉生产在这些农场进行，而不是靠近村庄的公共牧场。牛肉生产商通过比勒陀利亚向班图投资公司（BIC）提供的资金获利。1973 年以后，班图投资公司保证在博普塔茨瓦纳拍卖的每一只动物售价都很低，而在 1975—1976 年，其

---

① *Mail and Guardian*, July 24, 1998. http://web. sn. apc. org/wmail/issues/980724/ NEWS19. html.
Seiler, "The North West Province from 1996 to 1999," in *Transformation: Myths and Realities*
Studies 20(1994): 447–461; Feris Sean Jones, "To Come Together for Progress": Modernization and Nation-Building in South Africa's Bantustan Periphery – the Case of Bophuthatswana," *Journal of Southern African Studies* 25(1999): 578–605。
② M. Mosiamane, "What Lies Behind the Glittering Bophuthatswana Facade?" *Pace*, October 1983, 19–23. 巴塔拉洛斯的托托村村民们发现他们的首领并不支持曼戈佩政府。在巴塔拉洛斯的采访 I 见附录 C3。

中有 22% 是用其资金购买的。[1] 另外,班图投资公司还通过博普塔茨瓦纳国家发展公司,于 1981 年以后,向博普塔茨瓦纳农业投放商贷。农业部通过其拓展部门(成立于 1979 年,系原项目的扩建)增加了对市场营销的援助。关于博普塔茨瓦纳湿地耕种,政府明确了其适当引领的愿景,于 1982 年从奥地利引进了 200 台拖拉机。农业部因其 1983 年商业化的努力获得了回报,当时罗纳德·里根总统的贸易顾问访问并赞扬了其农业发展工作,承诺为博普塔茨瓦纳粮食生产寻求市场。[2]

由于这些发展商业牛肉行业的努力,博普塔茨瓦纳自治后,牛群陡然增长:1972 年,塔拉坪—塔拉洛区(由以前位于库鲁曼和弗雷堡地区的土地组成)为 43 607 头,但 1981 年达到 109 894 头(见图 8.9)。

塔拉坪—塔拉洛区把以前属库鲁曼和弗雷堡区的区域进行了合并,所以数量不与库鲁曼先前的统计数据相关,但牛和驴在数量上的比例变化值得注意:1946 年在库鲁曼地区,牛的数量比驴要少一些,但是在 1981 年,塔拉坪—塔拉洛牛的数量是驴数量的 8 倍。1982 年 9 月末,塔拉坪—塔拉洛生产商获得了 80 795 兰特的畜产销售额,占全体博普塔茨瓦纳总共 103 769 兰特的大部分。[3] 在 20 世纪 70 年代,领土当局会议继续讨论驴的数量,同意限制免税动

---

① 关于拍卖,请参见 NAR KGM 35 4/2/4/8,1974 年和 1975 年区域管理会议记录。关于土地,参见 Seiler,"Bophuthatswana: A State of Politics,"1999;Interview with W. J. Seremane in Appendix C2。In 1998,Mr. Seremane was chief land claims commissioner for the Commission of Restitution of Land Rights. 关于 BIC,参见 Butler,Rotberg,and Adams,*Black Homelands*(1977),179 - 218;Bophuthatswana Department of Agriculture and Forestry,*Annual Report*,1973,12;Bophuthatswana Department of Agriculture and Forestry,*Annual Report*,1976,41。

② Loraine Gordon,et al.,*Survey of Race Relations in South Africa,1978*(Johannesburg:South African Institute of Race Relations,1979),307;Loraine Gordon,et al.,*Survey of Race Relations in South Africa,1980*(Johannesburg:South African Institute of Race Relations,1981),433;Peter Randall,et al.,*Survey of Race Relations in South Africa,1982*(Johannesburg:South African Institute of Race Relations,1983),416;and Carole Cooper,et al.,*Survey of Race Relations,1983*(Johannesburg:South African Institute of Race Relations,1984),376。

③ 来自博普塔茨瓦纳农林部的塔垃坪—塔拉洛地区牛和驴的统计数据,《年度报告》(Annual Reports),第 1972 - 1988 页。

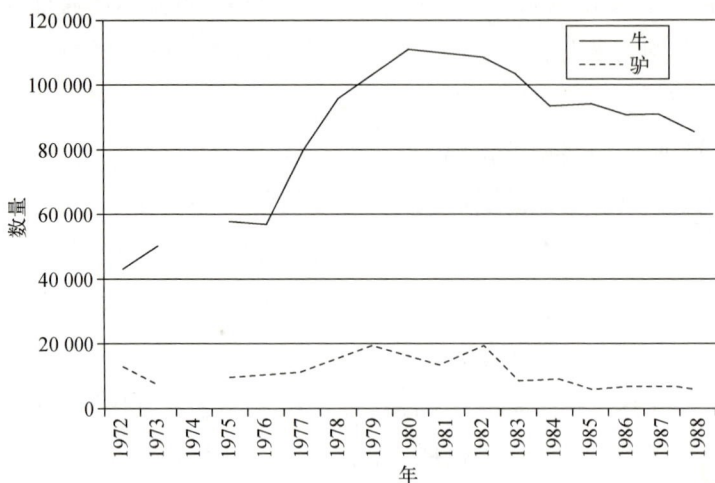

图 8.9　塔拉坪—塔拉洛区的牛群和驴只数量对比

物为每位拥有者保存 6 头,但后续执行未记录。独立后,关于驴数
量高企的警告持续存在,塔拉坪—塔拉洛区被认为问题最大。在
区议会和国民议会会议上,一些人为犁耕和种植权提出请愿,要求
保留驴。[①]

　　大多数农民有补充生计生产,没有参与商业养牛或拖拉机种
植。当然,很多人都拥有驴和牛,小农可以从一些新的计划中受
益,但农业部的目标是帮助商业农民,正如 1986 年农业部的一份
报告所述:"土地只能支持一小部分人口参与农业。"[②]然而,获得的
土地仍然是公共的,所以物理的而不是市场的力量要求将生产投
入商业农民手中。[③] 因为惯习固有的社区机构责任很小,所以物理

---

① NAB RCAB SN 3/2/10,Minutes of Regional Council Meeting September 8, 1977 关于驴问题的讨论,
参见 Republic of Bophuthatswana, *DeBates of the Fourth Session of the Third National Assembly*, May 6,
1980 June 19, 1981, 1: 368-412; *DeBates of the First Session of the First Bophuthatswana National
Assembly*, April 27, 1982 - June 9, 1982。关于 1983 年前的控制情况,参见 Republic of
Bophuthatswana, *DeBates of the First Session of the Second Bophuthatswana National Assembly*, June
16 - July 28, 1983, 2:773, 783。
② Agricor *Annual Report*, 1985 - 86, 4. 关于中产阶级农民土地使用规划,参见 Loraine Gordon, et
al. , *Survey of Race Relations*, 1978 (1979), 432 - 433。
③ Mamdani, *Citizen and Subject* (1996), 144.

力量可行。

国家对驴及其业主采取行动的直接原因是天气。不幸的是，20 世纪 80 年代初，发生了毁灭性的干旱，像往常一样，牛最容易受到饲料和水源短缺的困扰。在这个压力下，博普塔茨瓦纳采取行动为它们保留放牧空间。1983 年 5 月，一项政府法令宣布所有"剩余"驴只都应被剔除，但证明其动物有"必要"的人可以保留四只。行动依照以前的驴子控制先例进行，但是带有更惊人的、无与伦比的激情。将这种剔除转变为几近灭绝活动的意外缘由不得而知。博普塔茨瓦纳农业和农工部 1983 年的报告没有提到驴的屠杀。农业部长 E. M. 默克格克（E. M. Mokgoko）在博普塔茨瓦纳国民议会的演讲中作了一个明确的解释。他回应了对驴的破坏性共识，声称自 1978 年以来，国家就试图减少驴只数量，并提到了干旱的严重性。① 然而，没有关于驴影响的科学研究，没有办法确定驴在干旱期间对环境的影响。无论如何，干旱不能解释行动中的暴力和压迫行为。也许大屠杀的狂妄行为有政治动机，旨在恐吓人们并试图消灭反对意见。当时博普塔茨瓦纳政权的残酷行动肯定为南非政府越来越多的野蛮镇压活动增加了自信。当年的政府记录尚未开放，因此比勒陀利亚的角色无法确定，白人士兵确实加入了博普塔茨瓦纳的其他地方，尽管没有人报道他们在库鲁曼附近的存在。② 街谈巷议说，博普塔茨瓦纳持不同政见者 W. J. 塞雷曼认为，曼戈佩总统几乎与高速公路上的驴碰撞，这导致了他对于整个物种的反对。③ 无论直接原因为何，1983 年和前几年之间驴的控制差异不是由于驴的数量的变化或其对环境的影响，而是由于国家和经济的变化。

---

① Republic of Bophuthatswana, *DeBates of the First Session of the Second Bophuthatswana National Assembly*（1983）, 2:743 – 749.
② 在我的研究过程中，我了解到一名南非国防部队的白人士兵参与了对驴的射杀，但我无法采访他。
③ Interview with W. J. Seremane in Appendix C2. 驴对交通的危害，参见 Republic of Bophuthatswana, *DeBates of the Fourth Session of the First National Assembly*（1981）, 1:379, 386, 398。

　　根据在耐克文、盖-莫比迪、卡贡和索丁,库鲁曼附近村庄进行的访谈,我重构了该地区的驴屠杀情形。[①] 有时候,这些说法是矛盾的,因为人们收到了警告。有些人报告说,这次剔除像早期的那样开始,会议议定减少驴的数量。然后人们试图出售,但找不到买主。其他人回忆说从收音机听到减少驴的计划,或者从那些已经被宰杀过驴的人那里听到。有些人得到警告,将驴送到两个未被从南非白人区移除,因此不在博普塔茨瓦纳管辖区域的小村庄。其他人将动物送到在白人农场工作的亲戚那里。[②] 然而,在每个村庄里,都有人措手不及。

　　博普塔茨瓦纳警察部队和博普塔茨瓦纳防御部队的成员乘坐卡车或"河马"——20 世纪 80 年代最臭名昭著的巡逻队乘用车——到达。在耐克文的小村庄,人们记得他们聚集了自己的动物准备计数,就像以前的剔除一样。他们几乎没有预料到绝大多数驴会被即刻射杀。他们很快就知道自己错了,因为士兵们在他们的车上就开始射击了。士兵到达后,他们没有解释程序,也没有统计聚拢的动物,而是立即开枪。有人预计只有雌性会被淘汰,但是士兵们不分青红皂白。射杀完聚拢的驴后,士兵以扇形散布开来。他们在街道、河谷和放牧区域到处搜索,射杀他们所看到的驴。有几个人意识到危险后,把驴藏在了他们的房子里。如果邻居们没有向士兵告密,不要求士兵搜查房子,这样做就行了。在索丁,头人报道说,一场干预暂时停止了枪杀。此后,士兵和警察随机撤走,但更加留意每个家庭允许保留的驴。[③]

　　虽然没有人被杀害,但是对于证人而言,枪杀的暴力是极富创

① 驴屠杀的采访是在卡贡的采访 F 和采访 G,在盖-莫比迪的采访 J 和采访 K,在耐克文的采访 K,在索丁的采访 C 和采访 D,见附录 C3。
② 在索丁的采访 C 见附录 C3;对格特·奥利维林的采访见附录 C1。1998 年 5 月 19 日,来自对艾伦·巴特勒的个人交流。
③ 对 A. D. 塞特霍迪的采访见附录 C2。关于塔巴恩楚的博普塔茨瓦纳波利斯滥用职权的问题,参见 Murray, *Black Mountain* (1992), 221 – 227。

伤性的。这个地区人民与国家之间的上一次武装冲突发生在 1897 年。在 1983 年以前,大多数库鲁曼人从来没有见过装甲运兵车或听到过枪声。而且,士兵们明目张胆地威胁投诉的人。采访中有强烈的一致性,即关于枪杀的暴行,以及如何引发骚乱:"士兵没有瞄准,而是随时随地射杀动物,而不管自己是否杀死了它们。"①每次采访都佐证这些是不人道的杀戮。"我们对驴被杀害的实际方式感到非常不安,因为它们没有被杀死——它们受到蹂躏。还有驴被射到眼睛,身体的不同部位和脚部被射击,这使得现场的杀害非常可怕,因为它们不得不忍受太多的痛苦,不同于在头上被枪杀一次。"②人们告诉我,士兵不是当地的人,他们可能是有些同情心的,他们来自博普塔茨瓦纳的其他地方。一名男子报告说,他的表弟参加了,但后来他遭受噩梦困扰,离开了军队。③

许多许多驴被射杀了。有些人报告说失去了整个驴群,多达十八只动物。即使是日常正在使用的驴子也不能掉以轻心。一个人的驴子在被枪杀时他正在使用:

> 士兵进来的时候,我正乘坐在我的驴车上,我正打算去取建筑材料。他们在路上遇到了我,根本没有问过我要去哪里,或者他们应该杀死几只。他们射杀了全部四头驴,我不得不请人来帮助我把车拉回家,把两头驴尸拖回家里,另外两头尸首留给想要吃驴肉的人。我很伤心,令我震惊的是,他们从来没有问过我距离有多远,以便我可以把车带回家,他们只是随意射杀了我的驴子。④

一个女人解释了她的感受,看到血液横流和驴尸体堆叠:"他们好

---

① Interview K at Ncweng in Appendix C3.
② Interview C at Seodin in Appendix C3.
③ Interview K at Ncweng and Interview J at Ga-Mopedi in Appendix C3.
④ Interview C at Seodin in Appendix C3.

像就是人。"①

　　驴的价值是每只十五兰特,②但是当局没有提供任何赔偿。死驴作为食用肉类有价值,杀驴的冲击并没有阻止人们利用机会进行大量的食用。我问了一个小组:"士兵离开后你做了什么?""我们吃驴肉。"他们耸耸肩。③ 政府没有规定清理尸体,最后还有很多尸体腐烂、发臭了。枪杀行动不明原因地停止了,塞雷曼认为,比勒陀利亚政府的压力可能是害怕白人动物爱好者的抗议,所以对驴的杀戮得以停止。④ 不可能说清楚有多少头驴被杀害,但是博普塔茨瓦纳农业人口普查报告显示驴的数量急剧下降。博普塔茨瓦纳整体的驴的数量从 1982 年的 47 927 减少到 1983 年的 28 835。超过一半的失踪驴只报告来自塔拉坪—塔拉洛区,其数量从 19 047 下降到 8 599。⑤ 可以想见,并不是所有这些动物都死了,大概许多人因为警惕普查员,而将幸存的驴藏起来躲过政府的耳目。

　　像其他的改良行动一样,驴被杀死"导致受影响人的生活贫困"。⑥ 许多人声称,他们再也无法用驴车运送货物赚取收入,或者驴的被杀迫使他们支付现金购买以前本可以自足的服务。运载动物的死亡使得人们难以从事耕种。一位老妇人说,驴的屠杀对妇女来说特别不利:"对于拥有驴的寡妇和离婚者,这些驴曾经在体力劳动等方面起到家中男人的作用。从那时起,她们的痛苦就加剧了,现在她们也还在忍受痛苦。"⑦因为价格上涨,取代驴的代价高昂。

　　对于牛而言,杀驴并不足以拯救它们。这些物种的生态位有

---

① Interview K at Ncweng in Appendix C3.
② Cooper, et al., *Survey of Race Relations*, *1983* (1984), 376.
③ Interview J at Ga-Mopedi in Appendix C3.
④ Interview with W. J. Seremane in Appendix C2.
⑤ Bophuthatswana Department of Agriculture and Forestry, *Annual Report*, *1982*; Bophuthatswana Department of Agriculture and Forestry, *Annual Report*, *1983*.
⑥ De Wet, *Moving Together*, *Drifting Apart* (1995), 197.
⑦ Interview K at Ncweng in Appendix C3.

重叠但不同。土地所有权模式性质决定,驴和牛不会构成在同一牧场的直接竞争关系。驴在村庄附近放牧,如果在人口众多的公共土地上放牧,则有更多的动物竞争,被盗窃风险也更大。有或没有驴,这些地方都不是商业牛肉生产的理想区域。此外,驴子适应的可能饲料比牛更广泛,包括抗旱灌木。的确,驴子确实吃了耐旱的草,而且比牛或山羊吃得多。然而,杀死它们并没有使得牛在灌木地,多疾病和易干旱的环境中更好生存。统计显示,塔拉坪—塔拉洛区再也无法维持 20 世纪 80 年代初期的蓄牛数。数字从 1983 年的 102 253 头下降到 1984 年的 92 763 头,1988 年为 84 971 头(见图 8.9)。作为确保牛肉生产可持续性的手段,对驴的屠杀是失败的。

胁迫与保护

胁迫改良运动背后有很强的动机。然而,保护的强制执行不仅仅是一种手段。强制保护在不同时期起到不同的作用,如防止退化,隔离分化和政治控制,以促进国内精英的经济利益提升。事实上,德·韦特认为,在 20 世纪 50 年代和 60 年代,官僚技术专家解决问题的方式有足够的动力——为了自己而敦促保护。[1] 在整个大陆,这些不同的目的与武力使用和解。隔离分化不是强制性保护的主要原因,因为即使在不实行南非隔离计划的英国殖民地,实施保护也涉及强制性行动。即使在南非内部,武力使用也是不同的。例如,1961—1962 年国家在蓬多兰和泰姆布兰镇压反叛的报复旨在重新获得政治控制,并执行引起叛乱的"改良条例"。[2]

我没有问什么样的意图会引起使用武力,我问的是什么条件会导致使用武力成为可能。在保护中使用胁迫揭示了南非国家更本质的事情,而不是对特定结果的奉献,它暴露了间接统治对环境

① De Wet, *Moving Together, Drifting Apart* (1995), 67.
② Lodge, *Black Politics* (1983), 279 - 289.

滥用的可能性。虽然有技术专家和"科学"站台,但是无疑干预措施是以种族隔离为前提的,能够想象国家对拥有更大政治权利的白人所占领的土地进行如此激烈的干预吗? 他们对自己的土地享有私人权属。相比之下,黑人在决策者中几乎没有任何代表性。像其他强制性保护方案一样,改良运动只是把非洲人作为部落主体处理,因此,它从来没有打算回应当地人的关切,当地人从来都是一厢情愿的。土地共同拥有制是实现干预的重要条件。由于"社区"权属与社区公约无关,人们对于如何使用土地的决定参与度有限。此外,殖民地设立部落组织结构为使用武力设定了舞台。对禁止旱地耕耘的抵制表明,地方部落当局对人民有一定的责任感,但是,博普塔茨瓦纳政府并没有受到这种力量的限制。对驴的屠杀比以前的保护计划更为激烈。这不是因为博普塔茨瓦纳精英的物质利益,他们的利益并不比中央政府政治控制或实行隔离的需要更紧迫。不同的是,在博普塔茨瓦纳人的家园,殖民地机构的专制力更加完善。国家权力的集中度越来越高,受保护主体缺乏政治权利和公民权利,使得胁迫"保护"行为持续,包括驴只屠杀,可能是南非历史上最具压制性的保护方案。

泛农作制度体系的崩溃,和20世纪中叶到20世纪后期逐渐放弃的贴补生产方式,引发了一个问题,即旧有生活方式的消失是否系导致生活质量下降的直接原因? 第二点是对强化生产力不足的分析:当时的广泛农作习惯和食品生产在多大程度上是一个缺点,而不是适应当时社会环境条件的一种现实实践? 最后一点涉及面最广:每个时期的某些掌权者,在力求增加权力,行使权力时多大程度上利用了环境条件? 这就提出了环境史上的权力问题。在回答这个问题时,我将从库鲁曼人的解释开始,然后用我自己的理解来结束。

衰落史和适应史

NJ:你认为不耕种,人有未来吗?

IS:我们没有前途。如果矿井关闭你要做什么? 你不能依赖矿山,而是要从古到今地耕作。[1]

我们在这里告诉你的是我们的母亲过去做的事情。随着种植不同东西,我们的生活会变好。[2]

关于殖民地人们的环境历史研究,往往要强调其文化、人口、自治和生活方式在环境中的衰落。理查德·怀特关于美国土著环境管理体系崩溃的《依赖性根源》,对我早期的思想有强大的影响力。事实上,我最初的预期是我对库鲁曼的研究会以20世纪之交的大量贴补生产的崩溃而结束。然而,很清楚的是,这场崩溃之后,环境史继续下去,人们以有趣的方式所进行的调整值得考虑。此外,关于退化的"普遍认知"的批评提醒我,殖民观察家所认为的环境恶化和破坏,也有可能系创新所在,例如适应灌木环境生活和

---

① Interview B with Isaac Seamecho in Appendix C1. "NJ"是南希·雅各布斯。
② Interview A at Batlharos in Appendix C3.

使用驴子。很明显，即使土著环境管理崩溃了，人们也会采取具体的和专门的做法来减轻贫困和对现金经济的依赖，例如德兰士瓦的玉米收获和作为辅助的石棉矿脉开采。这并不是说，殖民地非洲人无须机构制约，或者说他们的所有活动都是环保的，关键是他们可以创造性地工作，有意识地减轻他们对环境的影响并保持。他们的努力和他们所发现的成功措施值得考虑。在库鲁曼，这些与环境的创新关系表明，黑人农村在不发达的环境中并没有停滞不前。然而，最终，补充薪资劳动的粮食生产减少了。尽管这种趋势广泛存在，但即使如此，一些不算富裕的人仍然会饲养动物——几只牛或更多的山羊和一些驴。有些人甚至还种植，表明人们以不同的方式回应了食物生产的不利因素，以此遮掩不可阻挡的衰退。

社会分层是另一个因素，用于反驳"衰退"的解释。巴拉拉生活在非常艰苦的环境中，没有能力哀悼旧秩序的逝去。事实上，通过引入灌溉和前往矿山工作，他们参与了对这一进程的促进。最终，关于男人和女人应该如何与环境共存的处方消失了，所以今天可以看到有些寡妇管理控制家庭的畜群。需要强调的是，性别仍然是一个关键的社会因素，但与环境领域关系的性别差异已经消退。20世纪以来，种族区分对人们的生活经历产生了全面的影响，但即使在黑人人群内部，有些人也会因为阶级区分而受益。不同种类的人所享有的特权经历了过渡和转变，因此描绘一种普遍的衰退轨迹是抹平了不同人的命运经历和人生转变。

显然，库鲁曼人如同20世纪初那样遭受创伤和损失。有时候，他们的行动空间很小，通常是受害者而非代理人，比如他们遭受强迫移民。他们的环境变化，如增加的动物疫情、增加的灌木丛密度，以及水的流失，使得他们难以像过去那样继续种植和养牛。然而，生活艰难的时期并不必然支持衰退，退化或欺骗论调。和预期一致，根据本节开头一些老年人的说法，如艾萨克·席默库，强调了和过去相比，情况的恶化，但上面引用的其他一些集体采访中也有女性认为她们的生活在自己找到了新的自养方式后变得轻松了。人们对以哪些方式来供养自己是最好的,持不同意见。在一次采访中,我的研究助理们要求一个小组制定一个模型,显示他们随时间经历的生活方式变化,包括粮食生产在内。参与采访者表明,20世纪30年代以后畜产和种植业的下降影响重大,种植面积减少到可以忽略不计。20世纪60年代,以矿工和家庭佣工工作的性质达到顶峰,其后下降。20世纪80年代和90年代变得更加普遍的工作是在奥兰治河农场从事缝制、采摘葡萄、卖啤酒、制作砖块和买卖皮革。当被要求根据它们的优缺点对工作进行排名时,各人给出了不同的答案。有些人喜欢耕种、卖啤酒或缝制的独立性,因为矿工容易受到裁员影响。其他人更喜欢稳定工作的定期工资。有一个女人喜欢采摘葡萄,只是因为这是她最熟练的。① 这些不同的经历、看法和优先性在对福利的评估中不应该过度泛化。

人们在认知总体的历史趋势时,就表现出了观点和经验的差异。许多人对福利的增加或受损有细微的解释。可以理解,他们就目前的高失业率感到沮丧,有些人表达说随着时间的推移,看到的是普遍贫困。② 然而,20世纪60年代以前在巴塔拉洛斯医院工作的护士回忆说当时人们严重营养不良,特别是在干旱期间,并表示因为教育程度的提高,营养增加了。③ 一群住在盖-莫比迪的妇女与此观点相矛盾,认为她们的健康和营养水平,在自己从事粮食生产的时候更好,但她们承认居住在医院和学校附近或有工作的人生活有所改善。④ 有人告诉我们,现在穷人的苦难比过去还要大,但是他们知道阶级分层一直存在,而且并不是每个人都是穷人。⑤ 也有人告诉我说,从事粮食生产的实际体力要求很高。一个

---

① Interview A at Maiphiniki in Appendix C3.
② Interviews C and D at Churchill in Appendix C3.
③ Interview F at Batlharos in Appendix C3. Interview with Vera Albutt in Appendix C2.
④ Interview B at Batlharos in Appendix C3.
⑤ Interview F at Batlharos in Appendix C3.

么？某些形式的集约用地是否会为更多的人提供维持生计之所需？库鲁曼河谷中的许多黑人希望来自库曼之睛的水能够重新回到他们身边，还想要进行强化种植。一些有天赋的园丁依然做得很出色。我记得在索丁-朗厄就有一处美丽的园艺作品，沿着河流散步到巴塔拉洛斯一路上可以看到许多精心耕耘的菜园。在盖-莫比迪，我们看到一块由一名妇女和她的孩子驱鸟的麦田，附近一块田里有一些驴子，年轻的男性亲戚为一名老妇人犁耕。在位于瑟迪邦的完全干涸的河旁还有一个名副其实的果园，甚至在改造的村庄，我们看到几个绿油油的厨房菜园，正在通过私人钻井浇水。

如果我们赞同埃斯特·博塞拉普，认为人口增长是农业增长的主要条件，那么如果有足够的人需要生产更多的食物，那么我们预计的强化生产就会出现。[1] 然而，博塞拉普确定了农业增长的逻辑——劳动厌恶抵消对更高收益的需要——比她更有说服力的是环境条件。对农业增长的更现实的评估认为，在任何给定的环境中，某些人类的利用方式是可能的，而另一些则行不通。很少有人会认为，半干旱环境可以保持与潮湿环境相同程度的强化耕作，尽管它有泉源，半干旱的金合欢丛将不会有更多的集约用地。土壤中极低水平的磷酸盐和高昂的肥料，更不用说水的缺乏，均表明在不久的将来，种植不会是一个具有成本效益的选择。不会有大量资本投入和劳动密集型生产，应该关注的是可持续的和负担得起的生产形式。可持续生产可能就包括高粱、山羊和驴，即使它们从价值上计算，不值得进行密集性商业生产。

环境正义的本地化理论

我们害怕去信托农场，因为我们的孩子们不会有任何工作，我们祖父的坟墓在达克文。干旱是白人造

---

[1] Boserup, *The Conditions of Agricultural Growth* (1965).

成的。①

一个白人曾经在我工作中问道，为什么白人变得富有时，他把驴给了黑人，但是黑人富足的时候，他们没有把驴给穷人，而是决定杀死它们？②

我最后的、最深远的问题是权力的作用。权力集中在不同种族、不同阶级和不同性别的人之间创造了结构性的不平等。这一历史表明，这些类别之间的不平等是人们与环境相关联方式的根本。因此，权力是环境史上必不可少的考虑因素，为了理解人与生物物理环境之间的历史动态，有必要确定社会的影响力、权威性和物质优势。然而，对权力的考虑不仅仅是一个历史性的运动，这是一个仍需塑造的过程，涉及对人类如何在这个地球上生活的反思。在北方工业世界的环境思想家看来，道德反思引发人类对生态系统和物种的影响问题，以及在贫困人群和有色人群中污染的不成比例分布问题。

同样，人与环境的关系在我的采访中也引发了道德层面的考虑，我的信息员就过去的环境关系解释了关于行使权力及其影响的理论——关于环境不公和环境正义的理论。这在两个领域尤为明显。首先，人们频繁证明，干旱在金合欢丛生之地变得越来越普遍，并表明是权力的不当行使造成了干旱，因此，人们对于渐进干燥的断言，反映出近乎普遍的浪漫怀念旧时代倾向，也为有生之年的权力滥用提供了注解；其次，人们传达了一个明确的民粹主义的放牧驴的愿景，认为适当的环境关系必须是民主决定的，必须能够给穷人带来好处。

在我的采访中，人们几乎以一致的声音断言，库鲁曼地区发生了持续的干燥，尽管气象记录表明情况并非如此。在科农生活的

① NAR NTS 7933 165/337, minutes of meeting, December 10, 1948.
② Interview C at Seodin in Appendix C3.

一个群体甚至笃定在他们的老家没有干旱。[1] 即使他们描述说"letsema"的衰落和经济发展不利于耕作,他们仍然认为更多的人今天没有耕作或蓄养许多动物主要原因是降雨量的下降。"我们从店里购买食物的原因是没有更多的降雨,我们没有种子种植。在过去的日子里,除了咖啡和盐,我们的父母从来没有从商店买过食物。"[2]当然,有一种流行的记忆倾向是把过去理想化。[3][4]与其他来源一样,使用口头数据的历史学家必然批评但无法消除对平静过去的记忆,包括潮湿的环境。然而,气候记录并不能表明库鲁曼地区在历史记录中经历了渐进干燥。此外,在 1997 年,我被告知降雨量正在下降时,该地区已经连续 6 年降雨量上升。虽然 20 世纪 80 年代初是非常干燥的,但 1987 至 1988 年度,一直到 1996 至1997 年度的年平均降雨量为 444 毫米,高于 1931 至 1932 年度的年平均 416 毫米(见图 1.4 及 1.5)。在这些条件下,是什么导致有人说降雨量有所下降呢?

　　一种可能性是干旱的发生率和严重程度一直保持不变,但人们不能像以前一样适应。在这种环境下,牧群仍然是最显著的经济活动,但植被发生了变化。人们拿比较早期的草地与现在相比时,干旱的影响似乎更加尖锐,尤其是在金合欢丛草原灌木更为茂密的情况下。畜类蓄养的数量也比以前高出许多,草原枯萎的时候,当然会有更多的竞争。干旱期间,人们必须购买更多的饲料,他们感觉到成本很高。由于人口众多,开阔的金合欢丛生之地已经缩小,人们难以在艰难时期采食为生。此外,由于口味偏好和对家庭劳动力的新要求,玉米替代高粱成为主食,由于玉米对干旱更

---

① Interview B at Churchill in Appendix C3.

② Interview C at Ncweng in Appendix C3. 另参见 Interview A at Ga-Sebolao, Interview B at Sedibeng, and Interview I at Ga-Mopedi in Appendix C3;Interview with Gladys Motshabe and Interview with Joseph Kopman in Appendix C2。

③ 早在 18 世纪 80 年代,约翰·麦肯齐就警告说,关于口头辩称的变旱说法不应该不加以批评。

④ CPSAA Mackenzie Papers no. 1575, Mackenzie, October 20, 1887.

库鲁曼地区社会关系和行为适当观念不像在沙拜伊那样受重视,而只是一个与"道德生态学"相关的概念。例如,一群妇女告诉我们,她们是女孩的时候爬过盖-莫嘎纳——在库鲁曼山的圆锥形小山包,看到看起来像乳房的岩石。但是,她们说,白人将乳房切成两半,导致这片土地(不仅仅是这条河流)变干了。[1] 在本节的开篇中提到的狄克文人于 1948 年抵抗搬迁,也指责白人。库伊斯头人于 1967 年同意搬迁,暗示与政府的不利关系是干旱的原因,认为拆迁将会带来降雨:"如果我们拒绝按照法律所说的去做,我们将会遇到更多的麻烦……如果我们离开这里,我们会过得更好,上帝会帮助我们多下雨。"[2]关于人造成干旱的主张也出现在 1983年。人们经常说,驴被杀后干涸变得严重,然后是"我们一生中最坏的时候"。另外,还有人声称,只有在许多牛死亡之后,可怕的干旱最终才会减轻,就是社会侵犯导致环境创伤的明确声明。[3] 另一个关于生物物理环境变化的说法是,有一个人大笑着叙述,说是有一名对驴特别残酷的警察遭受了一种皮肤脱落的报应。[4] 这些情况也许反映一种非洲环境不公正的特殊概念。

人们相信人与人和谐相处和与环境共生相关联,在对待驴的问题上,这一观念更加明确。1983 年以后,对驴的屠杀被彻底地政治化,成为反对博普塔茨瓦纳和种族隔离的一个诱因。今天,在库鲁曼地区,有着强大的挺驴民意,赞扬它们对穷人、基督教、环境和民主的道德意义。驴对人们叙述世界的方式有特殊的分量。就像干旱一样,关于驴的证言显示人们对人类行为与环境条件之间关系的相关性深信不疑。人们不仅声称杀死驴造成干旱,而且驴在道德上和经济上都是有价值的。在此基础上,他们反驳驴只控制论据。我认识到这种环境民粹主义,系殖民地同样有问题的"共识

---

① Interview C at Batlharos in Appendix C3.

② CTAR 2/KMN 233 N. 2/10/3/(5), minutes of a meeting, July 17, 1967.

③ Interview K at Ncweng and Interview C at Seodin in Appendix C3.

④ Interview C at Seodin in Appendix C3.

驴大谈特谈:"我们的主耶稣基督不得不利用驴为其代步,因为他不习惯骑马,即使那时他有一匹马,因为马有可能使他摔下来,也可能是因为马要训练才能骑。"①

除了基督教意义之外,人们还强调了驴和普通人之间的特殊关系。普遍的认知是对驴的屠杀基于阶级的不公。就如国民议会的一员在 1983 年所说:"现在人们认为驴被杀害是因为政府富有。是有钱人决定驴应该被杀的。"②采访表明,阶级分析无所不在。一个人认为对驴和牛只的所有权决定阶级差别:

> 我们在库杜曼(库鲁曼)地区的人民,情况是这样的:我们是不同的人,有不同的生活。拥有牛的人,大多数不拥有驴。他们只养牛。这些拥有驴的人是生活水平很低的人。他们甚至连一辆车也没有——驴对他们意义重大。他们靠它们做大部分的工作,运输水、砖、砾石、沙子、木材……主要用于建筑。由于我们的失业率这么高,有些人靠用这些驴帮助那些没有驴的人谋生,为他们拉水,在建房的时候给他们运木头,就可以得到报酬,那就是他们所依赖的生活。所以在我们地区我们是两种不同类型的人。③

其他人支持他将这个事件归咎于牛产主:"最令我困扰的是做决定的人没有驴。虽然他们知道驴在我们生活中的重要性,因为他们也有自己的牛羊啊。"④"我开始不信任任何一个富有的牛主,因为他们可能作出任何影响普通驴只生命的决定。"⑤一位知情人

---

① *DeBates of the Fourth Session of the First National Assembly* (1981), 1:401.
② *DeBates of the First Session of the Second Bophuthatswana National Assembly* (1983), 2:770-771.
③ Interview D at Seodin in Appendix C3.
④ Interview K at Ncweng in Appendix C3.
⑤ Interview C at Seodin in Appendix C3.

士称,昧良心的"幕后人"激励政府屠驴:"即使那些无耻的人利用驴达成他们饲养母牛和马匹的条件,他们实际上也已经忘记了。"[1]想一想本节开头的第二部分:"一个白人曾经在我工作中问道,为什么白人变得富有时,他把驴给了黑人,但是黑人富足的时候,他们没有把驴给穷人,而是决定杀死它们?"[2]因此,有人把白人和黑人农民处理驴的方式加以对比,暗中批评黑人。

当然,白人有私人土地权属和政治权利,保护他们免于强制保护的戕害。事实上,在博普塔茨瓦纳屠驴的那个十年间,两个白人城市建立了动物纪念碑。[3] 1984 年,阿平顿市立起了一尊驴的铜像,附在一个泵上,一个完全栩栩如生的动物站立在圆形路径环绕的机器上。1986 年,彼得堡农业联盟也竖立了一只驴的雕像。在阿平顿,驴动力机器帮助白人农民抽水,进行商业水果生产,而在彼得堡,驴在 19 世纪后期的淘金热中运送石头。这两座雕像都铭刻着对驴的辛勤工作的承认和对人类经济的贡献。这些白人社区对驴贡献的认可(而不是黑人工人的),与大肆屠杀驴同时发生,也是南非历史上最有讽刺性的体现。这些对待南非驴的巨大差异源于人类之间的种族和阶级不同。在阿平顿和彼得堡,驴在私人农场上放养,流落于有土地权属及其使用权。一个白人所有者有权决定驴是否应该被杀掉或放牧到牧场。此外,阿平顿和彼得堡的驴有助于资本化,而博普塔茨瓦纳的驴则有利于那些无产者。值得纪念的驴帮助过有权力的人,按照强权者设定的条件生存或者毁灭。

政府好坏和民主与否和对驴只大屠杀的回忆密切相关。驴屠

① Interview C at Seodin in Appendix C3.
② Interview C at Seodin in Appendix C3.
③ 对于南非白人来说,驴的物质和文化价值,请参见 Brian du Toit, *People of the Valley：Life in an Isolated Afrikaner Community in South Africa*（Cape Town：Balkema, 1974）, 36, 45 - 46, 75 - 77。有关驴的纪念碑,参见 James Walton, *A Tribute to the Donkey*（published by the author, 1999）, 24 - 25；Starkey, *Animal Traction in South Africa*（1995）, 彩色照片 4。巴西也有一个驴雕像,参见 Frank Brookshier, *The Burro*（Norman：University of Oklahoma Press, 1974）, 223。

杀的影响没有在政治反对派中消失,博普塔茨瓦纳也是如此。屠驴事件之后,塔拉洛人首领 J. B. 托托和反对党塞布森格威党的一名成员使驴屠杀成为一个政治议题,因此他们被称为"拉特里托基"(Rra-Ditonki)或"驴先生"。[①] 另外,非洲人国民大会(ANC)党徒和抗议歌手布隆迪·马克兰(Blondie Makhene)还写了一首关于驴屠杀的歌曲。歌曲描述了曼戈佩被驴鬼魂缠住,敦促人们加入非盟的军事翼——非洲人之矛。[②] 因此,与阿平顿和彼得堡的纪念碑相反,在博普塔茨瓦纳纪念驴的是一首革命之歌。

曼戈佩抵制住了 1994 年的暴力转型。麦非肯/姆马巴托的三月骚乱事件在全世界被公之于众,但是在巴塔拉洛斯和玛罗彭抗议者仍然走上街头喊道:"还我们的驴。"警方的反应是开枪并杀死一名抗议者。[③] 与民众交谈时,博普塔茨瓦纳的驴屠杀和民主的非洲国民政府时有提及。由驴杀戮的主题引发,一名年轻女子将博普塔茨瓦纳统治与非洲民族议会做对比时,情绪高涨:

> 我们 1994 年感到非常高兴,我们投票给了人民民主政府……不同于你有什么不满足的,无法说出来了。在曼戈佩统治期间,没有合作。尽管他们称自己是民主主义者,但他们并没有实行民主。他们唯一知道的就是压迫人们,因为他们是种族隔离政府借以压迫别人的马前卒。[④]

一个有一只驴幸存的老妇人仍然心有余悸:"幸存下来的小驴已经

---

① Mosiamane, "The Bophuthatswana Façade," 19 – 23.
② 电话采访布隆迪·马克兰。这首歌是在驴屠杀后不久创作并公开演唱的,但直到 1991 或 1992 年才进行录音。这首歌在过渡到多数人统治期间,在博普塔茨瓦纳的反对派集会上传唱。在采访中人们唱这首歌给我。我感谢安琪拉·英庇找到了马克兰先生。
③ 与艾伦·巴特勒的私人交流,引用了索菲·里特斯的话。Lawrence and Manson, "The Dog of the Boers"; http://www.amnesty.org/ailib/aipub/1994/AFR/532094.AFR.txt.
④ Interview C at Seodin in Appendix C3.

可以繁殖了，我很害怕，我甚至不相信现在的政府。我总是害怕悲
剧重演。"①

不是每一个库鲁曼人都是驴民粹主义者。曼戈佩现在是联合
基督教民主党（UCDP）领导人，并在该地区有一些支持者。在1999
年的选举中，联合基督教民主党在库鲁曼镇以北的公共地区赢得
了1100 的选票。②在我的采访中，我没有听到曼戈佩的支持者为他
的驴政策辩护。我的研究助理和我在一次社区会议后进行访谈
时，目睹了符合民粹主义立场的压力。当地人们还记得发生
大屠杀的时候，公开讨论我们是否被允许在这样敏感的话题上
进行访谈。为了解除他们的疑虑，我们会见了头人和几位领导人，
以解释我的目的并听取他们的发言。此后，我们被允许进行，决定
人们可以自由谈话。虽说如此，我注意到一个曼戈佩的支持者逃
离了现场。我尝试采访这个人或农业部门官员，没有成功。他们
的持续沉默和我即将返美，使采访变得非常困难。显然，像殖民地
的官方立场一样，民粹主义有能力开展运动反对其他不同观点。
环境史学家必须解释形成它的社会动因，他们应该结合生物物理
世界关系中研究的社会分野，但是民粹主义需要与官方的"共识智
慧"一样接受批判性考察，我们必须对价值判断和提案持批判性
思考。③

社会环境史与社会环境正义

有人移动边界石，他们偷走牧产。他们赶走了孤儿
家的驴、牵走了寡妇家抵押来的牛。他们把穷人从路上

---

① Interview K at Ncweng in Appendix C3.
② 关于1999年西北省的选举，参见 Andrew Reynolds, ed. , *Election '99 South Africa: From Mandela to Mbeki* (New York: St. Martin's, 1999) , 134－136, 189, 194。我感谢约翰·塞勒给我提供库鲁曼的投票结果。可在独立选举委员会的网站找到相关信息: http://www. elections. org. za。
③ 一部有关民粹主义同情的作品是 Jonathan S. Adams and Thomas O. McShane, *The Myth of Wild Africa: Conservation without Illusion* (Berkeley: University of California Press, 1996) 。

推开,强迫所有的穷人躲藏起来。

就像沙漠里的野驴一样,穷人也要到处费力采食,靠荒地为他们的孩子提供食物。他们在田地里收集饲料,在恶人的葡萄园里捡拾。约伯 24: 2 - 6(NIV)

土地剥离,畜产损失,穷人采食,在他人的田地上出苦力——来自约伯的这段经文涵盖了金合欢丛生之地的大部分环境史。就像库鲁曼人一样,约伯对人们如何影响他人与环境的关系有道德评价。没有任何人想要自己痛苦,约伯明白地说:造成环境不公的凶手正是那些"邪恶的人"。然而,邪恶并没有足够的解释力来支持学术研究的结论。这并不是说社会科学家在道德上可以脱离研究对象。北美的环境历史学家和南非的社会历史学家都有权挞伐那些当权者,因为他们犯下了破坏生物物理世界环境,剥削和镇压人类的种种罪行。两个领域的大量例子印证了克罗农关于历史的观察:"历史故事充其量让我们在道德上与世界关联,向我们展示人们应该如何关注它,并以前所未有的方式追本溯源。"①

正如克罗农所说,历史学家解释变化,而且也对变化进行评估。前面的章节描述了环境和社会变化。大部分的故事关涉权力的行使,评估涉及不平等和正义的问题。生态变化的评估特别困难。作为别人权力的一个对象主体,环境在某种程度上是有弹性的,但在其他方面它已经转变。在不平衡生态学之后,我一直谨慎地将变化描述为生态退化。金合欢丛变得更加灌木化,但是灌木化倾向一直存在,牧民对这一变化并不应完全负责。无论起因为何,如果它是不可逆转的,并且涉及生物多样性的丧失,它将被认定为退化。这个问题是其他学科的研究人员通过实验来确定的。

---

① Cronon, "A Place for Stories," *The Journal of American History* 78(1992): 1375.

这个历史包括生物物理世界的其他变化。泉源还在流淌,然而,人们现在从地上看到的是细流,导致了河谷生物群的重大人为变化。这里可能已经失去了历史上最多的野生动物。大型食草动物和食肉动物消失了,湿地的流失必然导致鸟类活动的减少。驴虽然已经被驯化,但作为一个物种也受到了人们的伤害。今天,野生动物有一个受保护的空间,但并不是当地人与其他物种共享共存状态。位于库鲁曼西北部的喀拉哈里豪华的"私人野生动物保留地'茨瓦卢'"占地 1 000 平方公里,每人每晚 4 000 兰特,只有少数人能付得起,更不用说公共保留地的黑人居民看当地动物群的可能性了。[1]

尽管植物和动物遭遇了巨大的变故,但是在这本书中,我已经越来越多地关注不同种类的人类与环境的相互作用。阶级、性别和种族类别享有不平等的权力,所有这些综合决定了人们与生物物理世界的关系。社会权力与环境相互作用。人们都从生物物理世界中获得权力,并将其作为超越他人的手段。这项研究支持 C. S. 刘易斯在第一章中的主张,即"人类对自然的权力最终是一些人以自然为手段对他人所行使的权力"。[2] 在农业牧区边界地带,酋长们通过罚没畜产、毛皮和野生植物食品,保持其在生态循环中的优势。殖民地国家通过限制非洲人的土地来阻碍非洲人的粮食生产,以获得自己所需劳动力。20 世纪的国家,中央政府和博普塔茨瓦纳,攻击黑人与环境的关系,部分原因是要在执行隔离计划期间,继续保持其控制力。然而,环境不仅仅是历史的工具,它也为控制别人的权力提供了物质基础。同时它承载被主宰所造成的多舛命运。

我并不是说与环境的直接关系是权力的最终来源。例如,性别差异是在环境关系中表达和实现的文化规范范畴。南非白人对

---

① http://www.explore-southafrica.co.za/explore/gameparks/tswalu/front.htm.
② Lewis, *The Abolition of Man* (1946), 40.

黑人的权力依靠其对基岩、水和表层土的控制,然而殖民主义和不平等的隔离政策也是欧洲与非洲长期以来许多历史因素相互作用的结果。在现代世界,来自不同大陆和国家的人们根据宗教、政治制度、经济和种族偏见以及各方的环境关系而进行互动。① 环境视角的解释是必要的,但还不足以解释酋长制、殖民或资本主义经济中所获得的权力。也就是说,南非历史学家还没有对必要的环境解释进行充分地整合。

有些特权中的环境不公比其他情况更严重? 库鲁曼人的生活环境中曾有更平等的历史时期吗? 权力的不平衡总是以人们与环境相关的方式存在。在农牧区边界地带,富人比妇女和巴拉拉有优势。然而,妇女仍然控制着一种自己的生产方式,而巴拉拉可能在这个历史上是最艰难的物理存在,他们远离城镇,就可以享有更多的自由,但不大可能上升到强大的水平。在开普前沿地带,引进灌溉和贸易为财富和权力的累积开辟了新的路线。在实施殖民限制之前,男性巴拉拉和从事食品生产的男性普通人有新的机会成就自己,但妇女没有。少数人独立于首领,掌握灌溉工具,或者从事商业狩猎,雇佣拿有偿工资的人,但相互依靠和雇佣劳动依然是不变的王道。在这个时期,资本主义的不平等并没有取代农牧社会的不平等。

殖民时期,权力的中心位置从以往的性别和阶级定义转向出身、文化和种族,欧洲人获得了对非洲人的特权。非洲人的被征服使其不能继续原有的生产方式,而转向现在对经济比对环境更为依赖的情况。这种依赖白人经济的经济本来就蕴含着对于另一种族的集体性从属。然而欧洲的统治不仅降低了非洲社会的水准,帝国吞并还破坏土著人的治理方式、积累财富和权力的方式,其结果是阶级扁平化和性别模糊。自给自足的生产崩溃之后,共属土

---

① 有关殖民主义与发展差异的环境解释,请参见 Alfred Crosby, *Ecological Imperialism* (1986); Jared Diamond, *Guns, Germs and Steel* (New York: Norton, 1997)。

地性质的金合欢丛和河谷地带,变得不再是一类或一种性别的权力基础。相反,与当地环境的关系减轻了边缘化人口在国家、社会中所遭受的不平等。

隔离与一个种族的经济和政治从属地位不同,种族隔离加剧和强化分化。种族隔离集中力量,使弱势的人受制于新的虐待。和以前的阶级和性别不平衡一样,种族权力关系也是以人们与环境相关涉的方式表达出来的。在种族隔离政策下,曾经的男、女分工,完全以被称为塔拉坪人、塔拉洛人或巴拉拉、基督徒、商业猎人或樵夫、殖民主义者、移民工人、石棉生产者牧民的区分所取代,农场主成为南非黑人中的第一类。借此,他们根据阶级划分,限制人们以其他身份行事的能力和对其他任何别的目的只能行使有限的权力。种族分类正在累积效应,并对黑人与非人类世界的交往方式产生了极大的限制作用。许多人实际上失去居住在自己家中的权利,并被重新安置在恶劣的环境中。然而,强迫搬迁并不是种族不平衡的唯一环境表现。通过改良运动,隔离政策还限制黑人如何利用他们生活环境的权利。这种种族隔离驱动的政策之讽刺性在于,如驴只大屠杀中显示的那样,它重新使得阶级作为权力的容器。因此,即使在南非种族隔离制度下,种族也不是人们与环境相关的唯一显性特征。隔离主义时期的不平等和不公正无疑是最为极端的,财富过度集中,对公民权利的分散机制最强。库鲁曼黑人所付出的身体和情感成本都很高,包括本德尔孩子们的生命。然而,在这一时期结束时,粮食安全得到改善。19 至 20 世纪初期一直存在饥荒,但最后一次是在 1941 年。从季节性饥饿向慢性营养不良的过渡是南部非洲的穷人普遍之遭遇,但我们 1997 年采访的年长巴塔拉洛斯护士认为自 20 世纪 60 年代以来,营养不良也有所减少。^①这并不是说每个人都享有粮食安全,但有人正在与库鲁曼的家人分享工资或退休金。尽管失业导致生活困难,但是生活在20世纪90年代的人们,生活正在改善,也许比他们之前的很多人还要好。艾滋病流行使这种情况变得雪上加霜。

1994年的政治解放值得高兴,情况有所改善。随之而来的是,改善基础设施的项目,遭受强迫移民的人们获得了有据可查的土地索赔权。然而,多数人的统治并不一定能够使库鲁曼人摆脱环境不平等的历史。它只是提供了一个减轻殖民地不良影响的机会。马姆达尼指出,在独立的大部分非洲地区,农村间接统治殖民地制度尚未民主化,"惯习性"部落结构尚未开放给社区参与。^②除非民主和社区参与发生在南非,库鲁曼和其他地方的共有土地仍然容易受到不公正的国家干预,不论国家宪法如何改进。发展民主、投资贫困农村的政治意愿还有待展现。而且,由于南非是一个经济落后,传统守旧的贫穷国家,发展所需的资源奇缺。库鲁曼未来的可持续发展将涉及以下具体情况的改进:恢复或补偿人们在隔离统治期间失去的土地;鼓励多数人拥有小规模畜产而不是只有少数人养牛;清理致命的石棉垃圾;从"库鲁曼之睛"公平分配水源;并在干旱地区鼓励负担得起的小规模种植(可能是高粱)。然而,从根本上来说,有必要认识到环境与社会正义是联系在一起的。无论性别、贫富、种族关系为何,权力不平衡都将决定着人们如何彼此相待和与自然世界相互作用的具体生活方式。

---

① Wylie, "The Changing Face of Hunger," *Past and Present* 122(1989). 关于20世纪80年代南非的营养不良问题,请参见 Francis Wilson and Mamphela Ramphele, *Uprooting Poverty: The South African Challenge* (Cape Town: David Philip, 1989), 100 – 120。

② Mamdani, *Citizen and Subject* (1996), 24 – 25, 288 – 289.

南非人口普查

库鲁曼人口

	白人男性	白人女性	总计白人	有色男性	有色女性	总计有色	黑人男性	黑人女性	总计黑人	来源
1904	704	526	1 230	533	537	1 070	4 942	5 668	10 630	CPP G 19 – 1905
1905										
1906										
1907										
1908										
1909										
1910										

（续 表）

	白人男性	白人女性	总计白人	有色男性	有色女性	总计有色	黑人男性	黑人女性	总计黑人	来源
1911	2 060	1 774	3 834	793	798	1591	5 632	6 468	12 100	UG 32 F－1912
1912										
1913										
1914										
1915										
1916										
1917										
1918										
1919										
1920										
1921	2 430	2 283	4 713	899	933	1 832	7 156	7 693	14 849	UG 15－1923
1922										
1923										
1924										
1925										
1926										
1927										
1928										

（续 表）

	白人男性	白人女性	总计白人	有色男性	有色女性	总计有色	黑人男性	黑人女性	总计黑人	来源
1929										
1930										
1931										
1932										
1933										
1934										
1935										
1936	3 588	3 442	7 030	2 354	2 432	4 786	11 327	11 150	22 477	UG 50 – 1936
1937										
1938										
1939										
1940										
1941										
1942										
1943										
1944										
1945										
1946	3 459	3 284	6 743	1 295	1 182	2 477	14 319	13 984	28 303	UG 51 – 1949

（续　表）

	白人男性	白人女性	总计白人	有色男性	有色女性	总计有色	黑人男性	黑人女性	总计黑人	来源
1947										
1948										
1949										
1950										
1951	2 191	2 327	4 518	846	856	1 702	10 775	11 304	22 079	UG 42 – 1955
1952										
1953										
1954										
1955										
1956										
1957										
1958										
1959										
1960	3 048	2 742	5 790	1 554	1 480	3 034	22 592	19 904	42 496	RP Special Report No. 234

南非家畜普查

非洲库鲁曼地区保留地家畜统计

	牛产	山羊	绵羊	驴只[*]	马匹	来源
1904						
1905						
1906	3 548					G 36 – 1907
1907				30	82	UG 32 – 1912
1908						
1909						

（续　表）

	牛产	山羊	绵羊	驴只*	马匹	来源
1910						
1911						
1912						
1913						
1914						
1915						
1916						
1917						
1918						
1919						
1920						
1921						
1922						
1923	5 829					UG 25 – 1925
1924	7 456					UG 4 – 1926

（续　表）

	牛产	山羊	绵羊	驴只*	马匹	来源
1925	7 608					UG 13－1927
1926	8 598					UG 24－1928
1927	7 197	52 560	20 638			UG 37－1928
1928	8 775	53 426	22 566			UG 41－1929
1929	8 232	45 376	16 050			UG 35－1930
1930	11 917	47 589	20 186	7 879		UG 12－1932
1931						
1932						
1933						
1934	5 074	26 793	12 140			UG 44－1935
1935	6 495	40 715	10 815			UG 54－1936
1936	7 809		13 711			UG 59－1937
1937	8 158	37 882	15 904	5 076	1 313	UG 18－1939
1938	8 340	40 317	16 493			UG 31－1940
1939	7 877	37 037	16 398			UG 27－1941
1940						

（续　表）

	牛产	山羊	绵羊	驴只*	马匹	来源
1941						
1942						
1943						
1944						
1945						
1946	10 372	44 561	28 083	11 007	2 215	UG 77 – 1948
1947	9 744	61 128	38 170			UG 57 – 1949
1948	10 121	45 790	28 418			UG 30 – 1950
1949		51 559	45 150			Special Report Series 1 No. 4
1950	9 920	54 743	34 521			Special Report Series 1 No. 24
1951	11 601	54 527	42 103	7 630		Special Report Series 1 No. 5
1952		51 667	26 609			Special Report Series 1 No. 7
1953	10 211		34 425			Special Report Series 1 No. 8
1954	11 313	64 409	31 948			Special Report Series 1 No. 7
1955	1 594	65 162	34 735			UG 49 – 1958
1956	12 709	67 572	36 348			UG 56 – 1959

（续　表）

	牛产	山羊	绵羊	驴只*	马匹	来源
1957	15 738	69 174				UG 67 – 1959
1958	2 970		55 143			UG 70 – 1960
1959						
1960	19 620	67 084	34 229	5 891	4 242	RP 10 – 1964
1961	19 716	66 854	31 674			RP 40 – 1964
1962	26 438	65 816	22 711			RP 64 – 1965
1963	23 482	50 185	29 877			Report No. 06 – 01 – 01
1964		54 861	28 597			Report No. 06 – 01 – 03
1965						
1966						
1967						
1968						
1969	19 903	87 999	40 243			Report No. 06 – 01 – 06

*1950 年之前的驴只统计数据来源于 CAR NTS 8331 14/350, Dec. 23, 1950.

1991 年的个人采访

受访人	访谈日期	访谈地点	翻译人员
Molema, John-A	7 June 1991	Bothetheletsa	Rosey Molokoane, Peter Mokomele
Keupilwe, James Letileng	11 June 1991	Batlharos	
Boihang, Boihang	14 June 1991	Seodin-Lareng	Rosey Molokoane
Mogodi, Mr. and Mrs.	14 June 1991	Batlharos	Rosey Molokoane, Peter Mokomele
Moeti, Simon	14 June 1991	Maropeng	
Setungwane, Prince	14 June 1991	Manyeding	Rosey Molokoane, Peter Mokomele
Seamecho, Isaac-A	15 June 1991	Ga-Mopedi	

（续　表）

受访人	访谈日期	访谈地点	翻译人员
Gaelijwe, M.	18 June 1991	Mothibistad	
Motate, Kgakgolo	18 June 1991	Logobate	Constance Paul
Toto, Bogosing James	18 June 1991	Batlharos	Constance Paul
Marele, Mrs.	18 June 1991	Batlharos	
Kgokong, Mosiane-A	18 June 1991	Batlharos	Constance Paul
Pelele, Sannah	20 June 1991	Logobate	Rosey Molokoane
Gaetsewe, N. Mrs.	21 June 1991	Maropeng	Rosey Molokoane, Peter Mokomele
Seipotlane, Mr., Baruni, B., and Block, Mr.	21 June 1991	Batlharos	Rosey Molokoane
Seamecho, Isaac-B	21 June 1991	Ga-Mopedi	
Ditshetela, M.	24 June 1991	Mothibistad	
Itumeleng, Johannes	24 June 1991	Batlharos	
Lekalake, M.	24 June 1991	Mothibistad	
Moholeng, Evangelist	24 June 1991	Seodin	Richard Mogwera
Kgokong, Mosiane-B	26 June 1991	Batlharos	Rosey Molokoane, Peter Mokomele
Molema, Irene Nomanthamsanqa	10 Aug. 1991	Bothetheletsa	
Riekert, Don-A	20 Sept. 1991	Kuruman	

（续　表）

受访人	访谈日期	访谈地点	翻译人员
Lombard, Larry	23 Sept. 1991	Kuruman	
Van der Merwe, J. J.	24 Sept. 1991	Kuruman	
Wing, Joseph	25 Sept. 1991	Kuruman	
Molema, John-B	25 Sept. 1991	Bothetheletsa	
Riekert, Don-B	26 Sept. 1991	Kuruman	
Seamecho, Isaac-C	26 Sept. 1991	Ga-Mopedi	
Seipotlane, M.	26 Sept. 1991	Batlharos	Rosey Molokoane
Seamecho, Marry Magdalene	26 Sept. 1991	Ga-Mopedi	
Olivier, Gert	27 Sept. 1991	Farm Avontuur	Johan Olivier
Mokgoje, Mr. And Mrs. M. J.	28 Sept. 1991	Manyeding	Julius Mogodi
Mogodi, Julius	28 Sept. 1991	Manyeding	
Van Wyk, Eddie	2 Oct. 1991	Kuruman	
Snyman, P. H. R.	26 Nov. 1991	Pretoria	
Van Wyk, Eddie	5 May 1994	Kuruman	

1997—1998 年的个人采访

受访人	采访日期	访谈地点	访谈执行人	翻译人员	访谈内容
Barnette, Benjamin	15 Oct. 1997	In car	Jacobs		概述
Plaatjie, Anna	21 Oct. 1997	Bathlaros	Waples	None	生平
Koikanyang, White	22 Oct. 1997	Bathlaros	Waples	None	生平
Tshebedi, Muriel	23 Oct. 1997	Bathlaros	Russell	Mosala	生平
Mabahanyane, Olebile	23 Oct. 1997	Bathlaros	Jacobs	Tshetlho	生平
Mabilo, Peace	23 Oct. 1997	Bathlaros	Jacobs	Tshetlho	生平
Orapeleng, Violet	27 Oct. 1997	Bathlaros	Russell	Tshetlho	生平
Kopman, Joseph	28 Oct. 1997	Sedibeng	Jacobs	Tshetlho	生平

（续 表）

受访人	采访日期	访谈地点	访谈执行人	翻译人员	访谈内容
Motshabe, Gladys	28 Oct. 1997	Sedibeng	Mosala, Russell, Waples	Mosala	生平
Mosikatsi, Ascension	29 Oct. 1997	Batlharos	Russell	Mosala	生平
Barnette, Emma, Sana, Elizabeth, Jane, and Nokiya Plaatjie Jacobeth	29 Oct. 1997	Batlharos	Russell	Mosala	生平
Tanke, Emma	30 Oct. 1997	Sedibeng	Mosala, Russell, Waples	Mosala	生平
Mokosi, Gladys	30 Oct. 1997	Sedibeng	Mosala, Russell, Waples	Mosala	生平
Motlhabane, Edward	30 Oct. 1997	Ncweng	Mosala, Waples	Mosala	生平
Molema, John-C	3 Nov. 1997	Bothetheletsa	Jacobs, Russell	Mosala, Tshetlho	概述
Ditlholelo, Vivian	7 Nov. 1997	Ncweng	Jacobs	Tshetlho	生平
Tshupologo, Timothy	7 Nov. 1997	Ncweng	Jacobs	Mosala	生平
Diewee, Kenalemang Martha	8 Nov. 1997	Ncweng	Tshetlho	n. a.	生平
Koikanyang, Private	8 Nov. 1997	Ncweng	Mosala	Mosala	生平
Albutt, Vera	1 Dec. 1997	Kuruman	Jacobs	n. a.	健康/营养
Gaobuwe, Shakerboy Kaotsane	21 July 1998	Batlharos	Kotoloane	n. a.	生平
Ilanka, Rose Peme	23 July 1998	Batlharos	Jacobs, Tshetlho	Tshetlho	驴屠杀
Setlhodi, Mr. Agisanang David	27 July 1998	Seodin	Jacobs, Chirwa	Chirwa	驴屠杀
Seremane, W. J.	31 July 1998	Pretoria	Jacobs	n. a.	驴屠杀
Makhene, Blondie	27 Nov. 1998	Telephone interview	Jacobs	n. a.	驴之歌

附录 C3

1991 以及 1997—1998 年的集体采访

访谈名称	访谈日期	访谈地点	访谈执行人	翻译人员	访谈对象人数	访谈类型
Heuning Vlei	28 Sept. 1991	Heuning Vlei	Jacobs	Julius Mogodi	3	
Manyeding	30 Sept. 1991	Manyeding	Jacobs	Moabi Kitchen, Peter Mokomele	4	
Ga-Mopedi-A	6 Oct. 1997	Ga-Mopedi clinic	Jacobs, Kristin Russell, Megan Waples	Bhangi Mosala, Kgomotso Tshetlho	65 名女性	测绘法
Batlharos-A	8 Oct. 1997	Batlharos Anglican Church Meeting Hall	Jacobs, Russell, Waples	Mosala, Tshetlho	3 名男性	测绘法

（续　表）

访谈名称	访谈日期	访谈地点	访谈执行人	翻译人员	访谈对象人数	访谈类型
Ga-Mopedi-B	9 Oct. 1997	Ga-Mopedi clinic	Jacobs	Mosala, Tshetlho	25名男性（社区聚会形式）	就某信息进行集体面谈
Batlharos-B	10 Oct. 1997	Batlharos Anglican Church Meeting Hall	Waples	Tshetlho	5名女性	测绘法和集体面谈
Ga-Mopedi-C	11 Oct. 1997	Ga-Mopedi	Jacobs	Mosala	5—6名女性	直接观察法
Ncweng-A	12 Oct. 1997	Ncweng school	Jacobs	Mosala	45	测绘，问答法
Ncweng-B	11 Oct. 1997	Ncweng school	Waples	White Koikanyang	10，主要是男性	直接观察法
Sedibeng-A	12 Oct. 1997	Fields of Sedibeng	Jacobs	Mosala	15名女性	直接观察法
Batlharos-C	13 Oct. 1997	Batlharos Anglican Church Meeting Hall	Jacobs, Russell	Mosala	5名女性	测绘，面谈
Ga-Mopedi-D	13 Oct. 1997	Ga-Mopedi clinic	Jacobs	Mosala	5名女性	食品清单
Ncweng-C	14 Oct. 1997	Ncweng Agricor office	Mosala	Mosala, Tsholo Steenkamp	25	测绘，面谈
Ncweng-D	14 Oct. 1997	Ncweng Agricor office	Steenkamp	Mosala, Steenkamp	25	调整的食品矩阵秩
Batlharos-D	15 Oct. 1997	Tour of West Batlharos	Jacobs	Mosala	3名男性	实地，问答法
Ga-Mopedi-E	16 Oct. 1997	Ga-Mopedi clinic	Mosala	Mosala	14名男性	草原物种矩阵秩
Batlharos-E	17 Oct. 1997	B. Barundi's home, Batlharos	Jacobs	Mosala	5	生平

（续　表）

访谈名称	访谈日期	访谈地点	访谈执行人	翻译人员	访谈对象人数	访谈类型
Batlharos-F	18 Oct. 1997	Kagelelo Andreas's home	Russell, Waples	none	7—8 名女性	贫富排序，营养探讨
Ncweng-E	20 Oct. 1997	Ncweng clinic	Mosala	Mosala	23	饲料矩阵秩
Ga-Mopedi-F	20 Oct. 1997	Ga-Mopedi clinic	Tshetlho	Tshetlho	7 名女性	食品矩阵秩
Ga-Sebolao-A	22 Oct. 1997	Ga-Sebolao	Jacobs	Benjamin Barnette	大群	问答法
Ga-Mopedi-G	22 Oct. 1997	Ga-Mopedi clinic	Jacobs	Mosala, Tshetlho	25 名男性（社区聚会形式）	草原物种矩阵秩
Ga-Sebolao-B	22 Oct. 1997	Ga-Sebolao	Mosala, Tshetlho	Mosala, Tshetlho	5 名女性	测绘，问答法
Batlharos-G	24 Oct. 1997	B. Barundi's home, Batlharos	Russell, Tshetlho, Waples	Tshetlho	15	时间轴面谈
Ga-Tlhose	25 Oct. 1997	John Pasediwe's home, Kagung	Jacobs	Mosala	5	测绘，搬迁讨论
Ncweng-F	27 Oct. 1997	Ncweng Agricorp office	Mosala, Waples	Mosala	5	时间轴面谈，贫富排序
Ga-Mopedi-H	27 Oct. 1997	Ga-Mopedi clinic	Russell, Tshetlho	Tshetlho	9 名女性	贫富排序
Ncweng-G	28 Oct. 1997	Ncweng	Jacobs, Russell	Tshetlho	9	直接观察法
Sedibeng-B	28 Oct. 1997	Sedibeng, outside of Kgotla	Jacobs	Tshetlho	30	饲料矩阵秩，降雨量比较

（续 表）

访谈名称	访谈日期	访谈地点	访谈执行人	翻译人员	访谈对象人数	访谈类型
Ga-Sebolao-C	29 Oct. 1997	Ga-Sebolao	Jacobs	Tshetlho	8	降雨量排序，问答法
Ga-Sebolao-D	30 Oct. 1997	Ga-Sebolao	Waples	Steenkamp	4	贫富排序
Ga-Mopedi-I	30 Oct. 1997	Ga-Mopedi clinic	Tshetlho, Jacobs	Tshetlho	3 名男性	草原物种详细讨论
Maiphiniki-A	31 Oct. 1997	Maiphiniki	Jacobs, Mosala, Russell, Tshetlho, Waples	Mosala, Tshetlho	7	降雨量排序，生活水平排序
Batlharos-H	2 Nov. 1997	Andreas' sisters home, Batlharos	Russell, Waples	none	5 名女性	非正式面谈，健康讨论
Maiphiniki-B	4 Nov. 1997	Maiphiniki	Mosala, Russell, Tshetlho, Waples	Mosala, Tshetlho	9	牲畜矩阵秩，非正式面谈
Ga-Diboye-A	5 Nov. 1997	Mr. Itumaleng's home, Ga-Diboye	Russell, Tshetlho, Waples	Tshetlho	30	生活水平排序
Ga-Diboye-B	5 Nov. 1997	Mr. Itumaleng's home, Ga-Diboye	Jacobs	Mosala		问答法，草原物种矩阵秩
Ga-Lotlhare-A	6 Nov. 1997	Ga-Lotlhare school	Mosala, Russell	Mosala	10	牲畜矩阵秩
Logobate-A	17 Nov. 1997	Logobate school	Jacobs	Karabo Noko	3	问答法
Logobate-B	17 Nov. 1997	Logobate school	Waples	Afrikander, Tsatsimpe	25	牛奶和肉类排序，问答法

（续　表）

访谈名称	访谈日期	访谈地点	访谈执行人	翻译人员	访谈对象人数	访谈类型
Ga-Lotlhare-B	18 Nov. 1997	Ga-Lotlhare school	Waples	Poppy Afrikander	17	性别讨论
Ga-Lotlhare-C	18 Nov. 1997	Ga-Lotlhare school	Jacobs	Tsatsimpe	16	牲畜/疾病讨论
Ncweng-H	19 Nov. 1997	Ncweng Agricorp office	Jock McCulloch, Jacobs	Karabo Noko	8	石棉问答法
Ncweng-I	20 Nov. 1997	Ncweng	McCulloch, Jacobs	Noko	4 名男性	石棉矿实地考察法
Churchill-A	24 Nov. 1997	Churchill primary school	Russell	Victoria Tsatsimpe	6	问答法（复）：搬迁
Churchill-B	24 Nov. 1997	Churchill primary school	Tshetlho, Waples	Tshetlho	21	问答法（复）：搬迁
Kagung-A	24 Nov. 1997	Kagung school	Russell	Afrikander, Tshetlho	10	问答法，多主题
Seodin-A	24 Nov. 1997	Seodin tribal offices	Jacobs, Waples	Tsatsimpe	10	问答法（复）：搬迁
Batlharos-I	25 Nov. 1997	Batlharos Anglican Church Meeting Hall	Afrikander, Russell, Tshetlho	Afrikander, Tshetlho	3 名女性	问答法，搬迁和改良
Maiphiniki-C	27 Nov. 1997	Maiphiniki	Waples	Afrikander, Tshetlho	8	牲畜疾病列举
Ga-Diboye-C	27 Nov. 1997	Mr. Itumaleng's home, Ga-Diboye	Afrikander, Russell, Tshetlho, Waples	Afrikander, Tshetlho	11 名女性	性别讨论，生活水平排序
Churchill-C	1 Dec. 1997	Churchill primary school	Russell	Victoria Tsatsimpe	15	牲畜对比工资劳动等级

（续　表）

访谈名称	访谈日期	访谈地点	访谈执行人	翻译人员	访谈对象人数	访谈类型
Churchill-D	1 Dec. 1997	Churchill primary school	Tshetlho, Waples	Tshetlho	14	贫富排序
Seodin-B	1 Dec. 1997	Seodin, tour of old areas	Jacobs	Tshetlho	10	实地法，问答法（复）：搬迁
Kagung-B	3 Dec. 1997	Kagung middle school	Jacobs, Russell	Afrikander	20	问答法（复）：驴屠杀
Kagung-C	20 July 1998	Kagung middle school	Jacobs	Tshetlho	7	问答法（复）：自然
Kagung-D	20 July 1998	Kagung middle school	Jacobs	Tshetlho	7	问答法（复）：驴屠杀
Kagung-E	20 July 1998	Kagung middle school	Peter Heywood	Stephen Kotoloane	9 名男性	问答法（复）：驴屠杀
Kagung-F	21 July 1998	Kagung middle school	Heywood	Kotoloane	9 名男性	问答法（复）：环境态度
Kagung-G	21 July 1998	Kagung middle school	Jacobs	Tshetlho		问答法（复）：驴屠杀
Ga-Mopedi-J	22 July 1998	Ga-Mopedi	Jacobs	Tshetlho	7	问答法（复）：驴只和环境态度
Ga-Mopedi-K	23 July 1998	Ga-Mopedi	Heywood, Kotoloane	Kotoloane		问答法（复）：水资源

（续　表）

访谈名称	访谈日期	访谈地点	访谈执行人	翻译人员	访谈对象人数	访谈类型
Ncweng-J	23 July 1998	Ncweng	Heywood, Kotoloane	Kotoloane	31	问答法（复）：环境态度
Ncweng-K	24 July 1998	Ncweng	Jacobs	Kopano Chirwa	10	问答法（复）：驴屠杀
Seodin-C	27 July 1998	Seodin tribal offices	Jacobs	Chirwa	14	问答法（复）：驴屠杀
Seodin-D	27 July 1998	Seodin tribal offices	Heywood	Kotoloane	20	问答法（复）：驴屠杀

档案资料来源说明

除去第一章中所描述的口头证据和所公布的一、二级资料来源外,在本研究中我广泛采用了档案来源资料。我参考过的主要档案馆有世界使团档案理事会亚非学院(伦敦)(SOAS),伦敦公共档案馆(PRO),开普敦档案馆(CTAR),比勒陀利亚国家档案馆(NAR)。除此之外,我还参考了津巴布韦国家档案馆(ZAR)和威特沃特斯兰大学的专门收藏。另外,在库鲁曼的莫法特使团所收集的小而有趣的藏品也很有帮助。①

在亚非学院,我阅读了 1815—1910 年伦敦传教士协会(LMS)在茨瓦纳地区的传教士的来信。这些信件没有按主题编入索引,所以我一页一页地读。在最初的 85 年里,这些信件详细介绍了使团在操茨瓦纳语人群中工作的环境和社会方面。对于传教士来说,被压迫阶级的存在和粗放生产是非洲落后的证据,粮食生产方式和他们对自身、对基督教的认识相一致。到了 19 世纪 70 年代,他们把基督教、帝国主义、集约生产和土地保有权联系起来,对这

---

① 关于这些藏品,参见 Kristin Russell and Megan Waples, "The Kuruman Moffat Mission Trust Archives Unearthed," *South Africa Historical* Journal 40(1999):239 – 246。

些问题的评论为对帝国兼并时期的认识提供了很好的证据。世纪之交,传教士们描述并表达了对牛瘟、暴力和饥荒的关注。因此,这些资料非常丰富,但如第一章所述,它们需要仔细、批判性的阅读。在这些信件中,非洲人很少为自己说话。尽管如此,与 1900 年后伦敦宣教会信件中的证据相比,具有一致偏见的证据,要好于证据缺失。看来,对独立的、新殖民地农牧民的研究工作需要更多地对社会环境问题进行调查,而不是主要靠依附移民劳工。1900 年以后,传教士对粮食生产和社会组织很少提及了。

下一组记录,殖民地文件,保存在伦敦公共档案馆和开普敦档案馆。在这两个档案馆,藏品都是计算机化的,我通过关键字搜索来找文件。在伦敦公共档案馆,我读取了殖民地办公系列(CO),涵盖从 1871—1895 年间的格里夸兰西部和英属贝专纳兰。在开普敦档案馆,我阅读了有关英属贝专纳兰王国殖民地(BCC)的记录,包括 1884—1885 年土地委员会(BBLC)所收集的非常有用的证据。1895 年后,这个地区与开普敦殖民地合并,其记录也保存在开普敦档案馆。在这些记录中,我还读到了库鲁曼地区官员写给当地农贸市场部(NA)、土地部(LND)和其他部门的通信。我在库鲁曼地方长官的信件系列(1/KMN)和库鲁曼土著专员的信件系列(2/KMN)中也发现了许多这样的信件。1/KMN 和 2/KMN 系列文件中包含了来自开普敦殖民管理局、联合政府和南非共和国的文件,对我的研究非常有用。这些早期的殖民文献提供了与传教士书信相似的丰富描述,同样需要批判性阅读。

最后一组记录,来自联盟和共和国的信件,保存在比勒陀利亚国家档案馆。其材料也是计算机化的,我从几个部门的通信系列中搜索出了库鲁曼地区的数百个文件。最重要的是那些关于土著事务部的,后来被称为班图管理发展部(NTS 和 BAO,他们的南非荷兰语缩写)。其他有用的部门包括灌溉部(IRR)、土地部(LND)和麦非肯委员(KGM)的,其中包含茨瓦纳地区管理局的记录。

20 世纪家长式的官员们对人们之间的关系以及人与环境的关系很感兴趣，因为他们想进行"改良"。然而，与伦敦宣教会的记录一样，开普敦档案馆和国家档案馆的官方通信中关于社会和环境信息记录的质量和数量都下降了。与早期的官员相比，那些在种族隔离制度下工作的人，对黑人的生活方式或政策影响的兴趣要少得多。越来越多的政府档案记录了政府项目的执行情况，而没有太多涉及受这些项目影响的人。即使是关于改良和强制搬迁的记录，对社会环境史研究的意义也不大。对这些文件的批判性阅读有利于对国家及其意识形态的理解，但令人失望的是，人们与政府的关系不得而知。因此，收集关于这一时期的口头证词是绝对必要的。幸运的是，那些记得它的人还活着，还能够讲述他们自己的故事经历。如果没有他们的记忆，未来的历史学家可能比其早期的同行更难研究 20 世纪中期南非黑人的经历。